CRÍTICAS AO LIVRO
LIDERANDO AO ESTILO STARBUCKS

"A Starbucks Coffee & Tea Company começou a apenas alguns quarteirões de minha empresa, o Pike Place Fish Market. Joseph Michelli ajudou-me a contar a história de como conseguimos criar experiências fortes e envolventes no Pike Place Fish. Ele também recebeu voto de confiança de outras empresas de primeira linha, como a Starbucks, o Ritz-Carlton Hotel e a Zappos, podendo não apenas trabalhar junto a elas, mas também compartilhar com os leitores os princípios comerciais que norteavam cada uma delas. No livro *Liderando ao Estilo Starbucks*, Joseph Michelli observa de maneira incisiva a excelência da Starbucks em termos de liderança. Diferentemente de seu primeiro livro sobre essa líder no comércio de café, esta obra ajuda o leitor a ampliar a conexão construída entre indivíduos, enquanto expande os laços com os clientes globalmente, por meio de tecnologia, e até mesmo em relação a seus produtos e artigos. Então o que você está esperando? Compre o livro, mergulhe de cabeça dentro dele, obtenha todas as ferramentas práticas oferecidas e deixe-se transformar!"

— JOHN YOKOYAMA,
proprietário do mundialmente conhecido Pike Place Fish Market, e coautor do livro *When Fish Fly (Quando os Peixes Voam)*

"Joseph Michelli nos oferece reflexões interessantes sobre os princípios básicos envolvidos na criação da maior rede de cafeterias do mundo. Como empresário, você aprenderá não somente como os líderes da Starbucks comandam o sucesso, mas também como eles aprendem com os obstáculos que enfrentam ao longo do caminho. Ao ler o livro *Liderando ao Estilo Starbucks*, você se tornará apto a sobrepujar muitas armadilhas que encontrará pela frente e a simplificar sua busca pelos objetivos comerciais desejados."

— MARTIN LINDSTROM,
autor *best-seller* de *A Lógica do Consumo* e *Brandwashed – O Lado Oculto do Marketing*

"Cultura é tudo! Este livro dinâmico e fascinante oferece ao leitor inúmeras ideias práticas que poderão ser usadas imediatamente para criar um clima de inspiração e lealdade em sua empresa."

— BRIAN TRACY,
autor de *Full Engagement (Envolvimento Total)*

"Em *Liderando ao Estilo Starbucks*, Joseph Michelli nos mostra como uma pequena cadeia de cafeterias de Seattle, do Estado norte-americano de Washington, acabou se transformando em uma das marcas mais adoradas do planeta. Exemplos verdadeiros e fascinantes envolvendo uma mescla entre cultura de serviços e estratégias de treinamento corporativo promovem uma leitura ao mesmo tempo interessante e agradável. Portanto, pegue agora mesmo uma xícara de café, coloque as pernas para cima e embrenhe-se na leitura deste livro!"

– Ken Blanchard,
coautor dos livros *O Gerente Minuto* e *Liderança de Alto Nível*

"Como natural de Seattle, e alguém que se lembra da época em que havia apenas uma loja Starbucks no planeta, continuo fascinado com a evolução e a transformação dessa empresa em um ícone corporativo. Neste livro, Michelli identifica os princípios que nortearam Howard Schultz e sua equipe, permitindo que eles trabalhassem de maneira passional dentro de uma cultura que ama, respeita e retribui todo o seu sucesso a seus fornecedores, funcionários, clientes, acionistas e à comunidade como um todo."

– Robert Spector,
autor do livro *The Nordstrom Way* (*O Caminho da Nordstrom*) e coautor da obra *What's Love Got to Do with It?: Courting, Catching, and Caring for the Ideal Customer* (*O Que o Amor Tem a Ver com Isso? – Cortejando, Fisgando e Cuidando do Cliente Ideal*)

"O livro *Liderando ao Estilo Starbucks* nos revela os principais fatores de sucesso de uma marca de referência de escala global e relevância local, impulsionada pela verdadeira paixão que move a própria cultura da Starbucks."

– John Timmerman,
Ph.D., estrategista sênior de Inovação e Experiência do Cliente, Gallup

LIDERANDO ao ESTILO STARBUCKS

Cinco Princípios que Irão Ajudá-lo a Conectar-se com Seus Clientes, Seus Produtos e Seus Próprios Funcionários

Joseph A. Michelli

São Paulo, 2014
www.dvseditora.com.br

LEADING the STARBUCKS WAY
5 Principles for Connecting with Your Customers, Your Products, and Your People

Original edition copyright © 2014 by Joseph A. Michelli. All rights reserved.
Portuguese edition copyright © 2014 by DVS Editora Ltda. All rights reserved.

LIDERANDO ao ESTILO STARBUCKS
Cinco Princípios que Irão Ajudá-lo a Conectar-se com Seus Clientes, Seus Produtos e Seus Próprios Funcionários

DVS Editora 2014 - Todos os direitos para a língua portuguesa reservados pela editora.

Nenhuma parte deste livro poderá ser reproduzida, armazenada em sistema de recuperação, ou transmitida por qualquer meio, seja na forma eletrônica, mecânica, fotocopiada, gravada ou qualquer outra, sem a autorização por escrito do autor.

Diagramação: Konsept Design e Projetos
Tradução: Sieben Gruppe

Dados Internacionais de Catalogação na Publicação (CIP)
(Câmara Brasileira do Livro, SP, Brasil)

Michelli, Joseph A.
   Liderando ao estilo Starbucks : cinco princípios que irão ajudá-lo conectar-se com seus clientes, seus produtos e seus próprios funcionários / Joseph A. Michelli ; [traduzido por Sieben Gruppe]. -- São Paulo : DVS Editora, 2014.

   Título original: Leading the Starbucks way : 5 principles for connecting with your customers, your products and your people.
   Bibliografia
   ISBN 978-85-8289-082-0

   1. Administração de produto 2. Cultura corporativa 3. Relações com os clientes 4. Starbucks Coffee & Tea Company - Administração 5. Sucesso nos negócios I. Título.

14-06525   CDD-658.4092

Índices para catálogo sistemático:

1. Liderança eficaz e eficiente : Administração 658.4092

Dedico este livro à memória de minha esposa, Nora Leigh Michelli (7 de setembro de 1961 – 11 de fevereiro de 2013) – a mulher com quem tive a oportunidade de compartilhar mais da metade de minha vida. Você foi libertada de sua batalha de mais de seis anos contra o câncer de mama, e sei que (ao chegar ao seu destino) você ouviu: "Bom trabalho, minha boa e fiel serva." Nora, chegou o seu momento de gozar da felicidade do nosso Mestre!

Sumário

Prefácio ... vii

Agradecimentos ... ix

1. A conexão Starbucks ... 1

PRINCÍPIO 1
PROVE E APRIMORE

2. Se você não tem paixão pelo seu produto, por que seus clientes deveriam ter? ... 11

3. De duplicável e constante a mágico e exclusivo ... 35

PRINCÍPIO 2
AME PARA SER AMADO

4. Uma questão de confiança e amor ... 61

5. É preciso florescer internamente para que possa ser experimentado externamente ... 81

PRINCÍPIO 3
BUSQUE UM DENOMINADOR COMUM

6. Considere o universal: ofereça as integradoras verdades do ser humano ... 105

7. Respeite, celebre e customize: ouvindo e inovando para atender às necessidades locais, regionais e globais ... 123

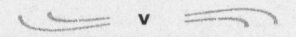

SUMÁRIO

PRINCÍPIO 4
MOBILIZE A CONEXÃO

8. Aumentando a conexão por meio da tecnologia — 147
9. Relacionamentos pessoais se traduzem em: compartilhar o amor das pessoas pelos produtos — 169

PRINCÍPIO 5
CUIDE COM CARINHO E DESAFIE SEU LEGADO

10. Louve o passado sem se manter preso a ele — 193
11. Mantendo uma visão ampla: construindo um sucesso duradouro — 213
12. Forjando uma verdadeira conexão com o estilo de vida — 235

Bibliografia — 241

Prefácio

Nos dias de hoje, muitos líderes empresariais se veem obrigados a enfrentar um dinâmico conjunto de desafios. Por exemplo, como escolher funcionários que possuam os **talentos** e as **habilidades interpessoais** necessárias para garantir experiências memoráveis ao cliente/consumidor? Como **atrair**, **treinar** e **aculturar** novos membros de sua equipe para que estes desenvolvam uma verdadeira paixão pela excelência dos produtos e também todas as qualidades obrigatórias para se tornarem profissionais realmente capacitados no setor de serviços? Como empregar a **tecnologia** para reforçar – e **jamais** enfraquecer – o fornecimento de serviços personalizados?

Agora, se você tiver a sorte de ser um gerente ou líder em uma companhia de projeção global como a Ritz-Carlton Hotel Company ou a Starbucks, então você ainda terá de encarar outro grande desafio: o de constantemente **refinar** seus produtos e serviços para conseguir se manter devidamente conectado a grupos de clientes e consumidores culturalmente diversos e em constante mudança – tudo isso enquanto mantém a excelência operacional de sua empresa e a lealdade de sua atual base de clientes.

Cada um dos livros escritos pelo dr. Joseph Michelli nos proporciona um rico laboratório de aprendizado. Eles nos trazem ótimos exemplos de como líderes empresariais lidam com as oportunidades e os desafios previamente mencionados. Essas obras nos oferecem informações, *insights* e análises importantes sobre como esses líderes buscam desenvolver organizações de alto desempenho que operem através das lentes da humanidade. Este livro em especial – *Liderando ao Estilo Starbucks* –, nos demonstra tanto os obstáculos quanto as inovações com as quais os líderes da Starbucks depararam à medida que lutavam para preparar seus produtos e seu pessoal para oferecer a seus clientes **experiências consistentes**, **envolventes** e **capazes de reforçar** sua fidelidade junto à marca.

Encontrei-me pela primeira vez com o dr. Michelli há aproximadamente seis anos. Na época, ele trouxe para a Ritz-Carlton Hotel Company todos os seus conhecimentos como autor e profissional das áreas de experiência do consumidor e consultoria empresarial, e registrou nosso eterno compromisso no sentido de estimular a conexão entre nosso "público interno" e os clientes que temos o prazer e a honra de atender em nossos hotéis e *resorts* distribuídos atualmente por 27 países.

PREFÁCIO

Como presidente da empresa Ritz-Carlton Hotel, acredito que a cultura de uma organização seja crucial para o seu sucesso. No Ritz-Carlton, lutamos continuamente para prever e exceder as expectativas de nossos clientes, garantindo-lhes um ambiente ao mesmo tempo cordial e aconchegante, descontraído e refinado. Estamos sempre buscando maneiras de perceber e até mesmo superar as vontades, as necessidades e os desejos não apenas de nosso público interno, mas também de nossos visitantes. Todos que integram a equipe do Ritz-Carlton (inclusive eu) estão profundamente envolvidos com as bases culturais de nossa empresa, debatendo-as em caráter diário.

O autor norte-americano M. Scott Peck sugeriu certa vez que todos deveríamos "compartilhar nossas similaridades e celebrar nossas diferenças." Embora o Ritz-Carlton e a Starbucks sejam empresas diferentes em vários aspectos, o livro *Liderando ao Estilo Starbucks*, é um lembrete útil e poderoso de que cada um de nós (seja qual for a função ou área de atuação) é capaz de contribuir de alguma maneira para a melhoria da qualidade do serviço ofertado, para o aprimoramento da maneira como ele é entregue ao cliente, para a garantia de uma forte experiência emocional e para o enriquecimento do envolvimento comunitário.

Despeço-me neste momento desejando-lhe desde já uma leitura absolutamente agradável.

HERVE HUMLER
Presidente e Diretor de Operações (COO)
The Ritz-Carlton Hotel Company, L.L.C.

Agradecimentos

O médico, filósofo e teólogo Albert Schweitzer disse certa vez: "Há momentos em que nossa luz se apaga e é reacendida pela a fagulha de outra pessoa. Cada um de nós tem motivos para demonstrar enorme gratidão por aqueles que reavivaram a chama dentro de nós." Nos próximos parágrafos, sinto-me desafiado a expressar minha profunda gratidão às inúmeras pessoas que me abençoaram com o desejo de reatiçar a chama que tornaria esse livro possível.

O livro *Liderando ao Estilo Starbucks* não existiria não fosse pelo grande apoio que me foi dado por Howard Schultz e pela equipe de líderes da empresa. Embora uma lista de parceiros da Starbucks que contribuíram para esse trabalho possa ser encontrada na bibliografia, devo expressar meu reconhecimento especial a Gina Woods, diretora do setor de comunicações executivas, e a Heidi Peiper, gerente de programa do setor de comunicações corporativas. As duas se envolveram bastante em todos os aspectos estratégicos e táticos que permitiriam que este livro deixasse de ser apenas uma ideia e se transformasse em uma realidade. Agradeço a ambas não apenas por toda a paciência e por todo o entusiasmo dedicados, mas também pelos *insights* e pela enorme diligência demonstrados.

Lynn Stenftenagel já trabalhou comigo em cinco livros, começando pelo título *A Estratégia Starbucks* (Campus, 2006). Ao longo de vários anos escrevendo, de um sucesso comercial inimaginável e de nossa própria cota de contratempos, posso afirmar com absoluta certeza que não há ninguém no mundo que eu admire e respeite mais que Lynn. Embora nós continuemos crescendo e refinando nossas relações comerciais, não há como negar o impacto transformacional que Lynn exerceu tanto sobre minha carreira quanto sobre minha vida pessoal. No que diz respeito ao nosso trabalho, ela é a verdadeira **"guardiã da chama"**.

Ao longo desse mesmo conjunto de publicações, tive a sorte de também trabalhar com Lloyd Rich e Donya Dickerson. O primeiro é meu advogado para assuntos editoriais e representa o epítome do profissionalismo. Além de ser um especialista no setor, ele possui uma incrível habilidade para criar soluções sempre favoráveis. Por outro lado, Donya, editora executiva na McGraw-Hill, ostenta a invejável habilidade de estimular as pessoas para que estas alcancem níveis extraordinários e inesperados de desempenho. Ela consegue estabelecer

◆ AGRADECIMENTOS ◆

metas claras e então mergulhar de cabeça para ajudar o autor a atingir os objetivos estipulados. Todavia, o que realmente faz com que as pessoas consigam ir além do que elas próprias acreditavam ser capazes é sua incessante capacidade de encorajamento, seu temperamento calmo e sua sabedoria e engenhosidade.

Uma vez que este trabalho é dedicado a Nora Michelli, considero fundamental oferecer ao leitor algum contexto para que os demais agradecimentos possam ser devidamente compreendidos. Nora e eu nos conhecemos em 1987, nos casamos dois anos depois e nos separamos durante o processo de finalização desta obra. De fato, meu tempo terreno com Nora expirou em 2013, quando ela deu seu último suspiro – um momento durante o qual eu e nossos filhos nos mantivemos ao seu lado.

Durante nossa jornada, Nora e eu tivemos dois filhos: Andrew e Fiona. Juntos nós rimos, discutimos, nos divertimos, ficamos furiosos, rezamos e combatemos o câncer. Fico feliz em poder dizer que Nora me conhecia por completo e, de modo complacente, me amava por completo, sem restrições – algo pelo qual me sentirei eternamente grato.

Durante sua longa luta contra o câncer, e mesmo depois de sua morte, muitas pessoas me ajudaram a reacender a chama de minha vida. Andrew e Fiona, vocês representam minhas inspirações mais significativas. Reconheço que a vida de ambos foi dolorosamente alterada pela perda de sua mãe, mas devo dizer-lhes que me esforcei ao máximo para ser o melhor pai possível e manter viva a parte dela que acreditava em sua grandeza e em sua habilidade de mudar o mundo – sentindo-se sempre plenamente satisfeita com isso. Andrew, desejo que sua carreira na área de enfermagem lhe permita traduzir seu espírito amoroso em atos de cura. Fiona, parabéns por entrar na Loyola University e muita sorte em sua jornada rumo ao aprimoramento da liderança no setor de negócios e à promoção de uma sensível diferença no mundo em que vivemos.

Jim Collins, autor, consultor e conferencista norte-americano, costuma discorrer sobre o tipo de indivíduo que cada ser humano deveria colocar no conselho diretivo de sua própria vida. Neste sentido, e por conta de seus conselhos repletos de sabedoria, de sua incomensurável compaixão, sua visão de liderança e grande amizade – principalmente durante os desafios enfrentados nos últimos tempos –, gostaria de agradecer de maneira profusa a algumas pessoas que certamente conquistaram toda a minha confiança: Rob Graf, Bob e Judy Yarmuth, Tommy e Diane Nance, Jeff Woodell, Barry and Lory Torman, Matt Lurz, Paul Prouty, Leanne Hadley e Michael Pollard.

Agradeço também àqueles que, por meio de bons exemplos, me ensinaram muito sobre servir ao próximo. Esta lista inclui Kim Blankenburg, Carolyn

AGRADECIMENTOS

Churchill e várias outras pessoas do Janus Capital Group, assim como Christie Schatz e membros da equipe da Sonny's Franchise Company. De maneira similar, quero agradecer e enaltecer a participação do Saint Peter's Healthcare System, em New Brunswick, Nova Jersey, e também a Jackie Houston, e às enfermeiras especializadas do Suncoast Hospice.

Por fim, e como de costume, concluo meus agradecimentos registrando uma palavra de reconhecimento a você, leitor. De fato, **nada desencadeia em mim um desejo mais forte de escrever que a percepção de sua enorme disposição em investir seu próprio tempo na leitura de um livro, na aprendizagem e na promoção do próprio crescimento pessoal**. O filósofo norte-americano Eric Hoffer dizia: "Em tempos de mudança, os aprendizes herdam a terra, enquanto os sábios revelam-se perfeitamente equipados para lidar com um mundo que já não existe." Gostaria, portanto, de agradecer de coração a todos os meus leitores, pois eles me permitiram não somente aprender, mas também compartilhar tal aprendizado. Que o livro *Liderando ao Estilo Starbucks* desempenhe pelo menos um pequeno papel no sentido de ajudar seus leitores a encararem essa maravilhosa aventura!

CAPÍTULO 1

A conexão Starbucks

Um casal na Suíça faz sua primeira visita a uma loja Starbucks® e é recebido pelos funcionários de maneira entusiástica. Quando indagados sobre o que gostariam que lhes fosse preparado, os dois responderam que não estavam lá para comprar nada. De fato, eles só queriam descobrir "do que se tratava toda a fascinação em relação à Starbucks". Ambos se tornaram clientes regulares do estabelecimento.

Um colaborador (é assim que os empregados são chamados na Starbucks) mencionou o quanto se sentiu "tocado" ao comparecer ao funeral de um cliente regular. Durante o discurso fúnebre, o filho do falecido chegou a compartilhar com todos os presentes o profundo significado das interações entre seu pai e esse colaborador da Starbucks.

No horário do almoço, um homem vai até sua loja Starbucks favorita e senta à mesa. Então ele diz ao barista de avental verde (o preparador do café) que aquele estabelecimento é seu refúgio do meio dia, acrescentando: "Aqui na Starbucks, todos vocês são gentis comigo, se lembram de mim e parecem genuinamente gratos por eu estar aqui."

Essas histórias verdadeiras nos revelam uma companhia cujos líderes conseguiram ao mesmo tempo estabelecer uma visão cativante e manifestar comportamentos que culminam não apenas na venda de produtos, mas na formação de **conexões poderosas** e **leais** entre seres humanos. É provável que ao ler este livro você esteja essencialmente buscando compreender de que modo "a Starbucks promove toda essa fascinação". Afinal, como os líderes da empresa conseguem administrar, de maneira tática e estratégica, seus produtos e seus colaboradores e, ao mesmo tempo, desenvolver uma relação de compromisso, lealdade, apoio e até mesmo amor pela marca? Como esses mesmos líderes são capazes de modelar e inspirar excelência na entrega do produto; criar momentos de autêntica dedicação por parte de todos os seus colaboradores; mostrar, em todos os níveis da empresa, um verdadeiro apreço pelo valor de todos os nossos acionistas; e revelar, de modo contagioso, toda a sua consciência social? É possível que você também esteja interessado em descobrir o que os *partners*[1] da Starbucks estão fazendo para expandir as boas relações para além dos limites de suas cafeterias; de que modo eles se utilizam da tecnologia para aprimorar as experiências de seus clientes; e, finalmente, de que maneira eles conseguem customizar suas ofertas para atender aos desejos locais em todas as regiões do mundo. De modo geral, as lições aqui oferecidas pelos líderes, os gerentes e os colaboradores de linha de frente da Starbucks irão ensiná-lo a construir conexões com seus clientes e, assim, a enriquecer de modo efetivo sua vida profissional e pessoal.

STARBUCKS: UM PONTO DE REFERÊNCIA EM TERMOS DE LIDERANÇA

A Starbucks é sistematicamente reconhecida como sendo uma das empresas mais bem lideradas e uma das marcas mais adoradas do planeta. Por exemplo, a revista *Entrepreneur*[2] classifica a companhia entre as 10 **"mais confiáveis"** do mundo. A revista *Fortune* a coloca entre as marcas globais **"mais admiradas"**. Por conta da importância dessa empresa na criação de postos de trabalho, antes de fazer um pronunciamento sobre empregos no país, o presidente dos Estados Unidos da América (EUA), Barack Obama, fez uma ligação para Howard Schultz, presidente e diretor-executivo da Starbucks cumprimentando-o pela sua liderança na criação de tantos empregos no país. Em 2011, a *Fortune* outorgou a Schultz o título de empresário do ano. Enquanto isso, considerando o impacto de Schultz sobre a ética nos negócios, outras revistas afirmavam que seu nome figurava entre o dos melhores líderes empresariais do planeta. O fato é que esse tipo de liderança, impregnada em todos os níveis da organização, já produziu mais de 54 milhões de fãs da empresa no Facebook, além de outros milhões de seguidores nas páginas da companhia no Twitter e no Pinterest.

Todavia, ainda mais importante que tudo isso é o fato de os líderes da Starbucks serem responsáveis não somente por um substancial impacto econô-

---

1 – Segundo informações da Starbucks no Brasil, o termo *partner* também é usado aqui, sem tradução, para designar funcionários/colaboradores ou parceiros em todos os níveis. (N.T.)
2 – Revista norte-americana especializada em oferecer aos leitores histórias sobre empreendedorismo, administração de pequenos negócios e oportunidades. (N.T.)

mico e social de caráter global, mas também pela administração de uma força de trabalho de tamanho considerável. Esses líderes norteiam as ações de mais de 200.000 funcionários que, por sua vez, atendem, semanalmente, aproximadamente, a 65 milhões de clientes que frequentam mais de 18 mil lojas espalhadas por cerca de 60 países em todo o planeta.

Meu livro anterior sobre a Starbucks – *A Estratégia Starbucks: 5 Princípios para Transformar sua Empresa em uma Experiência Extraordinária* – se concentrou no modo como os líderes da empresa prepararam a companhia para um crescimento meteórico ao longo da maior parte dos anos 1990 e início da década de 2000. Todavia, depois da publicação desse livro, esses mesmos líderes enfrentaram grandes desafios resultantes 1º) da velocidade das expansões; 2º) das decisões tomadas com o intuito de aumentar as vendas, ano a pós ano; 3º) dos efeitos de uma economia global em plena retração; e 4º) da redução no número de visitas por clientes até então fieis. Em 2008, Howard Schultz, que na época ocupava a posição de diretor de estratégia global na empresa, retornou ao comando geral da companhia. Na teleconferência para discutir os ganhos do segundo trimestres do ano fiscal de 2008, enquanto Schultz explicava uma queda de 21% nos ganhos em relação ao mesmo período do ano anterior, ele fez a seguinte observação: "Embora nossos resultados financeiros estejam claramente sendo impactados pela redução na frequência de clientes nas lojas norte-americanas, acreditamos que, na medida em que continuarmos a implementar as iniciativas geradas por nossa **agenda transformativa**, conseguiremos reanimar e fortalecer a **experiência Starbucks** em nossos clientes e, ao fazê-lo, garantir a nossos acionistas um aumento no valor das ações."

Essa **agenda transformativa** de Schultz aparece plenamente detalhada em seu livro de 2011, intitulado *Em Frente! – Como a Starbucks Lutou por Sua Vida Sem Perder a Alma*. Em sua essência, o plano de transição estabelecido pelas lideranças da Starbucks ostentava uma visão de futuro que aprimorava a missão previamente estabelecida pela empresa. Enquanto a anterior era simplesmente: "Inspirar e nutrir o espírito humano – uma pessoa, uma xícara de café e uma comunidade de cada vez", a visão transformativa estabeleceu um objetivo ao mesmo tempo energizante e convergente: "Tornar-se uma empresa grandiosa e resistente por meio de uma das mais reconhecidas e respeitadas marcas do mundo, conhecida por inspirar e nutrir o espírito humano."

Em termos táticos, os lideres da Starbucks identificaram **"sete ações arrojadas"** que focavam especificamente nos pontos fortes já existentes e na identificação de inovações e objetivos de aprimoramento de processos que deveriam tornar a **empresa viável** para o longo prazo. Essas ações arriscadas foram apresentadas da seguinte maneira:

1. Ser a autoridade máxima e indiscutível na área de cafeterias.
2. Engajar e inspirar todos os colaboradores e parceiros.
3. Despertar a ligação emocional nos nossos clientes.
4. Expandir a presença global da companhia – ao mesmo tempo em que cada uma de suas lojas se transforma no coração de sua comunidade;
5. Ser uma empresa líder em termos de ética, tanto no que diz respeito à aquisição de produtos e contratação de mão de obra quanto aos impactos ambientais provocados.
6. Criar plataformas de crescimento inovadoras que sejam merecedoras do café que comercializamos.
7. Ostentar um modelo econômico sustentável.

A adesão a essas sete ações arrojadas resultou no alcance dos resultados financeiros almejados – como, aliás, ficaria bem evidenciado ao longo de 13 trimestres consecutivos de crescimento superior a 5% nas vendas nos comparativos globais. Porém, enquanto a Starbucks cuidava de sua própria recuperação, fatores econômicos de ordem global desencadeavam taxas elevadas de falências, conforme registrado pela Dun & Bradstreet[3]: "O número de pedidos formais de falência nos 12 meses até junho de 2010 [...] aumentou em 10% [...] e o crescimento no número de processos, ano após ano, entre 2008 e 2009 foi de 50%." Diferentemente dos líderes das muitas organizações que fracassaram ao longo de 2008, 2009 e 2010, os responsáveis pela Starbucks prepararam a empresa para que esta alcançasse lucros duradouros e garantisse respeito à sua marca.

Este livro – *Liderando ao Estilo Starbucks* – apresenta os princípios básicos que nortearam a alta administração da empresa durante os períodos de crescimento meteórico, retração econômica, recuperação e transformação. Assim como no curso tático definido na agenda transformativa, a obra *Liderando ao Estilo Starbucks* detalha as ferramentas e as estratégias cruciais que os lideres da Starbucks foram implementando para atingir sucesso sustentável, em especial nas áreas de criação de produtos, crescimento da categoria, expansão internacional e inovação em mídias sociais e tecnológicas. Esses princípios e essas estratégias estão apresentados em uma linguagem consistente com a própria

---

3 – A D&B é líder mundial no fornecimento de informações para áreas de crédito, *marketing*, compras e suporte a serviços. (N.T.)

cultura da Starbucks, embora, em certos aspectos, tal linguagem possa parecer incomum para a maioria das discussões realizadas por essas lideranças. A fundamentação da liderança da Starbucks se traduz em termos como: **conexão**, **humanidade**, **humildade**, **paixão** e, é claro, **amor**.

MAS O QUE O AMOR TEM A VER COM ISSO – COMANDANDO UMA ORGANIZAÇÃO DE ALTO DESEMPENHO

Quando se está sentado de frente para Howard Schultz, não demora muito para que ele nos revele os fundamentos da excelência em termos liderança. A partir da perspectiva de Schultz, a maior parte da liderança se resume a três traços básicos: pegue o amor, a humanidade e a humildade e coloque essa mistura diante de uma organização voltada para o desempenho. A olho nu essa ideia parece conflitante. Porém, acredito que o desempenho possa ser significativamente aprimorado por esse tipo de liderança. Sinto-me plenamente convencido disso por duas razões: 1º) tornamo-nos mais estimulados pelo desempenho que em qualquer outra época de nossa história, e 2º) os valores da empresa estão em um patamar bastante elevado. Se conseguirmos infundir o amor, a humanidade e a humildade em todo o globo, e ainda agregar essa mistura a uma organização voltada para o desempenho, tornaremo-nos imbatíveis."

Embora as visões de Schultz sobre conexões emocionais positivas e padrões de alto desempenho sejam um pouco incomuns entre os CEOs de grandes corporações, tais perspectivas mostram-se consistentes com as opiniões e descobertas realizadas por inúmeros especialistas e pesquisadores na área de liderança. Por exemplo, o autor James Autri, especializado em livros sobre liderança, afirmou: "Uma boa administração gira em torno do amor. Todavia, se você se sentir desconfortável com essa palavra, troque-a por '**importar-se**'. Uma administração justa e adequada envolve o ato de importar-se com as pessoas, e não manipulá-las." Já o professor Leonard Berry, da Texas A&M, resume décadas de pesquisas de mercado com a seguinte consideração: "Grandes marcas sempre estabelecem uma conexão emocional com o público almejado. Elas vão além dos níveis puramente racional e/ou econômico e desencadeiam sentimentos de proximidade, afeição e confiança. Os consumidores vivem em um mundo emocional; suas emoções influenciam suas decisões. Grandes marcas transcendem as características e os benefícios de produtos específicos e penetram nas emoções das pessoas."

Mas os consumidores não são os únicos que "vivem em um mundo emocional". Os funcionários das empresas também compartilham esse ambiente. A Starbucks registra elevados níveis de conexão entre partners, retenção e produtividade quando os supervisores penetram de maneira positiva nas emoções daqueles que comandam – e vale ressaltar que as pesquisas confirmam esse tipo de ocorrência.

Na Starbucks, as lideranças promovem as conexões humanas em todos os aspectos do empreendimento. Além disso, esses líderes constroem suas estratégias de negócios com base nas oportunidades que emergem das conexões com partners, clientes, comunidades e acionistas. Em última análise, eles administram a companhia através das lentes da humanidade e das expectativas de alto desempenho.

PADRÕES, OPORTUNIDADE E CONEXÃO: CRIANDO UMA ABORDAGEM HOLÍSTICA DE LIDERANÇA

Este livro compartilha **princípios essenciais** utilizados pelos líderes da Starbucks, à medida que eles estabelecem conexões emocionais que promovem inovações, desenvolvem novas linhas de produto e estimulam a fidelidade entre empregados e consumidores. Tais princípios são especialmente relevantes em um mundo de serviços que tem sido revolucionado pela tecnologia móvel, pelas mídias sociais e pelo número crescente de opções para o cliente. Cada um desses princípios está focado em resultados e pode ser facilmente aplicado, independentemente de onde o seu empreendimento estiver em sua jornada de desenvolvimento. Os princípios apresentados em *Liderando ao Estilo Starbucks* são o resultado de mais de dois anos de pesquisa em todas as regiões atendidas pela empresa. O acesso foi garantido a líderes e *partners* em todos os níveis hierárquicos da companhia. Mais de 500 horas de entrevistas e pesquisas produziram os cinco princípios de liderança listados a seguir:

1. Prove e aprimore.

2. Ame para ser amado.

3. Busque um denominador comum.

4. Mobilize a conexão.

5. Cuide com carinho e desafie seu legado.

Agir de acordo com esses princípios produz laços fortes com empregados, clientes, fornecedores e até mesmo com não clientes. Em contrapartida, essas ligações operacionais e emocionais ajudarão qualquer líder a alcançar lucros sustentáveis, aumentar o valor de sua marca e promover histórias de lealdade e amor, tanto *on-line* como *off-line*.

Uma dessas histórias envolve Diana Kelly, gerente distrital da Starbucks.

Certo dia, Diana deparou com uma situação que raramente se via no subúrbio de Frederisksburg, Virgínia – um sem-teto dentro de sua loja. Em vez de tratar aquele homem (cujo nome era Dominic) como um intruso indesejado em seu local de trabalho, Diana comprou-lhe um chocolate quente e perguntou-se sobre sua vida. Para surpresa da funcionária, ele explicou que morava na floresta, em um acampamento provisório para moradores de rua. Depois de ouvir aquela história, Diana e vários outros gerentes e baristas da Starbucks decidiram ir até a floresta para "se conectar" e servir não somente a Dominic, mas a dúzias de outras pessoas que se encontravam nas mesmas condições.

Então, com base naquela experiência, Diana e sua equipe compartilharam as histórias que ouviram no acampamento com os clientes, e otimizaram sua conexão com essas pessoas instalando caixas de doação em cada uma das 14 lojas da rede no distrito comandado por Diana. Essas caixas se transformaram em verdadeiros centros de coleta e logo ficaram repletas de itens como escovas de dente, artigos de higiene e roupas para distribuição entre os necessitados. Um empresário local (cliente da Starbucks) doou os fundos necessários e contratou um advogado local para ajudar aquela comunidade a se transformar em uma organização sem fins lucrativos, chamada **projeto Dominic**.

Mas, afinal, por que Diana se interessou por Dominic? O que de positivo poderia resultar daquele ato, em especial no que diz respeito a lucros sustentáveis, ao valor da marca Starbucks e/ou ao amor? Embora eu suspeite que suas intenções iniciais tenham se baseado somente em uma preocupação genuína por Dominic, independentemente da capacidade do rapaz de produzir qualquer impacto visível na caixa registradora da Starbucks, a empresa acabou se beneficiando da boa vontade de Diana em oferecer àquele indivíduo alguns momentos de verdadeira conexão humana.

De maneira bem específica, os *partners* da Starbucks de Fredericksburg tiveram a possibilidade de promover uma diferença tangível em sua comunidade e de engajar seus clientes regulares nesse processo. Tanto os *partners* quanto os clientes foram enriquecidos pela chance de trabalharem juntos e para sempre. Finalmente, sem que Diana e sua equipe jamais tivessem planejado que isso se tornasse um benefício, pessoas próximas e distantes de Virgínia começaram a ler sobre o assunto e a se sentir inspiradas a engajar-se em ações como as iniciadas de maneira tão humilde em Frederisksburg. Em sua coluna para o *The Washington Post*, Petula Dvorak escreveu: "A Câmara Municipal solicitou audiências e soluções. Alguns moradores exigiram que os sem-teto fossem reunidos e levados para a prisão. Os líderes da Micah Ministries, um programa comunitário cristão que oferece apoio e atendimento social aos menos favorecidos, pediu calma e compreensão à população... (Diana e o projeto Dominic) trazem centenas de sacos de suprimentos para a região e, a cada entrega, tentam convencer as pessoas da comunidade a irem até um dos centros de apoio da cidade em busca de aconselhamento, cuidados médicos e abrigo. Eles estão ajudando a mais de 200 pessoas." Chame isso do que quiser – generosidade, compaixão ou amor. Pessoalmente, prefiro chamar de "conexão Starbucks" e de "seguir os passos da Starbucks"!

Minha esperança é de que este livro ajude você, enquanto líder de sua organização, a construir e desenvolver seu empreendimento através de uma estratégia relacional genuína, sendo guiado pela excelência em liderança de indivíduos como Howard Schultz e sua equipe na Starbucks. Ao fazê-lo, você não somente impulsionará o sucesso e a lucratividade de sua empresa, mas desenvolverá um negócio significativo e com propósito, ancorado em práticas de liderança compassivas e envolventes.

PRINCÍPIO 1

PROVE E APRIMORE

Antes de embarcarmos em nossa profunda exploração da Starbucks, desafio você a pensar sobre sua própria empresa. Algo o levou a comercializar seus produtos ou serviços. Espera-se que essa atração original tenha surgido de conexões positivas estabelecidas com seu produto ou setor, e que tais sentimentos originais favoráveis tenham se tornado mais fortes ao longo do tempo e se espalhado entre aqueles que você comanda e atende.

"**Prove e aprimore**" é um princípio comercial que enfatiza a importância de maximizar o **entusiasmo** pelos produtos, serviços e experiências que sua empresa fornece. Ele reflete a importância de ajudar seu pessoal a agir de maneira autônoma no sentido de conhecer profundamente os produtos, desenvolver fortes conexões emocionais com eles e inovar soluções e experiências que irão agregar valor aos aspectos positivos de seu conjunto de produtos.

Assim como cada um dos demais princípios apresentados nesse livro, "Prove e Aprimore" será explorado ao longo de dois capítulos. O Capítulo 2, **"Se você não tem paixão pelo seu produto, por que seus clientes deveriam ter?"**, se concentra no modo como os líderes da Starbucks comunicam e demonstram sua paixão pessoal pelo produto que comercializam. Ele explora as maneiras pelas quais a paixão é abastecida por treinamento formal, rituais da empresa, experiência de imersão e estratégia corporativa.

O Capítulo 3, **"De duplicável e constante a mágico e exclusivo"**, coloca a paixão pelo produto e a realização/oferta de serviços consistentes como a base fundamental da promoção de experiências desejáveis para o cliente. Ao definirem um conjunto autêntico e plenamente alcançável de experiências aspiradas, e engajarem-se em diálogos contínuos e ativos, os líderes da Starbucks inspiraram e outorgaram poderes a seus empregados para que estes pudessem oferecer os produtos e serviços da empresa dentro de um contexto de genuína conexão humana, o que resultou na edificação das experiências de seus clientes. O Capítulo 3 explora as maneiras pelas quais as lideranças da Starbucks se comunicam com seus *partners* e possibilitam a eles a criação de vivências extraordinárias. Quando o bom não é bom o suficiente, é hora de fazer com que o seu pessoal "Prove e aprimore" as experiências oferecidas.

Se você não tem paixão pelo seu produto, por que seus clientes deveriam ter?

"Somente paixões, grandes paixões, são capazes de elevar a alma."

DENIS DIDEROT, filósofo francês

Muitos livros e artigos sugerem que, com as técnicas corretas, qualquer um é capaz de vender qualquer coisa. Os autores desses trabalhos parecem sugerir que o ser humano consegue ser bem-sucedido em comercializar qualquer produto, mesmo que não goste daquilo que vende. De fato, existem alguns empreendedores que conseguem alcançar o sucesso mesmo sem demonstrar uma conexão emocional positiva com seus produtos ou serviços. Steve Chou, fundador da Bumblebee Linens, afirma que sua loja *on-line* partiu de ganho zero para um lucro de US$ 100.000 em um único ano, a despeito do fato de ele próprio dizer não se "sentir absolutamente apaixonado por artigos de casamentos. Peças decorativas de tecido não me deixam particularmente excitado; não amo aquilo que vendemos... Quando minha esposa e eu iniciamos esse negócio, tudo girava em torno de números e em saber se o empreendimento nos proporcionaria dinheiro suficiente para que pudéssemos deixar nossos empregos."

Até mesmo Tony Hsieh, CEO da Zapppos, uma empresa sobre a qual discorri em meu livro *A Experiência Zappos: 5 Princípios de Administração que Transformam uma Ideia Simples em um Negócio Milionário*, diz que: "Não sou de maneira alguma um apaixonado por sapatos." Apesar de comandar uma companhia cujo estoque abriga mais de 50 mil tipos de sapatos, Tony afirma possuir somente 3 pares. Todavia, Tony reconhece que é "totalmente apaixonado pela cultura da empresa e pelos serviços oferecidos aos clientes," o que pode justificar o fato de a Zappos ter alcançado um nível de sucesso não alcançado pela maioria das lojas especializadas em calçados.

Embora a paixão pelo produto talvez não seja necessária para se alcançar sucesso nas vendas, ela certamente diferencia líderes em vendas da maioria de seus concorrentes. Além disso, a paixão dos empregados pelo produto comercializado estimula a conexão emocional dos clientes e facilita manutenção dos clientes. O consultor de vendas Troy Harrison define a ligação entre a paixão dos funcionários e o engajamento de clientes da seguinte maneira: "Paixão é aquele **'algo mais'** totalmente abstrato que faz surgir no cliente o interesse e a excitação por um determinado produto." Segundo Harrison, o entusiasmo do cliente emerge quando os funcionários têm "a necessidade de fazer com que os compradores sintam o mesmo nível e excitação" que eles próprios (os vendedores) já sentem. Para atingir esse nível de entusiasmo nos clientes, Harrison sugere que é preciso que o vendedor primeiramente convença a si mesmo sobre a qualidade do produto ou serviço que oferece. A questão é simples: se você estivesse na posição do cliente alvo, você compraria seu produto/serviço? Todo o resto não significa absolutamente nada.

Howard Schultz, CEO da Starbucks, explica essa transferência de paixão de uma maneira um pouco diferente: "É possível entrar em qualquer loja e sentir se o dono do estabelecimento, o vendedor ou o sujeito atrás do balcão se sente bem em relação ao produto que comercializa. De fato, se você adentrar uma loja de departamentos nos dias de hoje, é provável que você depare com um funcionário sem qualquer treinamento; até o dia anterior ele vendia aspiradores de pó e agora está no setor de vestuário. Isso simplesmente não funciona."

Schultz compartilha seu entusiasmo pelos itens comercializados pela Starbucks de maneira consistente, ancorando-o ao produto que representa o carro chefe da empresa – o **café**. Ele afirma que seu encanto por essa bebida aumentou em 1982, justamente quando ele começou a trabalhar na Starbucks. Como ele próprio descreveu em seu livro, *Em Frente!*, sua percepção da "mágica" e dos rituais envolvendo o café se tornara ainda maior depois de visitar a cidade de Milão, na Itália, um ano mais tarde. Na ocasião ele teve a oportunidade de acompanhar verdadeiros artesãos do café que "pareciam realizar uma delicada dança ao moer os grãos, vaporizar o leite, servir doses de '*espresso*',[1] preparar *cappuccinos* e conversar com os clientes que permaneciam lado a lado no balcão." Refletindo sobre suas experiências na Itália, Schultz concluiu que o preparo do *espresso*, do café e do *cappuccino* não era apenas um "trabalho", mas uma verdadeira "paixão".

Para colocar em prática a missão da empresa "Inspirar e nutrir o espírito humano – uma pessoa, uma xícara de café e uma comunidade de cada vez," os líderes da Starbucks desenvolveram um conjunto de princípios que seriam vivenciados diariamente. O primeiro deles envolve paixão pelo:

> **Nosso Café. Tudo sempre se resumiu e continuará se resumindo a qualidade. Somos apaixonados pela ideia de obter nossos grãos de café da maneira mais ética possível, torrá-los de maneira cuidadosa e aprimorar a vida de todos os que cultivam o produto. Preocupamo-nos profundamente com todos esses detalhes; nosso trabalho nunca está completo.**

Em apoio a esse princípio, os líderes da Starbucks criaram vários mecanismos para ajudar todos os funcionários da companhia (e, portanto, não somente aqueles que mantêm contato direto com os clientes) a compreenderem e estabelecerem uma profunda conexão com a riquíssima história do café; a conhecerem a jornada percorrida pelos grãos entre a fazenda e a xícara; a identificarem os aspectos econômicos, sociais e ambientais envolvendo o setor cafeeiro; e a adquirirem um respeito sofisticado pelas nuances especiais de cada perfil e sabor de café. Em suma, os líderes da Starbucks produziram diversas ferramentas para ajudar os *partners* da empresa a desenvolverem ou aprofundarem uma verdadeira paixão pelo produto.

No restante desse capítulo examinaremos as várias ferramentas desenvolvidas e instituídas pela Starbucks para ampliar essa paixão pelo café. Avaliaremos ainda como esses instrumentos geram entusiasmo nos clientes. Ao longo desse processo, você será desafiado a considerar como o treinamento, os rituais corporativos, as experiências de imersão dos funcionários e as estratégias em prol da excelência dos produtos são capazes de incitar paixão tanto nos empregados quando nos consumidores.

---

1 – Grafia utilizada pela Starbucks. A palavra "*espresso*" (bastante usada na Europa) vem do Italiano. Ela está associada ao vocábulo latino que deu origem ao verbo "espremer". Embora não exista registro de *espresso*nos dicionários de língua portuguesa, segundo linguistas a palavra pode ser utilizada dessa forma, uma vez que atualmente é aceito no Brasil o uso de palavras estrangeiras (como, por exemplo, *shopping* etc.). Além disso, o café *espresso* (espremido) de fato fica pronto em até 20 s, sendo, portanto, expresso. (N.T.)

MONTANDO O CENÁRIO POR MEIO DO CONHECIMENTO

Quando você pensa em alguém que trabalha na Starbucks, é bem possível que a primeira figura que surja em sua mente seja de um barista. De fato, muitos de nós temos uma conexão pessoal com essa marca por causa dos frequentes contatos com o pequeno grupo de pessoas que trabalha em cada uma de suas lojas. Porém, assim como em muitas organizações de grande porte, o barista é somente uma parte essencial da complexa rede de profissionais que exercem variadas funções em todos os níveis corporativos, internacionais, regionais e locais.

Embora muitas pessoas queiram trabalhar na Starbucks por conta de seu grande interesse por café, ou como resultado de experiências que tiveram como clientes, um grande número de interessados busca emprego na rede sem jamais ter sequer experimentado o sabor do produto principal da empresa. Virgil Jones, diretor do setor de serviços de parcerias, compartilha sua entrada na Starbucks, dizendo: "Quando estava na faculdade, costumava passar em frente da Starbucks de Capitol Hill.[2] Na época eu não sabia nada sobre café, tampouco a respeito da empresa. Um dia decidi entrar na loja e logo fiquei confuso a respeito dos vários itens que apareciam no quadro. Foi então que o gerente da loja me perguntou se eu era um novo cliente eu respondi que sim. Ele olhou para mim e disse: 'Vou lhe preparar um *mocha*'. Em seguida, ele meu entregou a bebida e disse: 'Essa é por minha conta, mas quero que você volte. Da próxima vez eu vou lhe apresentar alguns outros dos nossos cafés.' Confesso que sai daquela loja completamente impressionado. Daí eu pesquisei um pouco sobre a companhia e já no meu primeiro ano na faculdade decidi que queria trabalhar na Starbucks. Quando terminei o curso, candidatei-me para uma das 20 vagas oferecidas na companhia, e acabei sendo contratado para um emprego temporário de tempo integral no depósito, durante o período de festas." Assim como vários outros *partners* da Starbucks, Jones continuou a se desenvolver e a crescer profissionalmente, deixando para trás aquele emprego temporário no depósito e estabelecendo uma carreira de sucesso como diretor do setor de serviços e parcerias.

Apesar da paixão por café não seja um pré-requisito para o indivíduo ser contratado pela Starbucks, novos funcionários da companhia, sejam quais forem suas funções, são devidamente instruídos quanto ao significado, a singularidade e a importância dessa bebida. No nível de loja, por exemplo, a Starbucks sempre recebe os novos baristas com uma reunião comandada pelo gerente da loja. O objetivo do encontro é induzir "as primeiras impressões" nos novos fun-

---

2 – Populoso distrito residencial na cidade de Seattle, no Estado de Washington, nos Estados Unidos da América (EUA). (N.T.)

cionários. A visita tipicamente começa com todos experimentando uma dose do café favorito do gerente daquela loja em especial, e então continua com atividades e discussões que enfatizam a importância do café para a empresa e o tipo de experiência que a Starbucks pretende causar em seus clientes.

Ao longo dos dias e semanas seguintes, os novos baristas aprendem bastante sobre as regiões produtoras de café, as práticas comerciais envolvendo o produto, os métodos de processamento para a remoção dos grãos de dentro da casca, os tipos de torra, as habilidades necessárias para se obter uma dose de *espresso* de alta qualidade, os fundamentos da preparação do café, os passos envolvidos na degustação do café, as características básicas de cada tipo de café em termos de sabor, e todos os aspectos da preparação de todas as bebidas e todos os demais produtos da Starbucks. Esse treinamento combina um currículo formal, discussões específicas visando o desenvolvimento individual, sessões práticas com o gerente da loja e a presença de um barista experiente, cuja função é servir de instrutor técnico.

Toda essa educação sobre o café reflete uma abordagem de crescimento e desenvolvimento de **70/20/10**. Com base em uma pesquisa sobre o modo como as pessoas integram e utilizam as novas informações, os novos baristas da Starbucks recebem aproximadamente 70% de sua instrução inicial através de prática e experiências no local de trabalho. Outros 20% resultam do treinamento e aconselhamento oferecido por colegas, pelo instrutor e pelo gerente, enquanto os últimos 10% derivam de um currículo de aprendizado *on-line*, desenvolvido em módulos. (No quadro a seguir, você encontrará os blocos específicos de treinamento que compõem a certificação de barista na Starbucks.)

Para receber o certificado de barista, o novo *partner* deve completar o seguinte currículo:

Bloco de Aprendizagem 1: Primeiras impressões e experiência do cliente, experiência starbucks, preparação e degustação de café, conceitos básicos sobre o *espresso* e aquecimento dos alimentos

Bloco de Aprendizagem 2: Princípios básicos das bebidas, bebidas frias, produção e processamento do café e ponto de venda

Bloco de Aprendizagem 3: Preparo das bebidas, princípios básicos do serviço ao cliente e torra e empacotamento do café

De tempos em tempos, ao longo do treinamento e do processo de desenvolvimento, novos *partners* devem passar por um teste de conhecimentos e demonstrar ao gerente de sua loja competência em tarefas como preparar um *cappuccino*. Embora um amplo conhecimento sobre o assunto e toda uma formação com base em habilidades não possa, por si só, garantir que baristas certificados sintam **paixão** pelos produtos que preparam e servem, a educação e o crescimento profissional com certeza aumentam a percepção dos profissionais e também sua apreciação da bebida. Ryan, barista de uma loja Starbucks em Denver, no Estado do Colorado, afirmou: "Depois que comecei a trabalhar na Starbucks, o café preparado na hora se tornou minha bebida preferida. Aprendi muito sobre diferentes misturas e regiões. Agora eu adoro o café asiático; minha opção é sempre o de Sumatra. Eu realmente não fazia ideia do quanto o sabor muda de acordo com o tipo de café."

Na Starbucks, os líderes também ajudam os novos contratados a começarem a compreender não apenas a importância das comunidades que cultivam o café, mas também os desafios econômicos por elas enfrentados. Os primeiros treinamentos já identificam o café como um produto poderoso em termos sociais (de fato, trata-se de uma das *commodities* agrícolas mais comercializadas do mundo, responsável por sustentar as economias de muitos países equatoriais). Os novos *partners* da Starbucks recebem desde o início informações sobre a importância de práticas comerciais transparentes ao longo de toda a cadeia de serviços que compõe o setor de produção e fornecimento de café.

Além de oferecerem um contexto social para o substancial impacto social, econômico e político de seu produto, os líderes da empresa também encorajam os baristas (tanto os novos quanto os veteranos) a verem a si mesmos como artesãos responsáveis por um produto feito à mão. Em essência, um indivíduo pode se apaixonar não somente pelo produto propriamente dito, mas por toda a arte envolvida em sua criação. Em seu livro *Em Frente!*, Howard Schultz nos diz: "Servir uma dose de café é uma arte; algo que exige que o barista tome extremo cuidado com a qualidade da bebida. Se o profissional apenas seguir o processo normal de maneira automática, se ele ou ela não prestar atenção e produzir um *espresso* de qualidade inferior que se revele excessivamente fraco ou forte demais, isso significa que a Starbucks perdeu a essência do que fora estabelecido há 40 anos: **inspirar o espírito humano**. Reconheço que esta seja uma missão um tanto grandiosa para uma xícara de café, mas é isso o que os comerciantes fazem. Pegamos um item absolutamente comum... e então damos a ele uma nova vida, acreditando que aquilo que criamos tem o potencial de tocar a vida de outras pessoas, assim como tocou as nossas."

> ## REFLEXÃO SOBRE A CONEXÃO
>
> 1. Você está oferecendo conhecimento sobre o produto e certificando a excelência de seu produto desde o momento da contratação?
>
> 2. Qual é o nível de paixão pelo produto demonstrado por sua equipe? Como esse nível se compara àqueles por você verificados nos melhores provedores de serviço que já conheceu?
>
> 3. Que tipo de primeira impressão você cria para seus novos contratados para que eles se sintam curiosos em relação ao produto que sua empresa oferece? Quais são as principais nuances ou os aspectos únicos e cruciais de seus produtos?

Você consegue imaginar como nossas vidas seriam diferentes se a maioria dos donos de empreendimentos trabalhasse no sentido de infundir o **conceito de paixão pelo produto** em todos os seus colaboradores? E se esses proprietários também acreditassem que fosse parte de seu trabalho aperfeiçoar ou melhorar os produtos nos quais colocam suas mãos? Como seria sua próxima visita à lavanderia, ao correio, à loja de produtos eletrônicos ou ao supermercado? Melhor ainda, imagine como seus clientes poderiam se sentir se todos os seus funcionários se sentissem apaixonados por seus produtos e inclusive responsáveis por aprimorá-los cada vez mais.

Enquanto a oportunidade para desenvolver uma paixão pelo café e pela arte envolvida em sua preparação faz parte das experiências de aprendizado e formação dos novos contratados da Starbucks, a própria liderança da empresa compreende que tal amor pelo produto é sustentado, reforçado e aprofundado pelos próprios rituais corporativos, pelas oportunidades de aprendizado por imersão e pela estratégia comercial da empresa. Porém, antes de analisarmos a abordagem da Starbucks, é preciso definir o significado de rituais corporativos e explorar sua relevância no sentido de desenvolver uma cultura de paixão pelo produto.

RITUAIS CORPORATIVOS

Para algumas pessoas, a palavra **ritual** tende a evocar imagens de comportamentos pessoais ou religiosos; todavia, S. Chris Edmonds, consultor sênior na Ken Blanchard Companies e coautor do livro *Leading at a Higher Level* (*Liderando em um Nível Superior*), define rituais corporativos como "eventos que comunicam e reforçam os desempenhos e valores desejados". Segundo Edmonds: "Poucos líderes sênior se utilizam de rituais corporativos como estratégia intencional para definir e reforçar a cultura desejada."

Edmonds nos oferece uma estrutura para observarmos rituais e critérios e avaliarmos sua eficácia. De maneira específica, ele separa os rituais de liderança em dois grupos: os orientados à celebração e aqueles direcionados à comunicação. Ao avaliar a eficiência de cada abordagem, Edmonds sugere que esforços intencionais sejam feitos no sentido de "assegurar que todos os rituais corporativos criem um laço comum, inspirem compromisso e inovação, e teçam uma cultura eficiente." Vamos agora observar como as lideranças da Starbucks criam uma cultura de paixão pelo produto por meio de rituais de celebração e comunicação, e, ao mesmo tempo, definir as maneiras pelas quais você poderá fazer o mesmo.

RITUAIS DE CELEBRAÇÃO

Quando descrevi a primeira reunião entre um novo barista contratado pela Starbucks e o gerente da loja, você teve uma prévia de um dos principais rituais de celebração da empresa – o **ritual de degustação do café**. Quando um gerente de loja celebra o primeiro dia de um novo contratado preparando uma sessão de degustação de café, esse profissional está produzindo um evento que, ao mesmo tempo, 1º) comunica claramente o comportamento desejado no que diz respeito ao aprendizado dos perfis únicos do café em termos de sabor; e 2º) demonstra os valores que sustentam a paixão de todos pelo café.

O ritual de degustação de café também é uma das principais atrações nos mais importantes eventos culturais da Starbucks. Por exemplo, durante a Conferência de Liderança de outubro de 2012, Dub Hay, então vice-presidente da Global Coffee Authority – que estava prestes a se aposentar depois de trabalhar 10 anos na Starbucks (e com quem tive a oportunidade de degustar café na Costa Rica) –, liderou, ao lado de gerentes e outros líderes, uma sessão de degustação da marca recém-lançada pela empresa – Starbucks® Thanksgiving Blend. Voltando-se para os presentes, Hay disse: "Não consigo expressar a sensação de humildade que sinto hoje sobre esse palco (...), ciente de todo o trabalho, amor e cuidado que foram dedicados a esta bebida que agora está em suas mãos. Esta é provavelmente a maior sessão de degustação que já realizei em toda a minha história na empresa. Não consigo vislumbrar uma melhor maneira de realizá-la que compartilhando esse momento com 10 mil gerentes de loja, 200 *partners* de Houston, que serviram o café que prepararam e, como todos podem ver nesse palco, a equipe de liderança sênior da empresa e os diretores de filiais de todo o mundo." Depois do breve discurso, Hay liderou a degustação massiva. Imagine toda a **logística envolvida** em fazer com que mais de 10 mil *partners* experimentassem o café **simultaneamente**. Alguns poderiam até dizer que todo esse exercício é absolutamente inútil; porém, as lideranças da Starbucks consideram-no um ritual que reforça a própria essência da marca.

A gerente distrital da Starbucks, Tisha Kimoto, explica o modo como ela integra o processo de degustação de café em seu ritual de liderança, dizendo: "Os gerentes distritais não ficam em um escritório. Pelo contrário, estamos sempre visitando as lojas e nos encontrando com os gerentes locais. Sempre iniciamos nossas reuniões experimentando café. O que será que ainda não sabemos sobre o café? O que mais podemos aprender? E, para nós na Starbucks, como podemos ser realmente apaixonados pelo produto que comercializamos?" Howard Schultz, Willard (Dub) Hay (vice-presidente sênior da empresa até 2012), líderes e gerentes distritais com os gerentes locais; gerentes locais com seus novos contratados e suas equipes de trabalho... o fato é que o ritual de degustação de café está mais vivo do que nunca na Starbucks.

Essa ritualização na degustação de café ainda é sustentada por um conjunto de orientações estabelecido para funcionários de toda a empresa. Por exemplo, os novos contratados são encorajados a preencher um **"passaporte do café"**[3] nos primeiros 90 dias de trabalho. O passaporte do café (vide imagem a seguir) é uma espécie de mapa e, ao mesmo tempo, um tipo de diário que ajudará cada *partner* a experimentar todos os cafés oferecidos nas lojas Starbucks. Um barista de Nova York nos disse: "Quando comecei a aprender sobre café há três anos em uma loja da Starbucks em Connecticut, tive a oportunidade de experimentar o café Verona®. O *partner* responsável pela experiência serviu um pouco de *mocha sauce* (molho *mocha*) em uma xícara. Então nós sentimos o perfume do *mocha* e em seguida o do Verona, e devo dizer que foi uma descoberta absolutamente prazerosa. Naquele momento percebi que existiam diferentes profundidades de sabor no café, algo que desconhecia completamente. Sempre achei que o café fosse uma bebida para mantê-lo **acordado quando estivesse cansado**. Aquele foi o início de um verdadeiro caso de amor com o café. Parte do treinamento da Starbucks é preencher o passaporte do café...

---

3 – Esse procedimento também é adotado no Brasil. (N.T.)

Você precisa experimentar e descrever cada tipo de café que a empresa oferece. Terminei de preencher o meu passaporte nas primeiras duas semanas em que estava na empresa. Ao longo do processo, descobri alguns dos meus sabores favoritos e também os que menos apreciava. Eu simplesmente não conseguia parar de compartilhar com as pessoas a enorme quantidade de sabores de café que existiam. Era um mundo completamente novo para mim. A experiência foi absolutamente excitante e meu gerente parecia compreender meu entusiasmo. Ele sempre incentivou minha paixão pelo café e eu simplesmente não consegui mais parar."

STARBUCKS©

PIKE PLACE ROAST*

Sabor harmonioso com um leve toque de cacau e castanhas equilibrando o suave paladar

SOBRE O SABOR
AVELUDADO E BALANCEADO

REGIÃO DE CULTIVO
AMÉRICA DO SUL

CORPO
MÉDIO

ACIDEZ
MÉDIA

PROCESSAMENTO
LAVADO

TIPO DE TORRA
CLARA — **MÉDIA** — ESCURA
(BALANCEADA, AVELUDADA E RICA)

COMBINAÇÕES
BOLO DE CAFÉ CLÁSSICO, CROISSANT DE CHOCOLATE

MÉTODO DE PREPARO
○ **DRIP BREWER** (FILTRO DE PAPEL)
○ **POUR OVER** (FILTRO DE PAPEL)
○ **PRENSAGEM EM PRENSA FRANCESA**
○ **OUTRO**

→ Preparado fresquinho todos os dias em nossas lojas, essa torra suave nos remete para a rica herança de nossa primeira loja no Pike Place Market de Seattle.

OUTROS ASPECTOS POSITIVOS DESSE CAFÉ SÃO:
_____
_____
_____
_____
_____
_____
_____
_____
_____
_____
_____
_____
_____

* Pike Place é uma marca comercial (ou marca registrada) do The Pike Place Market PDA, usada sob licença. (N.T.)

Página extraída do passaporte do café da Starbucks.

Do mesmo modo, Samantha Yarwood, diretora de *marketing* para a Suíça e a Áustria, nos conta que também já viu novos baristas não apenas entusiasmados com os tipos de café que experimentam, mas levam outros a participarem de sessões de degustação: "Conheci uma nova barista que tinhas duas semanas de casa quando conduziu sua primeira degustação. Gostaria de ter uma fotografia para compartilhar daquela fantástica apresentação que ela organizou. Foi incrível. Ela apresentou chocolates, *cookies*, bolos que refletiam e combinavam perfeitamente bem com os tipos de café que ela estava experimentando junto conosco. Ela era ao mesmo tempo empenhada no que estava fazendo e bastante envolvente. Posteriormente fiquei sabendo que ela havia ficado até mais tarde na noite anterior preparando todos os itens que ela nos apresentou. A sessão de degustação me deixou muito bem impressionada.

Os rituais de degustação de café e a ferramenta passaporte do café servem para criar um método de exploração padronizado da riqueza e da complexidade dos processos de aprendizado e domínio do produto. Isso, por sua vez, faz com que muitos *partners* da Starbucks desenvolvam uma genuína fascinação e paixão pela bebida. Ao mesmo tempo, esses ritos manifestam a centralidade do café no modo como as coisas são feitas em todos os níveis da empresa.

RITUAIS DE COMUNICAÇÃO

A narrativa corporativa também é devidamente ritualizada pelas lideranças da Starbucks. Neste sentido, em vez de disponibilizarem mensagens que denotam simplesmente **"o quê"** a companhia faz, e **"como"** ela o faz, os líderes buscam, escutam e compartilham histórias que ajudam a conectar seus *partners* aos produtores de café, demonstrando a longa jornada percorrida pelo produto antes de este ser servido nas lojas da empresa. Enquanto eu conversava com Howard Schultz sobre os rituais de comunicação na companhia, ele disse: "Um dos pontos fortes da Starbucks é sua habilidade para contar histórias e infundir nas pessoas uma **narrativa autêntica** e genuína sobre a jornada do café – de onde ele vem e como o manuseamos [...] Essas histórias são ainda enriquecidas pela paixão e pelos demais sentimentos que temos em relação ao trabalho que realizamos. Não se pode fingir isso. O cliente é esperto demais; nosso pessoal é esperto demais. Se nossos próprios funcionários não acreditarem na **'história de amor'** por trás do café, ou na verdade que reside atrás dela, tudo irá por água abaixo, antes mesmo de começar."

Embora os métodos de narrativa na empresa sejam variados (de funcionário para funcionário, em grupos ou por vídeo), os temas regularmente giram em torno da jornada do café, das experiências de cultivo e do impacto da prática de *ethical sourcing*[4] na vida dos fornecedores. Clarice Turner, vice-presidente sênior de negócios nos EUA, afirma o seguinte: "À medida que educamos nossos *partners* sobre o café que comercializamos, discutimos o modo como a venda desse produto e das bebidas produzidas com ele muda a vida de agricultores em todo o mundo.

---

4 – Prática que assegura que os produtos/serviços adquiridos e/ou contratados são produzidos/realizados em instalações seguras e por funcionários recebedores de salário e contratados para trabalhar por períodos estabelecidos em lei. Também implica no fato de o fornecedor respeitar o meio ambiente durante a produção/manufatura de seus produtos. (N.T.)

Há inúmeros exemplos específicos que costumamos utilizar para demonstrar a importância de se praticar preços justos e agir com transparência." Por meio de suas narrativas, os líderes da Starbucks humanizam seus *partners*, tornando-os parte importante do forte impacto causado tanto por produtores agrícolas como pelo conjunto de esforços éticos da empresa, como as práticas C.A.F.E. (Coffee and Farmer Equity[5]). As práticas C.A.F.E. foram desenvolvidas em uma parceria entre a Starbucks e a CI – Conservation International (uma organização sem fins lucrativos cujo compromisso é beneficiar a humanidade através da biodiversidade e da proteção da natureza). O objetivo é definir orientações gerais que permitam que o cultivo do café ocorra de maneira absolutamente sustentável, tanto no que diz respeito aos agricultores quanto ao planeta como um todo. Ao estabelecer metas mensuráveis – que incluem padrões de qualidade (da própria Starbucks); transparência dos pagamentos registrados em toda a cadeia de abastecimento do café; avaliações do grau de segurança e das condições humanas e de trabalho nos grupos terceirizados; e lideranças ambientais – a Starbucks consegue trabalhar junto aos produtores e, ao mesmo tempo, aumentar o nível de sustentabilidade nos processos.

Kelly Goodejohn, diretora do setor de *ethical sourcing*, exemplifica a efetividade das narrativas ao compartilhar conosco a seguinte experiência: "Recentemente eu estive na Costa Rica visitando pequenos agricultores que participavam das práticas C.A.F.E. Considerando-se que muitos desses fazendeiros operam apenas alguns acres de plantação, tudo o que eles produzem e ganham é essencial para a sobrevivência de suas famílias." Goodejohn ressalta que, como sempre, ela se sentiu profundamente tocada pelas histórias edificantes contadas pelos fazendeiros. Elas dizem respeito ao impacto dos prêmios pagos pela Starbucks conforme o nível de engajamento de cada produtor com as práticas C.A.F.E. Muitos deles discorreram sobre o quanto esses valores foram fundamentais no sentido de permitir que seus filhos tivessem acesso a uma **educação de qualidade** e, em certos casos, até mesmo ao ensino superior.

Lembrando que sua visita ocorrera logo depois de um período de chuvas nas montanhas da região de Tarrazú, Goodejohn explica que um caso específico a deixou perturbada. Um dos produtores lhe disse que só estava participando das práticas C.A.F.E. de maneira limitada. Segundo Goodejohn: "O agricultor apontou para uma encosta íngreme onde um enorme deslizamento havia soterrado vários pés de café e explicou que infelizmente não dera a devida atenção às medidas de controle para evitar a erosão. Por conta disso, ele perdera um terço de seus pés de café em um único período chuvoso do ano. Segundo ele, seria impossível colher café daquela área por um período de três a cinco anos, e, com isso, um terço

---

5 – Em tradução livre: práticas justas envolvendo o café e os agricultores do setor. (N.T.)

de toda a sua renda estaria perdida. A expressão em seu rosto era de arrependimento e tristeza pelo forte impacto negativo de suas próprias escolhas. Aquilo me tocou profundamente. Na ocasião ele me perguntou se a Starbucks poderia ajudá-lo a gerenciar sua fazenda de maneira mais eficiente, e agora nossos agrônomos estão trabalhando no sentido de oferecer a ele os instrumentos técnicos necessários para que no futuro ele tenha condições de mitigar alguns dos severos impactos causados por alterações climáticas. São essas experiências que resultam não somente em uma grande paixão pelo café, mas em uma enorme compaixão pelas pessoas e pelas famílias que compartilham essa jornada conosco."

Histórias sobre o cultivo do café, o longo caminho percorrido pelos grãos e a prática de *ethical sourcing* (como essa que nos foi contata por Kelly Goodejohn), claramente engajam os *partners* da Starbucks. Katie McManhon, executiva do setor de contabilidade da Branded Solutions, nos diz: "Uma imagem que permanece em minha mente é a do produtor de café. Você olha para suas mãos e as vê cobertas de terra. Para mim isso está no âmago de quem somos como empresa, e eu penso sobre essas pessoas o tempo todo quando trabalho com outros parceiros e clientes." Já a barista Ruth Anderson nos conta: "Nossos grãos de café viajam muito antes de chegarem até nós. Com frequência ouço as pessoas comentarem sobre os primeiros passos dessa longa jornada que será percorrida pelo produto e também sobre a vida dos produtores de café. Eu me importo bastante não apenas com o fato de o produto que comercializamos ser obtido dentro da mais profunda ética, mas também em saber que todas as pessoas envolvidas no processo estão sendo bem cuidadas. Como barista, preciso me esforçar ao máximo para ajudar esse café a percorrer os últimos metros que o separam de nossos clientes. Não me vejo somente como uma preparadora de café, mas como alguém que exerce algum impacto no mundo por meio desse produto."

Aristóteles disse certa vez: **"Somos o que repetidamente fazemos. A excelência, portanto, não é um feito, mas um hábito."** Embora a celebração e os rituais de comunicação em sua empresa sejam certamente diferentes daqueles praticados na Starbucks, será que não valeria a pena examinar os hábitos, os rituais e as mensagens que você está transmitindo? Será que eles estão facilitando o surgimento de conexões emocionais, gerando um senso de comunidade e produzindo paixão pelo produto? Ao estabelecer rituais autênticos em sua empresa, e fazê-lo de maneira efetiva, você também estará definido aspectos exclusivos de sua própria cultura e, ao mesmo tempo, reforçando seus objetivos mais amplos, em especial quando esses **ritos** são sustentados por um rico aprendizado prático e por uma estratégia de negócios congruente.

REFLEXÃO SOBRE A CONEXÃO

4. Como você tem se utilizado de rituais de celebração para aumentar a conexão entre os membros de sua equipe e seus produtos?

5. Que tipo de programa similar ao passaporte do café da Starbucks – caso o tenha – você pratica em sua empresa? Que tipo de programa você poderia criar?

6. De modo geral, com que nível de eficácia você tem se utilizado de rituais corporativos para intencionalmente "criar um laço comum, inspirar compromisso e inovação, e tecer uma cultura eficiente de paixão".

EXPERIÊNCIAS IMERSIVAS

Uma coisa é fazer com que seus líderes contem histórias que irão ajudar a empresa a estabelecer laços entre os integrantes da equipe e a paixão pelo produto, outra bem diferente é dar condições aos membros da equipe para que estes colecionem suas próprias vivências e histórias. No que diz respeito a conversações sobre o cultivo de café e o impacto do *ethical sourcing*, os líderes da Starbucks adotaram várias abordagens distintas, dentre as quais estão visitas nas lojas por agricultores do setor cafeeiro e um programa bastante incomum denominado **Experiência na Origem**. Se você quiser conhecer um pouco mais sobre as viagens desse programa, visite: http://tinyurl.com/mrrk5wr ou direcione seu leitor de código QR[6] para cá:

---

6 – Sigla para *Quick Response* (resposta rápida). Trata-se de um código de barras bidimensional que pode ser escaneado pela maioria dos aparelhos de telefonia celular dotados de câmera. O código é convertido em texto, endereço URL, número de telefone, localização geográfica, *e-mail*, contado ou até SMS. (N.T.)

Valerie O'Neil, vice-presidente sênior para o setor de recursos de parceiros e liderança de marca, compartilha a ideia por trás das viagens do projeto Experiência na Origem: "Minha equipe e eu lançamos o programa piloto ao enviar entre 35 a 40 *partners* dos EUA e das Américas para a Costa Rica. Também enviamos *partners* da região Ásia-Pacífico para a Indonésia e, finalmente, colegas da Europa e Oriente Médio para a Tanzânia. Essas pessoas passaram uma semana em um programa de imersão, acompanhando todos os passos do processo desde o cultivo, a produção, o processamento até o envio do produto para nossas usinas de torrefação. Isso nos ajudou não somente a infundir nas pessoas paixão pelo produto, mas a permitir que nossos *partners* compreendessem o que de fato acontece nas vidas dos agricultores e de todos os envolvidos no processamento do café. Esse projeto também nos possibilitou demonstrar tudo o que fazemos para apoiar essas comunidades. Não se trata somente do que compramos e damos aos agricultores, mas das escolas e dos programas de apoio instituídos nas regiões produtoras. Todos os participantes do projeto têm a oportunidade de plantar sementes e colher café."

Como se pode imaginar, o processo de seleção para participar desse programa é bastante competitivo. A maioria dos participantes trabalha nas lojas e está em contato direto com os clientes. Entre os critérios de participação estão o desempenho geral na função, conhecimento demonstrado sobre o produto e habilidades de comunicação. Valerie O'Neil explicou: "Os participantes devem estar aptos a compartilhar suas histórias e experiências, e desejosos em fazê-los. Mesmo que quiséssemos enviar 200 mil *partners* para essas regiões, isso não seria respeitoso para com as comunidades, tampouco prático para a empresa. Sendo assim, dependemos dos colegas que participam do projeto para dividirem suas experiências com os demais funcionários da organização."

Em uma cultura marcada pelo ritual de contar histórias, esse tipo de imersão representa uma experiência rica e oferece à empresa uma oportunidade única de reforçar suas mensagens. No caso do café, a Starbucks também criou um currículo intenso de treinamento que produz especialistas apaixonados no assunto. Essas pessoas são chamadas de **mestres do café** e **embaixadores do café**. Mas antes de falarmos sobre esses indivíduos, observemos a importância motivacional por trás da criação dessas oportunidades de aprendizado e "domínio do assunto".

CRIANDO CONDIÇÕES PARA A *EXPERTISE* NO PRODUTO

Várias pesquisas sobre a motivação humana sugerem que o domínio sobre um determinado tópico é um propulsor-chave para o desempenho humano e que programas externos de recompensa/gratificação podem inclusive minar a alegria intrínseca ao crescimento e desenvolvimento pessoal. Daniel Pink, autor do livro *Drive: The Surprising Truth About What Motivates Us* (*Impulso: A Surpreendente Verdade Sobre o que nos Motiva*), afirmou: "Recompensas podem gerar uma estranha alquimia comportamental: elas são capazes de transformar uma tarefa interessante em um trabalho árduo; de transformar brincadeira em trabalho; e, ao diminuir a motivação intrínseca, elas conseguem derrubar o desempenho, a criatividade e o comportamento sadio como se fossem peças de dominó." Com isso em mente, os líderes da Starbucks encorajam o aprendizado de tudo o que se refere ao café por meio de uma abordagem baseada em domínio do tópico e reconhecimento social, não através de prêmios ou recompensas em dinheiro. O primeiro nível desse programa de aprendizado, composto de duas etapas, é chamado de **Mestrado do Café**[7]. O segundo, e mais avançado, é denominado **Embaixada do Café**.

Carrie Dills, uma ex-barista da Starbucks, descreveu para nós sua jornada rumo à posição de mestre do café, dizendo: "O gerente que me contratou era mestre do café e sempre que ele falava sobre o produto havia amor e paixão em suas palavras. Ele infundiu esses sentimentos em mim. Eu não trabalho mais na Starbucks e, portanto, não deveria sentir nenhum prazer em falar sobre café, mas confesso que fico bastante entusiasmada em discorrer sobre o modo como os grãos são cultivados e colhidos; sobre os agricultores que cultivam o café ou até mesmo sobre o modo como a Starbucks cuida dessas pessoas." Dills afirma que já encontrou pessoas que duvidam da autenticidade de sua paixão pelo produto. "Eles dizem: 'Você só está repetindo a retórica da empresa', mas então eu respondo que eu realmente me sinto dessa maneira e acredito no que digo. E devo dizer que fiz de tudo para ver o que acontecia com os meus próprios olhos e entrevistar os agricultores." Enquanto trabalhava como barista, Dills explicou que chegou a fazer uma viagem pessoal até a Costa rica, e acrescentou: "Visitei uma propriedade onde eles cultivam grãos da Starbucks, e então eu disse ao responsável que eu era funcionária da empresa e todos ficaram impressionados em saber disso. Eu busquei por aquela experiência por conta do grande envolvimento que tinha com o programa Mestrado do Café e pelo nível de interesse que o assunto gerava em mim."

As oportunidades para alcançar o *status* de mestre do café não se limitam aos funcionários das filiais norte-americanas da Starbucks, ou mesmo àqueles que preparam e servem café nas lojas da empresa. Wang Bin Wolf, *partner* e supervisor da loja Jianwai SOHO, de Pequim, na China, nos conta

---

7 – No Brasil, os treinamentos recebem o nome de *Coffee Master*. (N.T.)

que jamais se sentiu motivado em seu emprego anterior, em uma empresa de estampagem. Segundo ele, após cada dia de trabalho ele se via exausto; de fato, suas energias pareciam ter sido completamente drenadas. Wolf acrescentou que sua experiência negativa anterior contrastava totalmente com a amizade e o amplo conhecimento dos baristas que conheceu na Starbucks. E foi por causa disso que ele tomou uma decisão consciente de trabalhar na empresa. Após conseguir o emprego, acabou se envolvendo no programa Mestrado do Café.

Como resultado de sua participação no treinamento, Wolf avalia que "o preparo do café é uma forma de arte (...) Para alguém que nunca havia tomado café na Starbucks, a bebida parecia amarga. Durante o processo, tive de continuar degustando e aprendendo com os outros participantes, para ganhar mais experiência. Gradualmente fui descobrindo a complexidade dos sabores (...) O café que até então era algo estranho tornou-se um grande amigo (...) Por meio desse processo de aprendizado e dos meus esforços pessoais, continuei a me aprimorar no assunto e, então, finalmente passei a usar o avental preto e a ostentar o título de mestre do café. Pessoalmente sinto-me bastante orgulhoso e feliz."

E assim como inúmeros *partners* que não atendem clientes ou preparam café em uma loja da Starbucks, Jenny Cui, gerente de análise de negócios no Centro de Suporte de Seattle, também compartilhou sua experiência: "Cresci tomando chá e realmente não apreciava o café. Quando entrei na Starbucks, tive acesso a uma enorme quantidade de informações e experiências relacionadas ao café, às regiões de cultivo, aos diferentes perfis e sabores, e técnicas de preparo das bebidas. Aquele se revelou um mundo totalmente diferente para mim, mas eu gostei da sensação. Agora sinto-me feliz por ser uma mestre do café certificada." Com base em suas primeiras experiências de aprendizado ao entrar na Starbucks, Cui nos contou que decidiu aprender mais sobre o café e o modo como as conexões humanas são forjadas pela bebida: "Por causa do meu trabalho para alcançar a certificação de mestre do café, e também pela própria cultura geral da empresa, com frequência participo de grupos que degustam diferentes marcas de café e conversam sobre o produto. Também participo regularmente de eventos de torra de café, para compreender melhor como o café é trabalhado." Quando questionada sobre a razão para investir tanto tempo nessas atividades, sendo ela uma profissional da área de finanças, respondeu: "Acho maravilhoso poder aprender mais sobre o produto que é o carro-chefe de nossa empresa e, ao mesmo tempo, desenvolver uma profunda apreciação pelas complexas características do café e pela maneira como ele chega ao mercado."

Embora o título de mestre do café represente um desafio de crescimento suficiente para muitos *partners* da Starbucks, os líderes da empresa estabeleceram um nível adicional de *expertise*, denominado embaixador do café. Usando seu avental especial na cor marrom, Andrea Bader, embaixadora do café na Starbucks Suíça, nos revela como alcançou esse título: "Dez mestres do café e vários gerentes de loja participaram de um evento julgado pela equipe de liderança distrital de nossa região do país. Cada concorrente teve de apresentar dois cafés da Starbucks juntamente com dois acompanhamentos, criando assim duas combinações perfeitas entre bebida e alimento. Depois de ser indicada para representar meu distrito, reuni-me aos demais participantes do desafio. Dessa vez, todos os gerentes de lojas da Suíça e toda a equipe de liderança da empresa avaliaram nossas apresentações e nossas combinações. Fiquei muito satisfeita em me tornar a **embaixadora do café** na Suíça." Quando lhe perguntamos se ela estava sendo financeiramente recompensada (ou extrinsecamente motivada) pela conquista de um nível tão elevado de *expertise* no assunto, Bader respondeu: "Fiz isso apenas para causar um impacto maior na empresa em termos de conhecimento do café. Recentemente tive essa ideia maluca de fazer uma degustação de café pelo Skype e pelo Facebook. De fato, mil pessoas de todas as partes do mundo participaram dessa experiência. A missão de cada uma delas era preparar um café usando uma marca específica, então todos nos reuniríamos no Skype para discutir as experiências de cada participante."

As lideranças da Starbucks desenvolveram maneiras de imergir os membros de sua equipe em experiências de aprendizado que, por sua vez, geram oportunidades para o surgimento de uma verdadeira paixão pelo produto. Mais do que isso, essas pessoas descobriram meios de desencadear um profundo conhecimento de seus produtos, ao contar com um intrínseco senso de realização que advém da aprendizagem em nível avançado e da habilidade dos próprios participantes em ensinar para seus colegas. **Que oportunidades de imersão e recursos de reconhecimento oriundos de treinamentos voluntários você poderia considerar para aprofundar a paixão do seu pessoal pelo seu produto?**

ESTRATÉGIA CONSISTENTE COM A PAIXÃO PELO PRODUTO

Jim Collins, autor do *best-seller* da área de negócios *Good to Great* (*Empresas Feitas Para Vencer: Por Que Apenas Algumas Empresas Brilham*), afirma que **empresas visionárias** são lideradas por indivíduos que estão constantemente avaliando as estratégias implementadas e assegurando que elas estejam "alinhadas no sentido de preservar os valores fundamentais da organização, reforçar seus objetivos e seus propósitos, e ainda estimular o progresso contínuo rumo às suas aspirações. Quando esse alinhamento é perfeito, até mesmo um visitante de outro planeta que caia do céu em sua companhia será capaz de compreender sua visão sem ter de lê-la em um pedaço de papel."

A despeito de todos os esforços atuais para valorizar a qualidade do café, a paixão e o conhecimento dos funcionários, houve um tempo na história da Starbucks em que as decisões estratégicas dos líderes fracassaram em apoiar essa paixão pelo produto. Na verdade, as lideranças da empresa estavam tão concentradas em alcançar números positivos nas vendas (refletidos nos comparativos – ou *comps* – que abrangiam sempre as mesmas lojas, ano após ano), que a excelência do próprio café acabou comprometida. Howard Schultz reconhece prontamente que esses *comps* se revelaram: "Um perigoso inimigo nas batalhas visando a transformação da empresa. Na época, contávamos com quase 200 meses de relatórios positivos, além de registros de um desempenho fantástico e nunca registrado anteriormente em nossas vendas em varejo. Todavia, à medida que crescíamos em um ritmo cada vez mais rápido durante os anos de 2006 e 2007, a decisão de manter o crescimento positivo daqueles *comps* acabaram nos levando a tomar péssimas decisões que, por sua vez, acabaram nos desviando de nossos valores essenciais." Schultz então prossegue em sua avaliação e nos oferece um ótimo exemplo daquilo que ele denomina **"efeito *comp*"**. Certa vez, ao visitar uma das lojas da empresa, ele deparou com uma enorme pilha de bichos de pelúcia que estava à venda. "O que é isso?," perguntei frustrado ao gerente da filial, apontando para os bichos fofinhos de olhos arregalados, que nada tinham a ver com café." Em resposta, o gerente explicou que os animais de pelúcia eram ótimos para o *comp* da loja, pois geravam vendas e altas margens de lucro. Aquilo fez com que Schultz concluísse que o "efeito *comp*" havia produzido uma "mentalidade que se tornara ao mesmo tempo pervasiva e perigosa!

Em seu livro *Em Frente!*, Schultz detalhou uma série de ações estratégicas tomadas no nível sênior de liderança em um esforço de resguardar o **"espírito"** da Starbucks. Várias dessas medidas claramente demonstraram a paixão desses líderes pelo café e representaram uma declaração de que a Starbucks estava disposta a "recuperar sua autoridade em termos de café". Entre essas estratégias voltadas especificamente para o produto, estavam: 1º) o fechamento de todas as lojas Starbucks em território norte-americano por toda uma tarde para que todos os baristas fossem retreinados e reaprendessem a preparar não somente o *espresso* perfeito, mas todas as demais bebidas da empresa; 2º) a criação e o lançamento do Pike Place® Roast (uma torra de café balanceada e transformativa, capaz de devolver às lojas da Starbucks o aroma da moagem de grãos frescos); e 3º) a aquisição e utilização bem ponderada do sistema Clover de infusão de café (um método avançado capaz de preparar cafés de alta qualidade e personalizados, por meio da infusão de água em temperatura rigidamente controlada sobre o café moído, o que permite a retenção dos óleos mais saborosos do produto).

Desde a recuperação da empresa, seus líderes têm se mantido devidamente alinhados à ideia de centralidade do café. Isso se evidencia nas próprias inovações nos produtos, como o lançamento da torra Starbucks Blonde®. Por vários anos os líderes da Starbucks já sabiam que muitos consumidores de café (cerca de 40% deles) rejeitavam cafés de torra escura ou simplesmente preferiam torras mais claras. De modo consistente, avaliações dos perfis das torras demonstravam que as mais claras revelavam um produto de sabor mais relvado de acidez moderada, o que, por sua vez, resultava em uma classificação significativamente mais baixa em termos de qualidade em comparação às torras mais escuras da empresa.

Brad Anderson, um dos principais torrefadores de café da empresa e responsável pela torra Blonde, compartilha conosco o modo como essa torra mais clara emergiu depois de 80 tentativas frustradas. "Queríamos que a torra Blonde ostentasse um leve sabor adocicado e de cereais. Porém, não tínhamos ideia de como alcançar esse paladar com os estilos de torra existentes. Então decidimos começar do zero e ir reajustando o processo na medida do necessário. Para mim foi um desafio técnico e pessoal; investimos muito tempo no desenvolvimento desse café. Cada vez que o produto chegava às nossas mãos, perguntávamos uns aos outros como poderíamos torná-lo ainda melhor. Sinto-me extremamente orgulhoso do resultado final e de todas as equipes que se dedicaram tanto à sua criação."

Os *partners* que trabalham nas lojas apreciam bastante esse alinhamento entre os valores da empresas e as estratégias comerciais baseadas nos produtos. Mais importante, esses *partners* experimentam o impacto positivo que tal alinhamento exerce sobre a vida dos clientes Starbucks. A barista Elisha nos contou o seguinte: "Particularmente, gosto de café escuro, mas considero que o desenvolvimento e a disponibilização da torra Blonde é fantástica, pois vários consumidores não apreciam torras escuras. A torra Blonde está em perfeita harmonia com o nosso compromisso de garantir excelência em nossos produtos, e nos ajuda a alcançar um mercado de novos clientes. Aproximar esses novos consumidores nos permite conversar com eles sobre café e garantir-lhes acesso a um prazer já vivenciado por outros clientes, e há muito tempo." Quando se combina produtos inovadores – que, por sua vez, trazem consigo novos seguimentos de consumidores – a uma base de clientes leais, chega-se a uma receita perfeita para sucesso nos negócios e sustentabilidade.

> ## REFLEXÃO SOBRE A CONEXÃO
>
> 7. Como você ajuda sua equipe de trabalho a experimentar seus produtos e serviços integralmente? Quais são seus paralelos em relação à Experiência na Origem da Starbucks?
>
> 8. Você está incorporando o aprendizado e o reconhecimento social em seus programas de treinamento? Se este for o caso, de que modo você o está fazendo?
>
> 9. No que concerne à excelência do seu produto, o quão alinhados estão suas estratégias e seus valores,? Nas palavras do autor Jim Collins: "Se um visitante de outro planeta caísse do céu dentro de sua organização", conseguiria ele compreender sua visão em termos de excelência de produto, "sem precisar lê-la em um papel"?

CONECTANDO OS CLIENTES AO SENTIMENTO DE PAIXÃO

Com as lideranças da Starbucks investindo muita energia na criação de um ambiente onde os *partners* se sintam apaixonados em relação ao café, é importante determinar o retorno sobre este investimento. A paixão dos funcionários da empresa pelo café gera e/ou estimula esse mesmo sentimento nos clientes?

Neste Capítulo vimos como o ato de fomentar a paixão do cliente pelo café pode incentivá-lo a trabalhar na empresa. Embora muitos consumidores do produto não cheguem ao ponto de buscar emprego na Starbucks, muitos estreitarão suas relações com a companhia, aumentando a frequência de visitas às cafeterias da rede, seu nível de envolvimento e até mesmo o número de itens adquiridos nas lojas. O barista Paul Quinn, por exemplo, compartilhou conosco o modo como os padrões de compras de uma determinada cliente mudaram à medida que ele começou a repartir com ela sua paixão pelo café: "Estou em meio ao processo de me tornar um mestre do café, e descobri que isso reavivou em mim a paixão pelos grãos e, com isso, minha habilidade em vender o produto. Todo funcionários tem seus clientes regulares e, com todo o conhecimento adquirido [...], por meio do meu *Coffee Master Journal* (*Diário do Mestre do Café*), transformei uma de minhas clientes regulares das noites de sextas-feiras em um tipo de **"parceira do café"**. Quinn revelou que ele e essa cliente regular já conversaram bastante, não apenas sobre uma grande variedade de torras da

Starbucks, mas também sobre combinações adequadas em termos de alimentos. Em uma dessas ocasiões, Quinn preparou para essa cliente uma pequena dose de café prensado da marca Guatemala Casi Cielo®, e a serviu com uma fatia de pão de limão. Quinn nos disse que "o rosto da cliente se iluminou conforme ela começou a entender exatamente o que eu quis dizer quando lhe expliquei o modo como os cítricos acentuam o sabor do café [...] Agora, toda sexta-feira eu encontro essa cliente na loja, entre 10h30min e 11h da manhã, e então conversamos sobre o café que está sendo preparado no momento [...] ou a respeito dos salgados ou doces que vão bem com determinados tipos de cafés." Quinn também nos contou que recomendou a essa cliente o Gold Coast Blend®, para ser acompanhado de uma barra de chocolate Snickers. Como resultado desse bom relacionamento: "Ela quase sempre leva para casa um pacote de café (...) Há uma conexão genuína com o cliente, o que é fantástico. O fato é que o programa Mestrado do Café só está me ajudando a ampliar meus conhecimentos e a me transformar em um barista cada vez melhor", enfatizou Quinn.

O aumento da frequência dos clientes e de seu envolvimento com a marca; a maior penetração do produto, com vendas consistentes nas lojas; o sentimento de orgulho por parte de todos os funcionários e o contínuo desenvolvimento profissional – estes são, sem sombra de dúvida, subprodutos invejáveis do estímulo à paixão de uma equipe pelo produto comercializado. Considerando tudo isso, como você responderia às seguintes questões: você pretende dar a seus clientes uma razão para se sentirem apaixonados pelo seu produto? O que você fará para desenvolver essa paixão pelo produto dentro do seu próprio negócio? Verificando um número crescente de evidências, sabemos que "funcionários capacitados e conhecedores do produto" estão no topo da lista de desejos de qualquer cliente. Imagine então o que funcionários capacitados, conhecedores do produto e totalmente apaixonados por ele poderão fazer, não apenas pelos seus clientes, mas pelo moral e entusiasmo associados ao seu empreendimento. Pois é, a Starbucks não perde tempo imaginando!

PONTOS DE CONEXÃO

- Quando os membros de sua linha de frente se sentem apaixonados pelos seus produtos, eles são capazes de gerar interesse e entusiasmo nos clientes.

- Integrantes da equipe apaixonados pelo produto não servem apenas para vendê-lo; eles exercem um impacto positivo e magnético sobre

- os clientes, podendo inclusive transformá-los em futuros colegas e, inclusive, em fãs da marca.

- Pesquisas sugerem que o desenvolvimento e o crescimento profissional efetivo dos membros da equipe de trabalho em geral seguem uma abordagem **70/20/10**, ou seja: 70% da instrução são obtidos através de experiências e práticas no local de trabalho; 20% são oferecidos por mentores e treinadores; e os últimos 10% fazem parte de um currículo de treinamento formal.

- Rituais corporativos são meios poderosos para se criar laços comuns, inspirar compromisso e inovação e construir uma cultura integrada e eficiente.

- Rituais corporativos autênticos também definem aspectos únicos de sua cultura e reforçam o propósito mais amplo de sua empresa, em especial quando esses rituais são sustentados por um aprendizado experiencial rico e uma estratégia de negócios congruente.

- Em vez de veicular mensagens que descrevam somente o **"o quê"** e o **"como"** de seus produtos, ouça e compartilhe histórias que irão ajudá-lo a conectar o seu pessoal às nuances de seus produtos e/ou aos aspectos especiais da jornada do cliente.

- Como disse Aristóteles: "Somos o que repetidamente fazemos. A excelência, portanto, não é um feito, mas um hábito."

- Recompensas podem transformar uma tarefa interessante em algo absolutamente entediante e diminuir a motivação intrínseca do ser humano. Sendo assim, em vez de depender de recompensas, considere o poder da autonomia, do propósito e do domínio total do conhecimento sobre o produto.

- Avalie cada estratégia para assegurar que ela não apenas esteja alinhada com seus valores essenciais, mas que reforce seus propósitos e estimule seu progresso contínuo rumo à concretização de suas aspirações.

- Quando conseguir combinar produtos inovadores que acrescentem novos segmentos de clientes à sua base de consumidores leais, você terá em mãos a receita para o sucesso comercial e a sustentabilidade de sua empresa.

CAPÍTULO 3

De duplicável e constante a mágico e exclusivo

"Os homens somente são ricos na medida em que dão aos outros. Aquele que oferece bons serviços, obtém grandes recompensas."

ELBERT HUBBARD

Enquanto a paixão pelo café foi e continua sendo essencial para a Starbucks, líderes como Howard Schultz enfatizam que as experiências humanas estão no coração da marca. De acordo com o exemplo por ele apresentado: "A Starbucks se sai extremamente bem quando o assunto é criar conexões pessoais e relações duradouras." Ao pensar sobre esse tema em 2008, enquanto desenvolvia estratégias para promover o ressurgimento da empresa, Schultz comunicou a seus parceiros: "A **agenda transformativa** da empresa inclui (...) reinflamar nossa ligação emocional com nossos clientes, restaurando a conexão que os próprios consumidores têm conosco, com o nosso café, com a nossa marca e com as nossas lojas. Diferentemente de vários outros locais que simplesmente vendem café, a Starbucks construiu o valor de sua marca por meio da própria **experiência Starbucks**. Isso se evidencia e se renova todos os dias no relacionamento que nosso pessoal mantém com os clientes. Ao nos concentrarmos novamente na experiência Starbucks, criamos no mercado um nível renovado de diferenciação significativa e de separação entre nós e as outras empresas que estão tentando vender café." As pessoas podem até copiar produtos e serviços alheios, mas raramente conseguem oferecer experiências realmente diferenciadas – e isso se aplica igualmente tanto a uma visita às lojas da Apple quanto à rede Starbucks.

Mas, afinal, como uma empresa como a Starbucks consegue se utilizar de um produto teoricamente tão fácil de ser comoditizado e ainda oferecê-lo de uma maneira singular, cuja diferenciação é ancorada em relacionamentos duradouros e conexões pessoais? Este capítulo revela aspectos multifacetados da experiência do cliente Starbucks, incluindo o modo como os líderes da empresa:

- Definem e comunicam a tão desejada e exclusiva experiência Starbucks.

- Selecionam indivíduos com o talento necessário para oferecer essa experiência de maneira consistente.

- Treinam seus *partners* quanto aos pilares fundamentais capazes de garantir o engajamento dos clientes de maneira rotineira.

Mais importante, este capítulo lhe permitirá observar os esforços estratégicos e táticos da Starbucks, implementados com base nas experiências de seus clientes. Desse modo você poderá considerar como tais abordagens se encaixam nos desafios e nas oportunidades que você estiver enfrentando em sua empresa.

QUE TIPO DE EXPERIÊNCIA VOCÊ DESEJA QUE SEUS CLIENTES TENHAM?

O norte-americano Earl Nightingale, pioneiro na área de desenvolvimento pessoal, observou certa vez: "O sucesso é a realização progressiva de um objetivo ou ideal valioso." Como já ocorria em relação à paixão pelo produto, os meritórios ideais da Starbucks no que diz respeito à experiência do cliente são expressos na própria missão da empresa (**"Inspirar e nutrir o espírito humano – uma pessoa, uma xícara de café e uma comunidade de cada vez"**), e sustentados nos princípios pelos quais essa missão é diariamente vivenciada. Eles incluem:

Nossos clientes
Quando estamos totalmente envolvidos, nos conectamos com nossos clientes, rimos com eles e melhoramos suas vidas – ainda que só por alguns instantes. Certamente, tudo começa com a promessa de uma bebida preparada com perfeição, mas nosso trabalho vai muito além disso. Na verdade, trata-se de conexão humana.

Nossas lojas
Quando nossos clientes se sentem integrados ao local, nossas lojas se tornam um refúgio, uma pausa nas preocupações do dia a dia, um lugar para encontrar os amigos. A ideia é saborear o momento ao ritmo da vida – algumas vezes mais lento, outras mais acelerado. Sempre repleto de humanidade.

Isso é breve é cristalino – líderes como os da Starbucks colocam seus clientes, seus produtos e suas experiências objetivamente no centro de seus negócios.

BUSCANDO CRIADORES DE EXPERIÊNCIAS

Ao usar palavras como **inspirar**, **nutrir** e **edificar**, os líderes da empresa definem a experiência Starbucks como algo bem maior que o serviço eficiente e bem realizado na área de bebidas de elevada qualidade. Espera-se que os *partners* ofereçam um ambiente, momentos e produtos capazes de elevar e transformar todos os que são atendidos no local. A **conexão humana** é a mágica por trás da marca Starbucks. E para poder fazer com que essa mágica funcione, a empresa busca *partners* que demonstrem interesse real e autêntico pelo outro. Esse interesse verdadeiro é capaz de penetrar o caos e a imprevisibilidade da vida dos clientes, produzindo uma experiência positiva e confiável dentro do empreendimento. Dados relativos ao serviço oferecido aos consumidores – registrados de maneira consistente em estudos como o American Express Global Customer Service Barometer (barômetro global de serviço ao consumidor da American Express) – validam a perspectiva de que os serviços oferecidos aos clientes estão cada vez mais caóticos, imprevisíveis e, como se não bastasse, em **pleno declínio**. Mas como é que uma empresa seleciona indivíduos que tenham interesse em atender outras pessoas "de maneira autêntica e consistente"?

Charles Douglas III, assistente jurídico na Starbucks, acredita que os elementos-chave nesse tipo de seleção sejam a observação e a entrevista dos candidatos em busca de entusiasmo e talento para a prestação de serviços. De fato, ele próprio acredita que foi selecionado para sua primeira função na empresa (barista) com base nesses fatores. De acordo com Douglas: "Eu estava em busca de um ambiente que estivesse alinhado com meus valores pessoais; um lugar em que eu pudesse sentir orgulho em dizer que trabalhava." Douglas avaliou os princípios da organização e sentiu que eles se refletiam, com grande credibilidade, nas experiências que ele próprio tivera como cliente. Douglas nos conta que, certo dia, ele vestiu uma camisa e uma gravata verde e, "com um sorriso no rosto, foi até a gerente de uma filial Starbucks, que estava justamente abrindo o estabelecimento às 4 h da manhã. Percebi que ela ficou com medo, mas apressei-me em dizer: "Estou aqui porque quero muito esse emprego. Posso apostar com você que eu o quero mais que qualquer outra pessoa.'" Douglas acrescentou: "Os gerentes da Starbucks são ótimos em contratar pessoas com base no entusiasmo demonstrado, no senso de propósito em servir os outros e na boa vontade em aprender. Realmente buscamos por pessoas que estejam dispostas a viver de acordo com os princípios fundamentais da empresa e, a partir daí, nós as treinamos para o trabalho." Não obstante a experiência em outros empregos, os currículos e as cartas de recomendação apresentados, ao se observar e interagir com os candidatos, é possível determinar não apenas se eles de fato estão entusiasmados e realmente interessados no próximo, mas também se são passíveis de treinamento.

ORIENTANDO A OFERTA DA EXPERIÊNCIA

Muitas empresas se concentram em ensinar aos seus novos funcionários todas as tarefas que estes deverão obrigatoriamente desempenhar em seu trabalho. Todavia, elas fracassam em educar esses mesmos indivíduos quanto à **excelência na prestação de serviços** e a importância das experiências que serão oferecidas de maneira consistente aos clientes. Na Starbucks, entretanto, o treinamento inicial já começa com cursos importantes, como: **Fundamentos do Atendimento ao Cliente** e **A Experiência Starbucks**.

Durante essas sessões de treinamento, os novos funcionários são orientados quanto ao real significado do conceito **"experiência do cliente"** para a Starbucks, sendo colocados em situações que lhes permitem observar a experiência de servir pela perspectiva do consumidor. Por exemplo, os novos baristas contratados são expostos a um procedimento denominado "turnê pela loja",[1] em que todos andam pelo estabelecimento observando e registrando cada aspecto interessante que possa eventualmente atrair a atenção de clientes quando estes entrarem e/ou saírem do recinto. A expectativa das lideranças da empresa é de que, depois de um treinamento inicial, esses novos contratados tornem-se parte dessa "caminhada pela perspectiva do cliente". Essas turnês ocorrem uma única vez por turno, em cada uma das lojas da rede. Como em qualquer instrumento dessa natureza, caberá aos gerentes dos estabelecimentos reforçarem a importância e o valor por trás da adoção da ótica do cliente, e, ao mesmo tempo, assegurar que o processo não se transforme em um passeio rotineiro e mecânico pela loja.

Juntamente com esse instrumento para avaliar a empatia do cliente (a turnê pela loja), os treinamentos nas áreas de atendimento e experiência desejada, ajudam os novos contratados a refletirem sobre suas histórias pessoais como clientes (dentro ou fora da Starbucks) e a identificarem o que torna uma experiência verdadeiramente memorável, edificante, inspiradora ou entusiástica para eles próprios. Esse treinamento aperfeiçoa o conceito de **"experiência de marca"** e enfatiza o quanto todos os clientes precisam ter certeza de que em cada visita a qualquer loja da rede

---

1 – Segundo a própria Starbucks Brasil, esse procedimento não é adotado nas filiais nacionais. (N.T.)

eles irão deparar com produtos, processos e experiências envolventes e consistentes. A execução do trabalho dentro dessa dimensão de respeito à consistência e à marca se reflete nos comentários de clientes como Jenny, que afirmou: "Quando viajo, sempre procuro localizar uma loja Starbucks. Onde quer que eu esteja isso me proporciona um elo com algo que me é familiar, com o meu país (...), e traz consigo um conjunto de expectativas em relação aos produtos, ao atendimento e até mesmo às sensações de estar no local." E mesmo que todo o negócio opere a partir de uma sede única, a questão ainda será a mesma: Será que terei uma experiência similar da próxima vez que for a uma filial? Será que o nível de expectativa que tenho hoje será atendido e até mesmo superado amanhã? Ou será que colecionarei uma série de experiências duvidosas e aleatórias que acabarão por destruir o conceito da marca?

Para proporcionar aos clientes experiências consistentes, as lideranças da Starbucks apresentam uma visão bastante definida de seus serviços, descrevendo de maneira clara o patamar que terá de ser alcançado por todos na organização. Além disso, a empresa estabelece quatro comportamentos que irão ajudar os seus *partners* a compreenderem como essa visão será conquistada. A declaração de visão de serviço ao cliente da Starbucks diz o seguinte: "Criar momentos inspiradores no dia de cada um de nossos clientes." Para atingir tal objetivo, todos os *partners* são encorajados a se concentrarem nos quatro comportamentos a seguir:

- Antecipar.

- Conectar.

- Individualizar.

- Assumir responsabilidade.

Em essência, as lideranças da empresa garantem aos *partners* os resultados desejados em termos de experiência de serviço (**"momentos de inspiração"**) e, ao mesmo tempo, demonstram a eles as ações-chave necessárias para oferecer esse tipo de experiência aos clientes. Por exemplo, se um barista percebe o estado de espírito de seu cliente, ele consegue prever suas necessidades (antecipar), conectar-se a ele com mais facilidade, personalizar o atendimento (individualizar) e se responsabilizar pela experiência obtida, criando assim um momento de pura inspiração. Para ser ainda mais específico, se um cliente parece apressado, o barista poderá antecipar o que ele precisa e imediatamente assumir a responsabilidade de entregar-lhe uma bebida preparada com cuidado e rapidez, acompanhada de um breve momento de conexão (traduzido em um sorriso genuíno). Em contrapartida, se o visitante é um cliente regular que adora conversar, o *partner* poderá estabelecer uma conexão verdadeira chamando-o pelo nome ou simplesmente oferecendo-lhe uma bebida personalizada com um toque especial e, como isso, proporcionar-lhe alguns momentos especiais.

Com frequência os clientes compartilham sua alegria quando os baristas da Starbucks colocam em prática a visão da empresa. Alli Higgins, que já é cliente dessa rede de cafeterias há 10 anos, nos conta: "Os baristas da Starbucks se recordam da minha bebida favorita e também do meu nome, e isso é surpreendente. De fato, parece que uma ou duas visitas já são suficientes para que os funcionários guardem o meu nome. Esse tipo de atitude se sobressai, principalmente em um mundo em que já não se vê esse tipo de cuidado ou gentileza. Esses baristas também se lembram de perguntar sobre minhas viagens. Por causa da maneira como sou tratada na Starbucks, de vez em quando eu mesma preparo *cookies* para os funcionários. Tanto que agora eles me veem já perguntam brincando: 'Ei, Alli, onde estão os nossos *cookies*?' Gosto de fazer esse tipo de coisa porque os considero como parte de minha família."

Ao indicar aos seus funcionários não apenas aonde eles devem chegar, mas também a melhor maneira de eles chegarem lá, você estará contribuindo para que todos desenvolvam laços fortes com os seus clientes (lembre-se das palavras de Alli: "Eu os considero como parte de minha família"), o que, por sua vez, irá diferenciar sua empresa de todos os seus concorrentes.

REFLEXÃO SOBRE A CONEXÃO

1. Se questionado, quantos de seus funcionários seriam capazes de articular a visão de experiência de seus clientes ou o modo como você mesmo gostaria que seus clientes se sentissem como resultado das experiências deles com a sua marca? Que resposta você preferiria ouvir?

2. Você oferece a seus funcionários instrumentos como a "turnê pela loja" para ajudá-los a empatizar com os clientes e a adotar a perspectiva dos visitantes em relação ao seu empreendimento?

3. Você já delineou comportamentos-chave (como antecipar, conectar, individualizar e assumir responsabilidade) que poderão ajudar os membros de sua equipe a compreender como oferecer aos clientes a experiência desejada?

CRIANDO O AMBIENTE PERFEITO – MANTENDO-O LIMPO E ENXUTO

Muito bem, digamos que seus produtos sejam excelentes, que você já tenha conseguido promover em toda a sua organização uma verdadeira paixão por aquilo que comercializa e que todos os membros de sua equipe estejam aptos a oferecer a seus clientes a experiência por eles desejada, de maneira consistente e autêntica. Neste caso, você já conseguiu vencer o desafio da experiência do cliente, correto? Não necessariamente. Para se colocar na mesma trajetória de fornecedores de primeira linha como as empresas sobre as quais escrevo (Starbucks, Zappos ou Ritz-Carlton), será preciso possuir pelo menos três competências adicionais: 1ª) a habilidade de maximizar o envolvimento de seu cliente por meio do *design* do ambiente; 2ª) a aptidão para integrar fatores sensoriais cruciais; e 3ª) a capacidade de ouvir/escutar seus clientes e então adaptar tudo aquilo que você oferece de acordo com as preferências, as necessidades e os desejos deles, que, aliás, mudam constantemente.

No final dos anos 1990, economistas e teóricos na área dos negócios, como James H. Gilmore e B. Joseph Pine, chamaram nossa atenção para o fato de estarmos adentrando a era em que **"experiências memoráveis"** seriam os principais impulsionadores do crescimento econômico. Em vez de meramente se concentrarem nos benefícios e/ou nos atributos dos produtos, nas vantagens financeiras e até mesmo no oferecimento de serviços de maneira eficiente, esses dois pioneiros passaram a discutir os benefícios intrínsecos na integração de ricas experiências sensoriais ao "palco" dos negócios. Tomando emprestado temas do mundo do teatro, ambos nos mostraram como remover linguagens negativas e, ao mesmo tempo, inserir mensagens positivas visando construir experiências que não apenas envolvessem os clientes, mas os "transformassem". Embora metáforas teatrais no *design* possam se revelar problemáticas no que diz respeito à "encenação" e à "roteirização" (o que poderia implicar em transações robotizadas e falta de autenticidade), essas referências não apenas reforçam a importância dos elementos sensoriais, mas alertam para a atenção que se faz necessária ao se construir um ambiente e uma plataforma adequados sobre os quais as experiências de serviço possam ser moldadas.

Modificando um pouco a célebre frase de William Shakespeare, proferida pelo personagem Jacques na peça *As You Like It* (*Como Você Quiser*) – "O mundo todo é um palco, e todos os homens e mulheres são apenas atores" –, todos os negócios são palcos a partir dos quais emergem as experiências humanas. Na Starbucks, o *design* desse palco (o ambiente das lojas) e todos os elementos sensoriais colocados sobre ele são cuidadosamente definidos no sentido de aprofundar a experiência de cada cliente.

Os líderes da Starbucks compreendem que esse *design* de experiências extraordinárias envolve a disposição de todos em observar o ambiente pela ótica dos próprios clientes, atendendo às suas necessidades e aos seus desejos. Enquanto muitos líderes buscam maneiras de aprimorar experiências acrescentando elementos ao ambiente, os melhores resultados são alcançados à medida que itens negativos, capazes de desvirtuar experiências memoráveis, são retirados do recinto. Por exemplo, Howard Schultz optou por **remover** das lojas Starbucks todos os itens relacionados ao café da manhã, até que se pudesse ter certeza de que nenhum odor negativo proveniente do preparo de alimentos (pão tostado ou queijo queimado) iria interferir no desempenho de um elemento sensorial-chave para o ambiente – o **aroma do café**. Essa batalha envolveu a concordância de toda a equipe de liderança em abrir mão da receita obtida com a venda de todos os itens de café da manhã até que as tecnologias utilizadas no preparo desses alimentos fossem devidamente aprimoradas e se tornassem capazes de controlar a emissão de cheiros indesejados. Do mesmo modo, a decisão dos líderes em reduzir a venda de produtos não relacionados ao café (como os bichos de pelúcia mencionados no capítulo anterior), mesmo que esses itens pudessem contribuir para gerar margens de lucro positivas, reflete um compromisso com a eliminação de quaisquer elementos capazes de comprometer a experiência ideal do cliente. Em suma, as grandes experiências dos consumidores dependem tanto da adição quando da remoção de estímulos emocionais e de elementos de *design*.

Para evitar a ideia equivocada de que quaisquer considerações sobre o *design* do "palco" estejam relacionadas à fachada das lojas – tijolos e cimento –, vale lembrar que a apresentação cuidadosa de cada ponto de contato entre os clientes e o negócio é uma ótima oportunidade para envolver os consumidores. Por exemplo, Mike Peck, diretor criativo do setor de embalagens no Starbucks Global Creative Studio, líder da equipe responsável por redesenhar o icônico logotipo da empresa, percebeu nisso uma ótima oportunidade de aprimorar a experiência do cliente modernizando a própria marca da empresa.

Em 1971, o logo original da empresa ostentava as palavras "*Starbucks Coffee and Tea*" (Starbucks Café e Chá). Estas, por sua vez, circundavam a imagem de uma sirena (o personagem mítico no centro do logo, frequentemente confundido com uma sereia[2]). Nos logos renovados de 1987 e 1992 a palavra *Tea* foi deixada de lado, mas a imagem da sirena permaneceu no local, abraçada pelas palavras Starbucks e *Coffee*.

---

2 – Em vários dicionários a tradução das palavras *mermaid* e *siren* é a mesma: sereia. Todavia, na mitologia grega existem duas criaturas lendárias que, embora bastante similares e igualmente perigosas, são diferentes. A primeira e mais conhecida é a sereia (metade mulher e metade-peixe); a segunda e menos conhecida é a sirena, metade mulher e metade-pássaro. (N.T.)

Logo da Starbucks introduzido em 1992.

De acordo com Mike Peck: "Embora não tivesse representado a principal razão para a atualização do ícone, as palavras do logo geravam alguma confusão na experiência do cliente. Por exemplo, a Starbucks comercializava sorvetes nos sabores baunilha, chocolate e morango, mas nenhum deles continha café na receita." Com o logotipo da época, as pessoas que olhavam para as embalagens daqueles sorvetes poderiam imaginar que o café fosse um dos ingredientes. Segundo Mike Peck, a ideia de "A ideia de colocar uma etiqueta enorme na embalagem com as palavras '**sem café**' não parecia uma solução muito elegante. Buscamos sempre um *design* que seja o mais limpo e simples possível. O fato é que quando os consumidores olhavam para a embalagem só visualizavam o café e os morangos, o que não sugeria uma combinação de sabores muito atraente. Fornecemos outras bebidas nas filiais nacionais e internacionais que não levam café, mas, mesmo assim, suas embalagens ostentavam a palavra *coffee* por causa do logotipo. Em nossa última embalagem, optamos por ampliar a imagem da sirena, permitindo que ela fosse o centro das atenções, quebrar algumas barreiras e, ao mesmo tempo, racionalizar a experiência do cliente." Observando de perto todos os pontos de contato de sua empresa, desde o logo até as políticas de troca/devolução de produtos, em que áreas seria possível eliminar excessos e confusões?

Logo da Starbucks introduzido em 2011.

Desde a eliminação de excessos e o aumento da clareza visual objetivando o aprimoramento da experiência do cliente, a Starbucks deu início a todo um processo de simplificação. Este se concentrou em duas frentes: 1ª) o abandono de esforços tradicionais de acréscimo de valor; e 2ª) a adoção de uma abordagem não mais centrada na pura manufatura de ambientes, mas na minimização de desperdícios e no aumento do valor do cliente.

Durante esse processo de transformação, os líderes da Starbucks contaram com indivíduos de todos os níveis hierárquicos da organização para avaliar todos os processos empresariais e identificar seu grau de eficiência. Troy Alstead, diretor financeiro e administrativo da Starbucks, afirmou: "Independentemente do quanto fôssemos competentes em forjar conexões humanas de maneira absolutamente espontânea, não éramos assim tão bons na remoção de excessos ou na criação de processos capazes de maximizar nossa eficiência ou o valor de nossos clientes, enquanto tentávamos facilitar o trabalho de nossos *partners* em atender os consumidores. Ao longo dos últimos anos temos melhorado bastante nessas áreas de disciplina. Agora a ideia é remover itens que não são críticos para o valor do cliente. Não queremos colocar nossos *partners* em uma posição em que tenham de ser criativos em seus processos. Nosso objetivo é alavancar nossas melhores práticas e, assim, maximizar nossa eficiência, tanto em benefício do *partner* quanto do próprio cliente. Nossos *partners* precisam ser encorajados a lançar mão de toda a sua criatividade em sua interação com os clientes. Enquanto isso, a qualidade e a execução do trabalho devem ser idealizadas e avaliadas em função dos benefícios que promovem aos funcionários, aos consumidores e à empresa como um todo." Implícita nessa abordagem da Starbucks de redução de ineficiências está a compreensão de que, para se mostrar verdadeiramente eficiente e eficaz, esse tipo de enxugamento deve promover rotinas capazes de liberar pessoas e recursos em prol do estabelecimento de conexões interpessoais ainda mais fortes.

Diferentemente de muitos outros empreendimentos que se utilizam de estratégias *lean*,[3] para atingir seus objetivos a Starbucks imprime uma abordagem específica, atribuindo poderes à sua linha de frente. John Shook, ex-executivo da Toyota (companhia responsável pelo surgimento da maior parte da prática de manufatura *lean*) e ex-consultor da Starbucks, compara a estratégia implementada na rede de cafeterias aos métodos usados pelo McDonald's: "O próprio modelo de

---

3 – Termo usado em inglês, cuja tradução literal é "enxuto(a)". Também é conhecido como sistema Toyota de produção. Trata-se de uma filosofia administrativa focada na redução de sete tipos de desperdício (superprodução, tempo de espera, transporte, excesso de processamento, inventário, movimentação e defeitos). A ideia é que, ao eliminar tais perdas, a qualidade do produto é aprimorada, enquanto caem o tempo e o custo de produção. (N.T.)

negócios do McDonald's busca uma abordagem massificada, do tipo *cookie-cutter*,[4] portanto, essa companhia pode se mostrar bem-sucedida adotando um sistema tradicional de engenharia industrial (taylorismo[5] e tudo mais – não uma estratégia *lean*), e de uma maneira bastante programática e *top-down*[6].

Em contraposição, John Shook sugere: "Há muito tempo a Starbucks decidiu que uma abordagem *cookie-cutter* não é a mais adequada para o seu produto – um café sofisticado, de preço elevado e voltado para enriquecer a experiência do cliente (e isso se reconfirma a cada dia) [...] Cada loja Starbucks é única, ou seja, a área ocupada é diferente e a experiência de cada cliente é distinta. Acredito piamente que a empresa queira que a experiência de cada um de seus clientes seja **consistente**, mas, ao mesmo tempo, **especial**. Já o McDonald's deseja que a experiência de cada um de seus consumidores seja **idêntica**, absolutamente **igual** em cada uma de suas filiais."

Considerando-se o fato de que as combinações possíveis na Starbucks (leite, grãos e xaropes) permitem que seus clientes experimentem mais de 80 mil bebidas diferentes, John Shook mostrou que: "O objetivo da Starbucks é transformar em rotina a maior parte das tarefas de seus *partners*, permitindo assim que os baristas invistam mais tempo na conversa com os clientes (...) Sem atropelos por causa de uma fila crescente; sem improvisos para apressar o processo – atendendo a cada pedido da maneira correta, sem perder o ritmo, sem sobressaltos, e garantindo a plena satisfação do cliente." Se você estiver tentando criar experiências consistentes, mas, ao mesmo tempo, únicas, a abordagem *lean* da Starbucks é a fórmula a ser seguida: especialize-se em estratégias *lean*; engaje-se em um diálogo com os funcionários que realizam importantes tarefas operacionais e observe seu trabalho com atenção. Essas conversas e observações lhe permitirão criar rotinas efetivas e eficientes. Em última análise, tal esforço deverá resultar em mais tempo livre para seus colaboradores promoverem experiências pessoais e envolventes com seus clientes.

ACRESCENTANDO, ERRANDO E PERSISTINDO

Quando se volta para experiência do cliente, com frequência as tentativas de aprimoramento ocorrem por meio de ajustes baseados em tentativa e erro, visando a combinação perfeita de ingredientes e nas quantidades exatas para garantir o sabor perfeito. Com frequência, alguns elementos-chave são de or-

---

4 – Termo usado em inglês, cuja tradução literal é "cortador de biscoitos". A ideia aqui é a padronização de todas as atividades visando maior rapidez e eficiência nos processos. (N.T.)
5 – Também conhecido como administração científica, um modelo administrativo desenvolvido pelo engenheiro norte-americano Frederick Winslow Taylor. (N.T.)
6 – Termo usado em inglês, cuja tradução literal é "de cima para baixo" (verticalizada). (N.T.)

dem sensorial, como a **música**, por exemplo. De acordo com o autor e jornalista Nick Chiles, "Para empresas que buscam estabelecer uma conexão emocional com seus clientes, a música continua sendo um dos mecanismos mais confiáveis dentre as ferramentas de *marketing* (...) Observem como exemplo a Starbucks, que conseguiu transformar suas lojas em um verdadeiro *playground* para adultos, capaz de estimular cada um dos sentidos de seus clientes, e a fazer com que eles queiram permanecer em suas dependências o dia todo. Uma grande parte disso é a música – um estilo interessante, incomum, peculiar que consegue eletrizar os consumidores, provocando neles a sensação de que acabam de descobrir algo totalmente novo."

Pelo fato de os clientes se tornarem tão conectados com o tipo de música executada nas lojas da rede, e com os momentos de descoberta associados a ele, a Starbucks começou a comercializar compilações desses artistas.[7]

Que papel os elementos sensoriais desempenham no seu negócio? O que seus clientes escutam ao longo da jornada junto à sua empresa? Seria possível incorporar ao seu produto algum tipo de elemento sensorial (seja auditivo, olfativo, visual ou tátil) capaz de aprimorar de maneira autêntica a experiência de seus clientes?

MANTENDO A ESSÊNCIA E EVOLUINDO

Como já explorado anteriormente, experiências extraordinárias por parte dos clientes dependem de processos de simplificação e da disposição da empresa em realizar experimentos por meio de enriquecimento sensorial. O caminho para a excelência também exige uma habilidade de fundir elementos de *design* de uma maneira que seja congruente com a marca. Arthur Rubinfeld, diretor de criação da Starbucks e presidente da Global Innovation and Evolution Fresh Retail, afirmou: "Como arquiteto, acredito que cada indivíduo possa ter uma impressão e uma opinião pessoal sobre como criar uma experiência especial em uma cafeteria. A questão-chave, entretanto, é sustentar a posição da marca em seu *design* físico, e de maneira orgânica. Eu diria que a parte mais difícil no *design* de uma loja de varejo é conectar a missão da empresa, sua cultura e até mesmo o *gestalt*[8] à solução física encontrada em termos de *design*. Ao julgar o *design* de uma loja, sempre me pergunto: 'Será que as pessoas que chegassem ao local reconheceriam o ambiente como sendo uma filial da Starbucks caso as placas e o logotipo fossem simplesmente retirados da fachada da noite para o dia?'"

---

7 – Segundo a Starbucks Brasil, esse procedimento não é adotado no nosso país. (N.T.)
8 – Palavra alemã sem tradução exata em português. Refere-se àquilo que está "exposto aos olhos". (N.T.)

DE DUPLICÁVEL E CONSTANTE A MÁGICO E EXCLUSIVO

Ao longo dos anos 1990, a Starbucks parecia estar misturando os ingredientes corretos e conseguindo oferecer experiências positivas que contribuíram para o crescimento meteórico da marca. Pelo fato de atenderem pessoas cujas necessidades estão em constante mudança, o espaço físico das cafeterias não pode permanecer estático. Além de compartilhar a importância dos fatores ambientais no *design* das lojas (algo que será abordado em detalhes no Capítulo 11), Rubinfeld ressaltou que muitas coisas mudaram na criação dos ambientes Starbucks. "Nossos conceitos durante a década de 1990 estavam enraizados em um *design* temático, com uma paleta de cores de vanguarda e um extenso trabalho iconográfico. Por exemplo, na época nós utilizamos um belíssimo conjunto de ícones e traços que nos deram a oportunidade de apresentar a sirena e outros elementos gráficos em *designs* fixos", lembrou Arthur Rubinfeld.

Hoje, em contrapartida, Rubinfeld indica que suas equipes de *design* trabalham no sentido de oferecer uma abordagem mais flexível que permita a *designers* locais contar com artistas e materiais regionais para tornar os projetos mais relevantes, tanto no que diz respeito à aparência quanto à sensação provocada nos clientes. Ele também menciona que os clientes buscam autenticidade, opções agradáveis onde sentar e lugares onde possam se conectar à comunidade. Segundo Rubinfeld: "Promovemos a interação e a reunião de membros da comunidade ao disponibilizar para essas pessoas elementos específicos e únicos. A mesa comunitária é um bom exemplo disso. Ela permite a reunião de grupos e diálogos participativos sobre o que quer que esteja na mente das pessoas. Além disso, estamos tentando oferecer a maior quantidade possível de alternativas em termos de áreas de refeição, levando em conta as diferentes necessidades dos clientes que frequentam as lojas pela manhã, à tarde e no período noturno. Talvez eles prefiram sentar-se em uma cadeira confortável, em um belo sofá ou usar uma mesa comunitária. Também estamos incorporando ao ambiente mesas mais altas, com cerca de 106 cm. Elas dividirão o espaço com as demais mesas de 76 cm e 91 cm de altura. Sendo assim, se você vier à Starbucks com o intuito de trabalhar no seu *laptop*, uma mesa com pouco mais de 1m de altura será bem mais conveniente em termos ergonômicos, pois você conseguirá ficar de pé. Elas também são uma ótima alternativa para indivíduos que preferem experimentar a 'vida' da loja que vai de recostar em um sofá na parte dianteira ou sentar-se em uma cadeira na parte de trás do ambiente."

Os líderes da Starbucks se sentem confortáveis em experimentar elementos de *design* que consideram adequados para atender a seus clientes e às necessidades deles, em constante mudança. Neste sentido, ao refinar o palco para as novas experiências que ali se desenrolarão, a empresa leva em conta as tendências emergentes e o próprio comportamento de seus consumidores.

> ## REFLEXÃO SOBRE A CONEXÃO
>
> 4. Invista algum tempo colocando-se no lugar do seu principal grupo de clientes. Conforme visualiza a experiência deles junto ao seu empreendimento, que elementos excessivos ou confusos chamam a sua atenção? O que poderia ser feito para erradicá-los? Repita esse exercício com outros importantes grupos de clientes.
>
> 5. Se você tivesse de realizar uma "auditoria sensorial" em sua empresa, quais seriam seus pontos fortes, suas fraquezas e suas oportunidades? Que imagens, sons, aromas e elementos táteis seus clientes experimentam ao manterem contato com a sua marca?
>
> 6. Você já utilizou ou está usando processos disciplinadores como as práticas *lean* (ou *Six Sigma*[9]) para aumentar sua eficiência, aprimorar a experiência de seus clientes ou até mesmo para determinar as razões de seus problemas no fornecimento de serviços? Se for o caso, como a experiência do seu cliente melhorou? Se não estiver adotando uma abordagem disciplinadora, o que faria com que você explorasse tais processos?

Seja conectando o *design* do seu espaço físico à missão, à visão, aos valores de sua empresa; otimizando suas eficiências para aprimorar a experiência dos clientes; ou acrescentando elementos sensoriais, quaisquer melhorias bem-sucedidas na experiência do cliente ostentam um componente unificador: a **necessidade de atenção aos detalhes**. Nas palavras de Rubinfeld: "Um dos meus mantras é: 'a diferença entre mediocridade e excelência está na atenção aos detalhes'. O máximo cuidado com cada detalhe específico em todos os aspectos de nosso negócio tem como objetivo manter nossa empresa na vanguarda em termos de *design* e oferecer aos nossos clientes as experiências mais fortes e únicas que forem possíveis em nossas lojas."

Cuidar dos detalhes para alcançar e manter essa posição diferenciada em termos de experiência do cliente é algo que tem funcionado muito bem para a Starbucks. Mas como você está se saindo no aperfeiçoamento dos detalhes que dizem respeito à experiência dos seus clientes?

---

9 – Termo geralmente utilizado em inglês, cuja tradução é Seis Sigma. Trata-se de um conjunto de práticas originalmente desenvolvidas pela Motorola para aprimorar os processos eliminando defeitos, ou seja, a não conformidade de um determinado produto/serviço com suas especificações. (N.T.)

CRIE A EXPERIÊNCIA JUNTO COM SEUS CLIENTES

Para criar essa experiência de vanguarda mencionada por Rubinfeld, os líderes da Starbucks fazem mais que apenas observar, tentar, avaliar e refinar suas ofertas. A empresa se envolve diretamente com os clientes para conseguir ajudar as lideranças a priorizar suas metas de aprimoramento. Em 2008, a Starbucks esteve na linha de frente do movimento *on-line* de **"cocriação com os clientes"**. Cecile Hudon, gerente da comunidade *on-line* da Starbucks, nos explicou: "Em 2008, sentimos que estávamos perdendo parte da conexão que tínhamos com nossos clientes. Foi então que Howard Schultz resolveu implementar novos esforços no sentido de permitir que todos soubessem que estávamos ouvindo o que nossos clientes tinham a dizer. Isso ocorreu com a criação de um dos primeiros e mais bem-sucedidos sites de ideias: o MyStarbucksIdea.com (Minha ideia para a Starbucks)."

Os membros da comunidade My Starbucks Idea podem compartilhar ideias e discutir a respeito de produtos, experiências e sugestões participativas. Conforme essas ideias são veiculadas, os visitantes podem então votar nelas e interagir com *partners* da Starbucks, que as avaliam e afetam as mudanças. De acordo com Hudon: "O segredo para o sucesso do *site* está na oportunidade de os clientes conversarem diretamente com especialistas em cada assunto, que operam como moderadores. Sendo assim, à medida que um cliente sugere um novo alimento ou um produto sem glúten, por exemplo, um *partner* da equipe alimentícia avalia essas sugestões. Se tivéssemos tentado manter esse *site* com uma única pessoa, digamos, do departamento de *marketing*, talvez ela não conseguisse identificar uma ideia boa e/ou relevante, pois não estaria tão próxima do trabalho executado em todos os departamentos. Neste sentido, o processo de levar essas sugestões adiante se tornaria bem mais lento. Hoje contamos com cerca de 40 moderadores que trabalham nas mais diversas áreas da empresa e estão atentos a todas as ideias que dizem respeito ao seu trabalho. O fato de os clientes interagirem com os *partners* da Starbucks em áreas de interesse desses funcionários ajuda os consumidores a se sentirem parte da companhia. Afinal, a opinião deles conta."

Conforme as sugestões ganham popularidade através dos votos de membros da comunidade, os moderadores se envolvem em um diálogo sobre elas. Hudon explica o seguinte: "Encorajamos os moderadores a procurarem semanalmente pelas respostas para as ideias mais populares, e a comentá-las, mas também sugerimos que eles procurem por preciosidades em meio às ideias mais brutas – aquelas talvez demasiadamente inovadoras cujas pontuações ainda são baixas simplesmente pelo fato de as pessoas não terem percebido o quanto são interessantes."

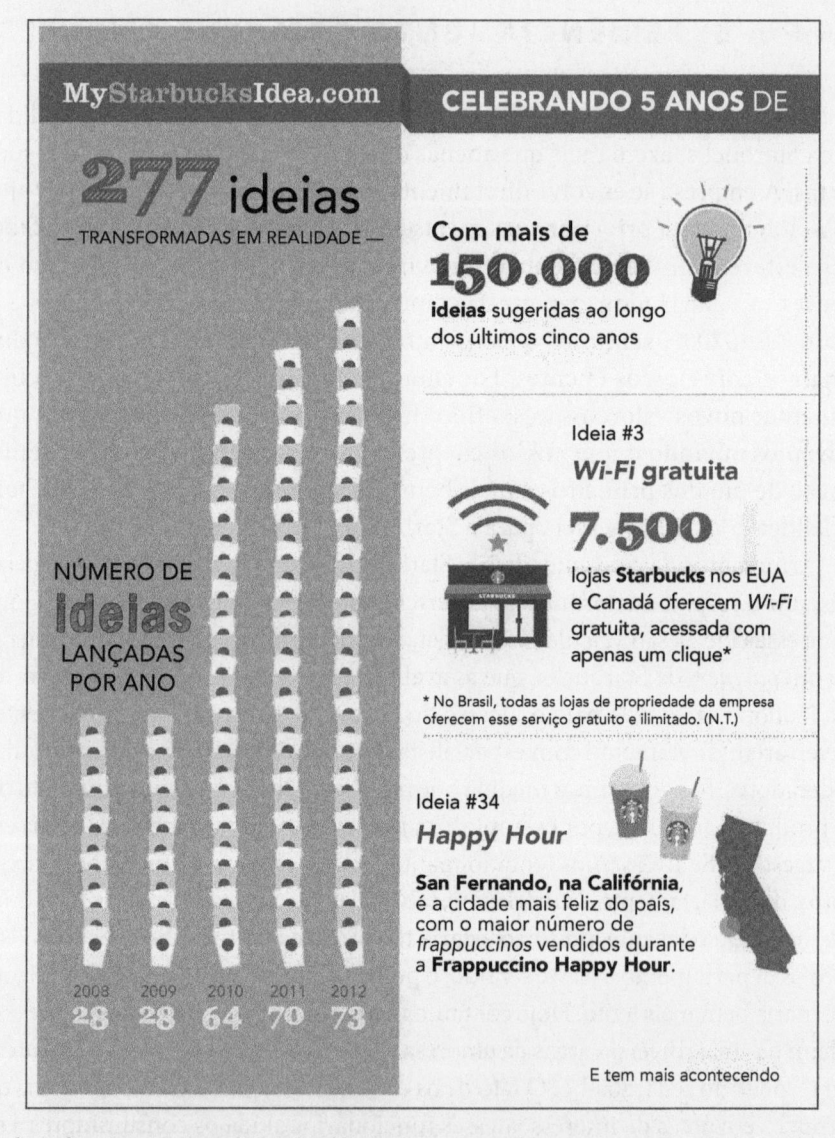

MyStarbucksIdea.com — CELEBRANDO 5 ANOS DE

277 ideias
— TRANSFORMADAS EM REALIDADE —

Com mais de **150.000 ideias** sugeridas ao longo dos últimos cinco anos

NÚMERO DE Ideias LANÇADAS POR ANO

2008	2009	2010	2011	2012
28	28	64	70	73

Ideia #3
Wi-Fi gratuita
7.500 lojas **Starbucks** nos EUA e Canadá oferecem *Wi-Fi* gratuita, acessada com apenas um clique*

* No Brasil, todas as lojas de propriedade da empresa oferecem esse serviço gratuito e ilimitado. (N.T.)

Ideia #34
Happy Hour
San Fernando, na Califórnia, é a cidade mais feliz do país, com o maior número de *frappuccinos* vendidos durante a **Frappuccino Happy Hour**.

E tem mais acontecendo

Infográfico preparado pela Starbucks em comemoração ao 5º aniversário da comunidade My Starbucks Idea.

Além de comentar as ideias, os moderadores encaixam as melhores sugestões em uma série de categorias: **"Em Avaliação"**, **"Já Avaliadas"**, **"Em Breve"** e **"Lançadas"**. Conforme as ideias seguem para avaliação, equipes funcionais verificam os seguintes pontos: 1º) se a sugestão é inovadora; 2º) se poderá funcionar como um diferenciador para a empresa; 3º) o quão rápido a ideia pode chegar ao mercado; 4º) qual o impacto que ela terá em termos de experiência do cliente; e 5º) se é

◆ DE DUPLICÁVEL E CONSTANTE A MÁGICO E EXCLUSIVO ◆

IDEIAS INSPIRADORAS QUE TORNARAM A EMPRESA MELHOR

2.000.000 de votos foram registrados no My Starbucks Idea – mais do que nas últimas eleições para a prefeitura de Chicago

Novos Sabores

Ideia#144
Mocha Coconut Frappuccino

Ideia #275
Hazelnut Machiatto

Ideia#233
Pumpkin Spice Latte VIA

Ideia #19
Oferta Grátis de Aniversário
100.000 clientes celebraram seu aniversário com uma oferta gratuita apenas nos **dias 2 e 3 do último mês de março**

Ideia #1
Splash Sticks
(Palitos plásticos para mexer café)
Mantendo as roupas limpas pelos últimos cinco anos

Ideia #202
Pagamento pelo celular disponível nos *Drive Thrus*
Agora você **pode simplesmente abaixar o vidro e usar seu celular** para apreciar seu café favorito

Ideia#128
Cake Pops
(Bolinhos no palito)
Mais de 5.800.000 bolinhos no palito degustados a cada ano; sexta-feira é o dia em que o bolinho é mais popular

a cada dia. **14 novas ideias já foram enviadas esse ano!** Continuem enviando suas sugestões.

---

capaz de impulsionar os negócios. Bons exemplos de ideias lançadas por meio do My Starbucks Idea constam do infográfico da página anterior.

No período em que este livro foi escrito, mais de **150.000 ideias** foram enviadas para o *site*, das quais 265 foram implantadas nas lojas. A comunidade My Starbucks Idea ajudou a formatar o programa de fidelidade Starbucks, inspirou o programa Starbucks Card eGift, encorajou a empresa a vender isolantes térmicos reutilizáveis para copos e contribuiu para a priorização dos esforços na área de reciclagem na empresa. E mesmo depois de anos de seu lançamento, a comunidade ainda está em plena atividade – alguns dos usuários a visitam mais de 200 vezes ao mês. Conforme os clientes continuam a compartilhar suas ideias com os *partners*, as lideranças continuam a lê-las e a respondê-las. Os *partners* também participam do *site* direcionado ao consumidor e de outro *site* criado especificamente para que os funcionários possam oferecer ideias para questões que afetam suas vidas profissionais e as experiências de seus clientes.

Embora a Starbucks já tenha desenvolvido uma variedade de outras ferramentas para estimular a participação dos clientes, o My Starbucks Idea demonstra claramente como clientes e *partners* podem se manter engajados em uma espécie de conselho consultivo que lhes permite sugerir, priorizar e investir na evolução das experiências oferecidas. O quão efetivamente você está se mobilizando no sentido de engajar seus clientes para que estes o ajudem a resolver as necessidades e os desejos deles?

PERMISSÃO PARA CONSTRUIR SOBRE UMA PLATAFORMA DE EXPERIÊNCIA

Se você oferece produtos de alta qualidade, dentro de um ambiente empírico e ainda conta com uma mão obra especializada que não somente conhece muito bem aquilo que comercializa, mas é totalmente apaixonada por esses itens, é bem provável que os seus clientes apoiem e sustentem o crescimento dessa linha específica de produtos. Aliás, dentro do contexto de suas experiências positivas, também é bem possível que eles se disponham a explorar outras ofertas de sua empresa. Para as lideranças da Starbucks, isso representou um plano de crescimento que incluía a oferta de outros tipos de bebida em um ambiente voltado até então **exclusivamente ao café** – e é justamente aí que entraram em cena a Evolution Fresh™ e a Tazo® lojas de chá.

No final de 2011, a Starbucks anunciou a compra da Evotulion Fresh, Inc., "como parte de seu compromisso de desenvolver e aprimorar a experiência do cliente com produtos inovadores e saudáveis." Essa manobra sinalizava que a Starbucks estava prestes a levar sua *expertise* na área de bebidas a um mercado de sucos prensados a frio da melhor qualidade, cujo valor era de US$ 3,4 bilhões e, de maneira ainda mais ampla, ao setor de saúde e bem-estar, de US$ 50 bilhões.

Ao anunciar a aquisição, Howard Schultz afirmou: "Nossa intenção é construir uma marca nacional voltada para a saúde e o bem-estar, utilizando para isso toda a dimensão de nossa empresa, todos os nossos recursos e toda a nossa *expertise* em termos de qualidade. Trazer a Evolution Fresh para a família Starbucks representa um passo importante nesse sentido." Antes da aquisição, a Evolution Fresh comercializava seus sucos de primeira linha em supermercados especializados em produtos naturais e orgânicos, como a rede norte-americana Whole Foods. A empresa, criada pelo fundador da Naked Juice, se utilizava de tecnologias patenteadas para pasteurizar a maioria de seus sucos, sem expor o produto a temperaturas que pudessem comprometer seus nutrientes.

Ao adquirir os produtos engarrafados já existentes da Evolution Fresh, as lideranças da Starbucks expandiram sua presença no setor de produtos de consumo (que será discutido em mais detalhes no Capítulo 9 – "Traduzindo Relacionamentos Pessoais: Compartilhando o Amor das Pessoas por Produtos") e criaram uma nova plataforma de experiências, as lojas de varejo Evolution Fresh. Esses estabelecimentos estão focados nos mesmos princípios por trás das experiências vivenciadas pelos clientes nos ambientes tradicionais das cafeterias Starbucks. Todavia, essas experiências foram cuidadosamente adaptadas aos produtos comercializados, voltados para a saúde e o bem-estar dos consumidores.

A Starbucks abriu suas primeiras lojas Evolution Fresh na região de Seattle. O destaque desses estabelecimentos é a parede onde ficam instalados os dispensadores de suco, que fornecem bebidas artesanais geladas com frutas da época – como o Field of Greens,[10] uma mistura pouco calórica preparada com gengibre, maçã orgânica, pepino e folhas verdes, e os *smoothies*.[11] As filiais também vendem alimentos inspirados em outras regiões do globo, que incluem itens para o café da manhã, o almoço e o jantar, além de sopas, sanduíches e misturas interessantes (como, por exemplo, um preparado contendo quinoa, couve orgânica e abóbora manteiga, entre outros ingredientes, com menos de 300 calorias). É claro que as lojas Evolution Fresh também vendem o café Starbucks e os chás Tazo.

Kevin Petrisko, diretor de operações da Evolution Fresh, descreve o tipo de experiência que deseja que seus clientes tenham nas lojas: "Nossa visão é bem simples. O cliente sai da loja e diz: 'Uau! Isso foi fantástico! Aprendi algo novo e estabeleci uma ótima conexão com o *partner* que me ajudou a vivenciar essa experiência; de fato as bebidas e os alimentos realmente guardam o sabor da fruta, do legume ou da verdura com o qual foram prepa-

---

10 – Em tradução livre algo como "campos verdes". (N.T.)
11 – Tipo de bebida doce preparada com frutas, leite batido (ou iogurte, conforme a preferência) e gelo ou sorvete. Sua consistência é parecida com a de um *milk-shake*. (N.T.).

rados. Preciso voltar a esse lugar. Tenho de contar aos meus amigos sobre a qualidade das bebidas e dos pratos. Aprendi algo novo e agora entendo como isso irá me ajudar a pensar de maneira diferente sobre os alimentos que costumo consumir."'

Exceto pelo fato de o café Starbucks estar listado no cardápio, não há qualquer outro sinal de ligação entre a Evolution Fresh e a Starbucks, mesmo assim, as críticas positivas *on-line* com frequência estabelecem essa ligação. Isso se exemplifica em uma dessas avaliações, que diz: "A Evolution Fresh é a mais nova adição da Starbucks em termos de alimentos saudáveis. Embora o preço dos produtos seja elevado, a experiência vale a pena. Todos os *partners* atrás do balcão conhecem bem todos os item e parecem felizes no trabalho." Embora as lojas Evolution Fresh tenham sua própria identidade de marca, o tipo de conexão humana estabelecido a associa diretamente à essência da Starbucks.

Diferentemente do que ocorre com a Evolution Fresh, que pode ser descrita como uma investida bastante recente em uma diferente categoria de bebidas, as lojas Tazo representam um conceito de varejo recém-desenvolvido, mas diretamente associado às origens da própria Starbucks. Em 1971, quando foi fundada, a empresa era conhecida como Starbucks Coffee and Tea Company. Conforme a companhia foi crescendo, suas lideranças decidiram reposicioná-la no mercado, colocando o café como produto base. Todavia, em 1999, eles adquiriram uma marca de chá de primeira linha. Em um artigo do *The New York Times* desse mesmo ano, a transação foi descrita da seguinte maneira: "A Tazo, uma empresa do Oregon que aspirava se transformar na Starbucks do chá, acaba de ser adquirida pela Starbucks Corporation [...] Com o controle da Tazo, a Starbucks – cuja sede fica em Seattle – espera atrair novos clientes."

Efetivamente, a Starbucks elevou a Tazo a outro patamar – o empreendimento adquirido no final da década de 1990 por apenas US$ 8,1 milhões tornou-se uma marca cujas vendas excedem US$ 1,4 bilhão. Recentemente, a Starbucks também posicionou um conceito de varejo para fortalecer ainda mais a marca e desenvolver um ambiente próprio para a Tazo. A primeira loja foi inaugurada em Seattle, em novembro de 2012, e oferece uma experiência de varejo em que os consumidores podem adquirir mais de 80 variedades de folhas de chá ou simplesmente apreciar a bebida preparada na hora – quente, gelada ou com leite. De fato, os clientes trabalham junto com os *partners* da Tazo na criação de seus próprios sabores, podendo então adquirir essas combinações pessoais, seja diretamente na xícara ou pelo peso.

◆ DE DUPLICÁVEL E CONSTANTE A MÁGICO E EXCLUSIVO ◆

Loja de chá Tazo, em Seattle, no Estado de Washington (EUA).

De acordo com Charles Cain, vice-presidente do setor de mercadorias e operações da Tazo: "Em nossa loja Tazo de varejo, desejamos oferecer aos clientes um lugar onde eles possam conhecer os extraordinários chás que estão à sua disposição e, ao mesmo tempo, apreciar essa experiência. Além disso, queremos assumir um papel de liderança ao expor às pessoas chás de primeiríssima qualidade. Quando já estivermos operando de maneira estável, acredito que 25% de todas as nossas vendas ocorram na forma de bebidas prontas e o restante em folhas de chá e outros artigos usados na preparação do chá em casa."

Assim como no caso da Evolution Fresh, a loja Tazo também não ostenta o icônico logotipo da Starbucks. Embora coloque menos ênfase na venda de produtos prontos que na comercialização de produtos para consumo doméstico, a loja Tazo se caracteriza pela mesma paixão pelo produto e pela mesma atenção aos detalhes demonstrada pela Starbucks, conforme já ressaltado ao longo deste capítulo.

Annie Young-Scrivner, vice-presidente-executiva e presidente da Starbucks Canadá, expressa as aspirações das lideranças da empresa ao se referir à relevância para o mercado de decisões como a criação de lojas de varejo como a Tazo: "O chá, enquanto categoria de produto, está explodindo neste momento; de fato, esse produto ocupa hoje a mesma posição que o café já ocupou há alguns anos. A maior parte do chá é vendida em saquinhos, não em folhas, e esperamos aumentar o número de experiências do cliente com o chá em todos os lugares do mundo. Essa é uma oportunidade particularmente relevante, considerando nosso compromisso com o fornecimento da bebida em países já acostumados a consumi-la, como a China e a Índia. Nossa expectativa é de que nossos esforços em relação ao chá Tazo sejam tão bem-sucedidos quanto os já alcançados com o café." Stacy Speicher, diretora de gestão de categoria de marca, **Chá**, acrescentou: "À medida que adentramos um ambiente criado em torno de outro produto que não seja o café, guiamos nossas decisões pelo mais importante denominador – o **cliente**. No centro de tudo o que fazemos estão as percepções e informações trazidas pelo nosso consumidor. Precisamos compreender quem está comprando chá, onde eles estão, como alcançá-los por meio de mídias sociais e publicidade. Precisamos compreender tudo sobre os nossos clientes para que possamos fazer sempre o melhor – e nos conectarmos a eles."

Embora ainda demore alguns anos para que o sucesso da implementação das vendas em varejo na Evolution Fresh e na Tazo possa seja verificado, é óbvio que o êxito da Starbucks nas áreas de execução de produtos, conexão com seus clientes e *design* de experiências já lhe permitiram explorar categorias adjacentes de produtos. Em sua exploração de novas oportunidades de negócios a empresa propõe as seguintes perguntas:

- Como podemos traduzir nossas competências estratégicas em futuras oportunidades para nossos clientes atuais e potenciais?
- Que fatores externos ou tendências de consumo poderão nos guiar à medida que alavancamos nossos pontos fortes?
- Como essa possibilidade servirá à nossa missão e elevará a experiência de nossos clientes e de todas as partes interessadas (*stakeholders*)?
- Como essa oportunidade irá aprofundar a conexão de confiança e amor que mantemos com as pessoas que servimos?

Pela minha ótica, esse tipo de pergunta é relevante para todo líder empresarial. Essa última questão: "Como essa oportunidade irá aprofundar a conexão de confiança e amor...?", será diretamente abordada nos capítulos subsequentes ao princípio número 2, intitulado **"Ame para ser amado."**

• PONTOS DE CONEXÃO •

- As experiências humanas estão no âmago de sua marca.
- As pessoas podem até copiar seus produtos e serviços, mas raramente conseguirão construir as conexões poderosas que emergem

- das experiências bem elaboradas que você oferece aos seus clientes.
- Observe seus funcionários em potencial e interaja com eles para poder determinar se eles estão entusiasmados, se podem ser ensinados e se demonstram interesse autêntico pelos outros.
- Defina sua visão de prestação de serviços de modo que ela seja clara em relação aos objetivos que precisam ser alcançados nas experiências oferecidas em sua empresa.
- Experiências bem elaboradas envolvem o desejo de observar o ambiente pela perspectiva do cliente e atender às necessidades do seu público alvo.
- As experiências de qualidade por parte do consumidor dependem tanto da inclusão quanto da remoção de estímulos emocionais e de elementos de *design* do ambiente.
- Em geral, todo e qualquer ajuste no sentido de alcançar a fórmula perfeita e garantir a melhor experiência possível para cada cliente ocorre por meio de tentativas e erros.
- Quaisquer ações visando o aprimoramento das experiências de seus clientes – seja pela conexão do *design* de seu espaço físico à missão, à visão e aos valores de sua empresa; pela otimização de seu desempenho; ou pela inclusão de elementos sensoriais – possuem um componente **crucial**: a necessidade de se atentar para os detalhes.
- Cocrie suas experiências com seus clientes/consumidores.
- Se você oferecer produtos de alta qualidade, em ambientes que permitam a experimentação por parte dos clientes, e contar com funcionários capacitados que não apenas conheçam os itens comercializados, mas sintam verdadeira paixão por eles, então seus clientes irão certamente sustentar seu crescimento, e não apenas consumindo sua linha principal de produtos. De fato, é bem provável que eles também explorem outras inovações que você venha a integrar ao seu negócio.

PRINCÍPIO 2

AME PARA SER AMADO

Não preciso lhes dizer que estes são tempos de grandes desafios para os líderes. Todos nós buscamos envolver os membros de nossa equipe, criar produtos inovadores, satisfazer nossos clientes e promover lealdade à marca, a despeito de operarmos em um ambiente em que prevalece a ansiedade dos clientes. E para tornar a situação ainda mais complicada, precisamos nos diferenciar da concorrência, da maneira mais eficiente possível em termos de custos, e reagir às crescentes demandas por parte dos consumidores que esperam respostas imediatas através de seus canais de comunicação preferidos ou de suas plataformas sociais favoritas. Nosso único alento é saber que todos os líderes deparam com as mesmas oportunidades e condições de mercado.

Profissionais em empresas como a Starbucks descobriram maneiras de manter fortes laços emocionais com seus clientes e, ao mesmo tempo, alcançar seus objetivos comerciais, mesmo diante de um cenário marcado pelo **cinismo corporativo** e pelo empoderamento exacerbado dos consumidores. No âmago desses fortes laços emocionais está um princípio de liderança ao qual me refiro como: **"Ame para ser amado."**

O conceito de "Ame para ser amado" é apresentado no Capítulo 4, "Uma questão de confiança e amor," e também no Capítulo 5, "É preciso florescer internamente para que possa ser experimentado externamente." O Capítulo 4 explora a natureza hierárquica do envolvimento dos clientes e também a maneira como os líderes da Starbucks se utilizam de integridade para assegurar a confiança de todas as partes interessadas. Além disso, o Capítulo 4 também explora o papel desempenhado pelos líderes da empresa no sentido de mapear os melhores caminhos rumo à paixão pela marca.

Já o Capítulo 5 observa de maneira bastante ampla os inúmeros e variados esforços da Starbucks para maximizar a conexão da empresa com seus *partners*. Considerando-se ainda a diversidade e a natureza globalizada da força de trabalho da Starbucks, o Capítulo 5 oferece *insights* interessantes sobre métodos de comunicação eficientes, capazes de manter a familiaridade e a personalização.

Nesses dois capítulos, você verá como a satisfação de seus funcionários e de seus clientes conseguirá manter sua empresa em funcionamento nos dias de hoje. E de maneira ainda mais significativa, você compreenderá que, para se mostrar viável no futuro, você provavelmente precisará "amar para ser amado."

CAPÍTULO 4
Uma questão de confiança e amor

"Confiança é [...] o ponto de partida, a base sobre a qual todo o resto pode ser construído. Onde existe confiança, o amor é capaz de florescer."

BARBARA SMITH

Em 5 de janeiro de 1914, ao introduzir na Ford Motor uma escala salarial cujo pagamento mínimo diário seria de US$ 5, Henry Ford mais que dobrou o salário básico da maioria de seus funcionários. Naquele mesmo dia, Ford passou a oferecer ao seu pessoal participação nos lucros e ainda reduziu os turnos de trabalho de nove para oito horas diárias. James Couzens, que na época era o tesoureiro da empresa, explicou essas ousadas medidas da chefia dizendo: "Acreditamos piamente que a justiça social começa dentro de casa. Queremos que todos aqueles que colaboraram para a construção dessa grande instituição, e que ainda nos ajudam a mantê-la, compartilhem de nossa prosperidade."

Em 5 de janeiro de 2012, ou seja, 98 anos mais tarde, indivíduos irritados com a situação, e que se identificavam com o movimento Occupy Wall Street,[1] encaravam o 111º dia de uma onda de protestos que teve início no Zucotti Park,[2] no distrito financeiro da cidade de Nova York. Os manifestantes lutavam contra aquilo o que percebiam como injustiças e desigualdades econômicas, resultantes da gigantesca ambição corporativa. O mantra do grupo, **"Somos os outros**

---

1 – Ocupe Wall Street (OWS) é um movimento anticapitalista iniciado em 17 de setembro de 2011. Além da desigualdade econômica e social, o alvo dos protestos eram a corrupção e a influência indevida de empresas e do setor financeiro sobre o governo dos EUA. As manifestações de Nova York acabariam deflagrando outros movimentos similares em todo o mundo. (N.T.)
2 – Local conhecido anteriormente como Liberty Plaza Park. Pelo fato de se tratar de uma área particular de acesso público, a polícia não pode retirar os manifestantes do movimento OWS do local. (N.T.)

99%", refletia o cinismo e a desconfiança dessas pessoas em relação às empresas e aos sistemas financeiro e governamental, que, segundo elas, estariam sacrificando os interesses de 99% das pessoas em prol dos **1% mais ricos. Aonde chegamos em apenas um século?**

Dov Seidman, fundador, presidente e CEO da LRN, uma consultoria que ajuda empresas a se desenvolverem e a manterem uma governança corporativa eficiente, sugeriu: "A crise de confiança em nossas instituições básicas tornou-se ainda mais desconcertante pelo fato de essa falta de crença ser, em muitos casos, merecida e justificada. Promessas quebradas, comportamentos obscuros, protelações, manipulações, ocultação de fatos – tudo isso têm levado as pessoas a suspeitarem de que há algo sendo mantido em segredo (o que, infelizmente, tem fundamento)."

Por causa dessa crise de confiança global, a LRN encomendou uma pesquisa envolvendo cidadãos e executivos norte-americanos. O objetivo foi verificar o que essas pessoas pensavam dos EUA corporativo em termos de confiabilidade. Segundo Seidman: "Os resultados foram funestos. Mais de dois terços dos norte-americanos entrevistados (71%) afirmaram que nenhuma ou somente algumas corporações operavam de maneira justa e honesta. Diante desses dados, parece que a crise de confiança é bem mais aguda e abrangente nos EUA que em qualquer outro lugar do mundo – embora escândalos recentes em âmbito global apontem para um fenômeno generalizado. Considerando-se o poder, a influência e o impacto das corporações, qualquer esperança de estabilização (...) e restauro de confiança não deverá envolver somente as empresas – terá de ser comandada por elas e por seus líderes."

O presidente da Starbucks, Howard Schultz, também defende a importância do envolvimento dos líderes empresariais na solução de problemas de ordem social, como o desemprego, e de questões como o partidarismo cego e destrutivo (mais sobre esse tema no Capítulo 11) e a própria desconfiança nas empresas, tanto por parte dos clientes quanto dos funcionários. Neste sentido Schultz esclareceu: "A maioria das pessoas que chega para trabalhar em uma determinada empresa já teve experiência em outras. Em muitos casos, essa experiência foi negativa. Sendo assim, elas trazem consigo um olhar de cinismo e, neste caso, o ônus da prova caberá aos lideres da nova organização, que terão de mostrar que em sua companhia as coisas são diferentes."

Schultz observa esse aumento de desconfiança entre funcionários e clientes como uma "mudança sísmica" capaz de produzir oportunidades para aqueles que se comportam de maneira consciente em termos sociais. Ele disse: "Os consumidores anseiam pela chance de fazer negócios com empresas nas quais eles confiem e às quais respeitem e admirem. As organizações que têm agido da forma correta ao longo de toda a sua vida – como a Whole Foods, a Costco ou a Timberland – estão se tornando vitoriosas, e há uma boa razão para isso. Todos nós temos concorrentes e existe no mercado uma disparidade em termos de responsabilidade social. Os consumidores são inteligentes e com certeza rejeitarão empresas que não estejam se sobressaindo no quesito confiança ou que não sejam transparentes em seu modo de agir." Alli Higgins, a cliente regular da Starbucks em Denver, afirmou que a autenticidade de uma empresa em termos de responsabilidade social importa para ela: "Se pretendo me tornar cliente de uma companhia, quero me sentir bem em relação ao modo como ela trata seus empregados, seus fornecedores e o planeta como um todo. Acho que todos nós temos de fazer nossa parte e observar atentamente as organizações que apoiamos. Sou plenamente a favor de as empresas alcançarem bons lucros, desde que elas façam o que é certo. E é por isso que frequento a Starbucks."

Este capítulo discorre sobre aquilo o que Howard Schultz descreve como "efetuar depósitos regulares no cofrinho da confiança." Ele também explora como esses depósitos são capazes de produzir bons retornos não apenas nas formas de comprometimento e lealdade, mas também no *status* de marca adorada. Comecemos então com um quadro conceitual que nos permita avaliar a paixão pela marca, focando primeiramente na competência e na confiança.

NÃO HÁ SENTIDO EM BUSCAR SER AMADO SE VOCÊ NÃO É AMÁVEL NEM CONFIÁVEL

Muitos de nós já fomos expostos ao trabalho de Abraham Maslow. De fato, se você refletir um pouco sobre seus estudos no colegial e/ou na faculdade, talvez se recorde de um ensaio de Maslow, intitulado *Teoria da Motivação*, de 1943, no qual ele identificou de maneira hierárquica as cinco necessidades humanas (fisiológicas básicas, de segurança, sociais, de autoestima e de autorrealização). Posteriormente, o próprio Maslow ampliaria essa lista para oito níveis, acrescentado a ela necessidade cognitivas, estéticas e de transcendência. Enquanto o número de níveis pode ser um assunto para debates, o fato é que Maslow conseguiu demonstrar que **necessidades básicas de sobrevivência** precedem outras de ordem mais transformativa ou de elevação social. Por exemplo, segundo a hierarquia apresentada, Marlow coloca as necessidades biológicas e de segurança do ser humano à frente da necessidade de amor. Em essência, o que Maslow sugere é que antes de o indivíduo se perguntar: "Sou amado?" ele deve se questionar: "Estou seguro?". Ocorre que essa teoria de Maslow parece ter ressurgido entre os teóricos do setor empresarial que tentam agora desvendar as motivações de consumidores e funcionários. Maslow também é bastante relevante para a nossa exploração, à medida que examinamos a natureza hierárquica das necessidades dos consumidores no que diz respeito à confiança, pertencimento e amor.

Teóricos e pesquisadores da Gallup Corporation, por exemplo, definiram uma hierarquia nas percepções dos consumidores. Esta abrange desde os níveis mais baixos de envolvimento até o total engajamento do cliente com a marca. No modelo Gallup, o primeiro obstáculo que uma empresa precisa superar é a pergunta: "Você é competente?". Por exemplo, se a sua companhia ofereceu a um cliente uma experiência satisfatória e ele demonstrou certa probabilidade de adquirir algo outra vez, você conseguiu estabelecer uma competência básica e adentrou no nível inicial de engajamento com esse cliente. Neste caso, ele está satisfeito com a sua oferta e, por questões de hábito ou conveniência, voltará a negociar com você; seu produto/serviço **não o desapontou**, portanto, ele não sente necessidade de procurar outro fornecedor para conseguir algo similar. Infelizmente, isso também significa que o seu cliente não tem ainda fortes razões para se manter leal a você e, neste sentido, poderá ser facilmente atraído por outra empresa.

Ser considerado competente é necessário, porém, trata-se de uma **qualidade insuficiente** para se atingir o sucesso comercial pleno. Em grande medida, competência e satisfação (que é usada para determinar o nível de competência percebido) são percepções baseadas no intelecto de cada indivíduo e não oferecem proteção em relação às eficientes estratégias de *marketing* de seus concorrentes, tampouco à entrada de novos negócios no mercado. Em essência, seus clientes estão a apenas um brinde (algum desconto, uma oferta especial etc.) de fechar com outro fornecedor.

Se você quiser assegurar um relacionamento mais seguro com seus clientes, eles terão de ser capazes de responder à seguinte questão: "Consigo prever que essa empresa irá demonstrar lealdade e consistência na maneira como entrega seus produtos e suas experiências?". Essencialmente, o cliente precisa concluir que sua organização opera com **honestidade** e **integridade**. Com base em suas próprias experiências, nas observações de amigos, nas avaliações *on-line* e no que é veiculado pela mídia, o cliente consegue determinar se a empresa irá honrar suas promessas, sejam elas implícitas ou explícitas. Pergunte a si mesmo: os líderes seniores da companhia estão agindo de acordo com seus valores? Quando um problema surge, ele é resolvido de maneira razoável e adequada? Os representantes da companhia se comportam de forma consistente com aquilo que prometem ou com o que está sendo divulgado nas campanhas de *marketing*?

Se a sua empresa é vista no mercado como competente e íntegra, você então já conseguiu estabelecer um ambiente de confiança junto aos seus clientes. Essa confiança inicial poderá abrir caminho para um nível mais profundo de envolvimento por parte dos consumidores: em que eles demonstrarão **"paixão"** ou **"idolatria"** pela sua marca.

Na hierarquia Gallup, por exemplo, o fato de uma empresa ser percebida como íntegra estabelece para os clientes a oportunidade de elas experimentarem um nível mais elevado de envolvimento emocional – uma sensação de "orgulho." Para inferir orgulho em uma relação comercial, os clientes devem ser capazes de responder de maneira afirmativa a perguntas do tipo: "Eu fui inteligente em optar por essa empresa?" e "Eu quero ser conhecido como um cliente dessa empresa e contar aos meus amigos e familiares sobre minhas experiências com ela?". O orgulho do cliente aparece quando sua empresa é vista como uma força positiva na vida dos consumidores e das pessoas de quem eles gostam, e também quando a empresa age de uma maneira que os deixa satisfeitos por estarem associados a ela. Em alguns casos, o orgulho vem do *status* derivado da conexão que o cliente mantém com a sua empresa.

O ponto mais alto na hierarquia de envolvimento da Gallup é a **paixão**. Para determinar a existência de paixão por parte do cliente, a métrica de engajamento do cliente, (CE-11) levanta questões que lhe permitem concluir se a empresa é "perfeita para alguém como" o consumidor ou se o cliente consegue "imaginar o mundo sem" uma determinada empresa. (Uma exploração detalhada das 11 perguntas utilizadas na CE-11 pode ser encontrada em meu livro *The New Gold Standard: 5 Leadership Principles for Creating a Legendary Customer Experience Courtesy of The Ritz-Calton Hotel Company* (*O Novo Padrão Ouro: 5 Princípios de Liderança para Criar Experiências Inesquecíveis para os Clientes, Cortesia da Ritz-Carlton Hotel Company*, em tradução livre).

Dentro dos nossos propósitos nesta obra, o modelo Gallup serve para explicar que a confiança é um portal de emoção em uma jornada rumo a níveis mais elevados de engajamento. Como consumidor, posso até me sentir satisfeito com o produto que você me fornece hoje, mas preciso ter certeza de que esse produto será disponibilizado de maneira consistente amanhã e em outros locais que representem sua marca. Também preciso ter certeza de que, nas raras ocasiões em que algo sair errado, você irá não apenas reparar a situação, mas também a mim financeiramente, enquanto seu cliente. Por fim, gostaria de sentir que minha associação com a sua marca é apreciada e acreditar que você exerce um papel especial nas coisas que trazem prazer à minha vida. No contento de níveis hierárquicos de engajamento do cliente, vejamos como as lideranças da Starbucks estabelecem confiança por meio da integridade. Mais importante, vamos tentar conectar as ações dessa empresa ao modo como você deseja afetar as percepções de seus clientes no que diz respeito à sua competência e integridade, bem como ao orgulho e à paixão que você inspira neles.

OLHE POR ONDE ANDA

Pela minha perspectiva, a integridade de uma marca resulta da tentativa autentica por parte das lideranças de uma empresa em alinhar expectativas e ações. Valerie O'Neil, vice-presidente sênior do setor de Recursos a Parceiros e Liderança de Marca na Starbucks, apoia essa visão, dizendo: "Quando entrei na empresa, fiquei impressionada com a autenticidade demonstrada por nossos líderes seniores e pelo modo como eles se mostravam alinhados em relação à importância de se fazer o que é certo pelos parceiros, consumidores, acionistas e também em defesa à sustentabilidade de nosso planeta. Ao agir de acordo com princípios morais e **'fazer o que é certo'**, esses líderes preparam o cenário para a realização e a integridade dos parceiros que também desejam fazer o que é correto. Isso se tornou parte do DNA de nossa marca, e impulsiona a excelência operacional, afeta o modo como colocamos nossas promessas em prática, norteia o respeito que temos pelos nossos clientes e reforça nosso compromisso de atuar como bons administradores, tanto para os nossos acionistas como para nossas comunidades."

Lutar para **"fazer o que é certo"** está no âmago da excelência em liderança e, no mundo interconectado em que vivemos, isso envolve tanto o comportamento público quanto o privado de nossos líderes. Dov Seidman declarou o seguinte: "A honestidade foi, é e continuará sempre sua própria recompensa. As melhores empresas sempre compreenderam esse fato e se recusaram a traçar o caminho mais fácil rumo a ganhos rápidos, em detrimento a valores perenes e uma reputação ilibada. Mas tem havido uma enorme transformação. Várias circunstâncias acabaram se combinando no sentido de recompensar a adesão à virtude. Tem se tornado útil demonstrar princípios. Por quê? Porque as regras mudaram e expuseram para sempre o comportamento corporativo. O profundo impacto da tecnologia permitiu maior transparência nas avaliações das empresas, das instituições e das organizações. O véu corporativo foi levantado."

Mesmo antes do advento da Internet, grandes estudiosos como Albert Einstein já sugeriam que o sucesso deveria ser avaliado não apenas pelos lucros obtidos em curto prazo, mas também pela consideração moral de melhorias na vida de outras pessoas. Einstein afirmou: "O mais importante esforço humano é lutar pela moralidade em todas as ações. Nosso equilíbrio interior e até mesmo nossa própria existência dependem disso. Somente a moralidade em nossos atos será capaz de trazer beleza e dignidade à nossa vida."

Com base em minhas observações, posso afirmar que os líderes da Starbucks lutam para demonstrar moralidade em todas as suas ações, efetuando depósitos nos cofrinhos de confiança de todas as pessoas interessadas no desempenho da empresa. Isso se consegue da seguinte maneira:

1. Considerando as decisões comerciais de maneira empática, observando-as pelas lentes da humanidade.

2. Comunicando seus objetivos diretos, reconhecendo suas limitações e mantendo suas promessas.

3. Equilibrando interesses conflitantes de todas as pessoas interessadas no desempenho da empresa.

4. Criando sistemas operacionais e processos de melhoria de qualidade para oferecer sempre produtos confiáveis aos clientes.

5. Estabelecendo treinamentos e outorgando poderes aos funcionários para que estes promovam a recuperação de falhas de serviço.

Os três primeiros itens dessa lista estão relacionados a comportamentos de liderança que afetam a vida de diversos interessados na empresa e podem ser exemplificados pela Starbucks em uma única, porém significativa, decisão por parte de seus líderes: a manutenção do plano de saúde dos funcionários e do programa Bean Stock de compra de ações. Os dois últimos itens dessa lista (sistemas, treinamentos e outorga de poderes) serão discutidos mais adiante neste capítulo, no contexto de excelência operacional e previsibilidade em termos de produtos e serviços.

MANTENDO A INTEGRIDADE DURANTE TEMPOS DESAFIADORES E OLHANDO PELAS LENTES DA HUMANIDADE

Em 2008, em meio à tomada de decisões difíceis sobre o futuro financeiro da Starbucks, Howard Schultz se viu encorajado, e de certo modo até pressionado, a extinguir o **plano de saúde dos funcionários**. Agindo de maneira absolutamente aberta, Schultz e os demais líderes da empresa defenderam firmemente a manutenção desse e de outros benefícios. Em seus comunicados da época, Schultz reafirmou o compromisso das lideranças com seus *partners*, reconheceu os tempos de incertezas em que promessas não poderiam ser feitas e, no final, cumpriu com sua palavra de uma maneira que equilibrou as necessidades tanto dos investidores quanto de seus funcionários. Nas reflexões do próprio Schultz: "Mudanças significativas estavam prestes a ocorrer, e nosso pessoal certamente iria querer saber o que aquilo significava para eles e para seus empregos (...) Deixamos claro que nenhum funcionário da Starbucks perderia seu plano de saúde, tampouco seus investimentos em ações da empresa. Para mim aquilo jamais seria uma opção. Quanto à segurança de seus empregos, aquela era uma decisão imprevisível, uma promessa que eu não podia fazer." Schultz e sua equipe se sentiram atormentados com a possibilidade de reduzir o número de postos de trabalho em prol da sobrevivência da organização. É claro que eles poderiam ter retirado os benefícios dos funcionários como parte desses esforços de preservação, porém, com base em sua promessa, eles preferiram fazer pequenos ajustes no número de empregados e não tocar nem no plano de saúde nem no programa de ações.

Decisões difíceis que afetam tanto as pessoas quanto os resultados financeiros da empresa angariam o respeito de todos quando refletem valores corporativos, demonstram compaixão e bom senso, e revelam uma unidade entre palavras e ações. Corey Lindberd, gerente de contabilidade sênior, explicou: "Minha confiança nos líderes começa pelo topo. Entrei na empresa há vários anos e vejo como as lideranças genuinamente se preocupam com os funcionários e eu sei o que essa marca representa. Em geral, à medida que o tempo passa e as pessoas se acostumam com a companhia, é normal que se perca a confiança nos líderes. Todavia, ao perceber que a Starbucks sempre buscou equilibrar a necessidade de se manter uma empresa lucrativa e o desejo de tomar decisões que priorizassem o bem-estar dos funcionários, meu respeito pelas lideranças da organização somente aumentou. Pelo fato de os líderes fazerem o que prometem e divulgarem abertamente suas intenções, os *partners* tendem a fazer o mesmo. De fato, a maioria de nós aspira alcançar o mesmo nível de integridade de nossos líderes." Quando as pessoas ouvem suas palavras e veem que suas ações sustentam o que foi dito; quando elas percebem que existe transparência em seus esforços no sentido de equilibrar interesses conflitantes e reconhecem que você se importa com seus funcionários e com a sustentabilidade da própria organização, elas aprofundam sua confiança.

Já sugeri que, assim como no caso de qualquer componente importante da liderança, a integridade deve ser considerada tanto no nível operacional quando no pessoal. Em essência, sua integridade ajuda seus colaboradores a ajudarem outras pessoas. Adrian Levy, fundador da RLG International, uma empresa voltada para o aprimoramento do desempenho profissional, conceitua muito bem o significado do elemento humano no que se refere às pessoas dentro de uma organização. Ele ressaltou: "As pessoas não são o patrimônio mais importante de uma empresa. As pessoas são a **própria empresa**. Todo o resto faz parte do patrimônio." No Capítulo 5, "É preciso florescer internamente para que possa ser experimentado externamente," examinaremos as várias maneiras pelas quais os líderes da Starbucks se comprometem com as **pessoas** às quais denominam *partners*. Além disso, exploraremos o modo como essas pessoas promovem o amor e a lucratividade dos **indivíduos** aos quais chamam de clientes. A disposição em fazer escolhas difíceis em prol de seus funcionários pode, portanto, representar toda a diferença para os próprios empregados, para os consumidores do seu produto e até mesmo para os seus acionistas.

No livro intitulado *The Speed of Trust: The One Thing That Changes Everything* (*A Velocidade da Confiança: O Item que Muda Tudo*), Stephen M.R. Covey cita vários estudos que mostram como a confiança dos funcionários e a reputação da marca podem até mesmo gerar benefícios financeiros para os acionistas de uma empresa. De acordo com Covey, pesquisas realizadas por "Watson Wyatt mostram que o retorno total para os acionistas em organizações marcadas por elevados níveis de confiança é quase três vezes maior do que naquelas em que os níveis são baixos. Isso significa uma diferença de 300%!" Como ocorre em qualquer companhia de capital aberto, a confiança dos investidores é essencial para a Starbucks, e as lideranças da companhia colocam o valor para os acionistas entre suas diretrizes. Seguindo os preceitos da pesquisa Watson Wyatt, Howard Schultz enfatizou que a confiança do funcionário e o valor para os acionistas estão intrinsecamente conectados dentro da empresa. Schultz destacou: "Cerca de 200.000 funcionários trabalham na Starbucks. O valor de nossa marca foi definido pelo relacionamento que mantemos com eles e pela relação entre eles e os clientes. Acredito que o sucesso que alcançamos – que, aliás, está conectado ao valor para o acionista – esteja bastante associado ao fato de as pessoas se sentirem ou não orgulhosas da empresa em que trabalham, e parte de algo maior que elas próprias (...) O valor para o acionista aumentou significativamente, em grande parte pelo fato de a administração ter tomado as decisões certas, de encontro aos melhores interesses de toda a organização. Contamos com múltiplos grupos em nossa empresa (...) e associamos o valor para o acionista às comunidades que atendemos e ao nosso próprio pessoal.

Independentemente do grupo interessado, os líderes precisam compreender que integridade e confiança advêm da conjunção entre palavras e ações. É preciso que eles comuniquem claramente suas intenções, seus erros e suas vitórias, enquanto agem de acordo com seus valores e suas promessas. O compromisso consistente e duradouro de fazer "a coisa certa," a despeito de interesses conflitantes, é essencial para se desenvolver uma organização de elevado nível de confiança capaz de retornar altos benefícios interpessoais e financeiros. Além de fazer com que a empresa seja vista como uma entidade governada de maneira íntegra, os líderes devem inspirar seus funcionários a trabalharem no sentido de ganhar a confiança dos clientes todos os dias, em cada interação, oferecendo-lhes sempre ótimos serviços. Na Starbucks, essa promessa frequentemente ocorre através da entrega do seguinte produto: **excelência** e **consistência**, uma xícara de café de cada vez.

REFLEXÃO SOBRE A CONEXÃO

1. Com base nos estágios hierárquicos de engajamento do cliente (competência, integridade, orgulho e paixão), como a maioria de seus clientes e funcionários percebe o seu empreendimento? Você é um empregador "competente" ou a sua equipe se sente "orgulhosa" em trabalhar em sua empresa? Seus clientes consideram sua marca "íntegra" (você faz a coisa certa e corrige eventuais erros que acontecem) ou ela é perfeita para seus clientes e inspira "paixão" neles?

2. A maioria de suas decisões empresariais visa somente os lucros ou também refletem "ações de moralidade" e um desejo de fazer "depósitos regulares no cofrinho da confiança" de todos os interessados na empresa?

3. Dê a si mesmo uma nota como líder em cada uma das áreas a seguir. Qual é a lógica por trás de cada nota?

    - Considera as decisões comerciais de maneira empática, observando-as pelas lentes da humanidade.

    - Comunica seus objetivos diretos, reconhecendo suas limitações e mantendo suas promessas.

    - Equilibra interesses conflitantes de todas as pessoas interessadas no desempenho da empresa.

    Você se sente satisfeito com as suas notas? Que ações você pretende adotar para melhorá-las?

CONFIANÇA SERVIDA EM UMA XÍCARA

As pessoas vêm à sua empresa para atender suas próprias necessidades individuais. Os clientes não se envolvem em transações comerciais apenas para descobrirem quão amáveis os fornecedores do produto/serviço se revelarão. Eles precisam que uma necessidade funcional seja atendida. Portanto, se você os tratar de uma maneira **emocionalmente envolvente**, estará oferecendo um bônus a esses indivíduos.

Mas como você pode se certificar de estar atendendo às necessidades funcionais das pessoas da maneira mais consistente possível? Na Starbucks a resposta inclui o uso de equipes interfuncionais, tanto no *design* quanto na implementação dos produtos, assim como a disposição em: 1º) solicitar informações dos responsáveis por entregar o serviço de maneira consistente, e 2º) atuar sobre os dados recebidos. Kevin Petrisko, diretor de operações comerciais da Evolution Brand (marca adquirida pela Starbucks, discutida no Capítulo 3), trabalha na Starbucks há 16 anos e investiu a maior parte de sua carreira no lançamento de produtos e em sua entrega aos clientes de maneira consistente. Ele diz: "Pela perspectiva do cliente, o que ele deseja é ter a certeza de que se comprar uma bebida em uma filial da Starbucks em Honolulu ou em Paris, a qualidade será a mesma. Por conta da abordagem de nossa equipe em relação à criação, implementação e testes em todos os nossos produtos, conseguimos ganhar a confiança de nossos consumidores pela **consistência oferecida**."

Ao reunir equipes interfuncionais desde o início dos processos para desenvolver e aprimorar os produtos e os protocolos de implementação, a Starbucks antecipa e resolve muitos desafios intrínsecos aos seus lançamentos bem antes de esses produtos chegarem às lojas da empresa. Testes de campo encorajam os baristas a fornecerem suas primeiras impressões sobre os produtos com o intuito de melhorar a consistência, a eficiência e, por conseguinte, a qualidade da oferta do produto final. Isso, em contrapartida, irá assegurar uma execução rápida e eficaz quando os produtos forem finalmente lançados pela marca. Todos esses esforços culminam na apresentação consistente dos produtos, o que colabora para reforçar e reafirmar a confiança por parte do cliente.

Petrisko nos oferece um exemplo interessante, que engloba não apenas o modo como um novo produto foi conceitualizado – a partir da perspectiva de experiência do cliente –, mas também como ele foi criado e de que maneira sua implantação nas filiais foi aprimorada pelas informações fornecidas pela linha de frente. De acordo com Petrisko: "Comercializávamos chá gelado na Starbucks, mas na época não era um produto finalizado e artesanal como é o caso de um belo *latte*. Nas versões anteriores, servíamos o chá diretamente da jarra na xícara, portanto, sua apresentação deixava muito a desejar. Então o objetivo original era combinar o chá e o suco, ou limonada, e ver se conseguíamos criar algo bem diferente e então explorar a possibilidade de oferecermos uma experiência mais rica ao longo desse processo." Para fornecerem o chá batido, as equipes de implementação tiveram de desenhar um "misturador" (*shaker*) para o chá, estabelecer o melhor processo de confecção do produto e, finalmente, delinear ferramentas de treinamento para facilitar a introdução do produto nas lojas.

Petrisko se recordou: "Conforme testávamos o produto, os clientes registravam variações perceptíveis. Foi então que entregamos os misturadores aos *partners* e dissemos: 'Misturem o chá com a limonada, acrescentem os xaropes apropriados à receita e chacoalhem os ingredientes por 10 s. A partir daí vocês abrirão o misturador e despejarão a bebida diretamente na xícara – a aparência será bem atraente'". Na tentativa de aumentar a consistência e tornar o produto fácil de servir, o grupo de *partners* que observava o teste também foi incentivado a responder perguntas dos baristas que preparavam as bebidas na loja de testes. Entre outros tópicos, os baristas foram questionados quanto à facilidade com a qual a bebida era preparada, a funcionalidade do novo misturador e também em relação a sua própria percepção do processo como um todo.

De acordo com Petrisko, uma questão inesperada surgiu durante o processo de avaliação. "Descobrimos que as leves inconsistências surgiam pelo fato de nossos *partners* não saberem exatamente como misturar a bebida," explicou ele. "Alguns *partners* chacoalhavam o misturador por 20 s, enquanto outros apenas 5 s. Embora isso possa até parecer insignificante, o fato é que uma diferença de apenas 15 s no tempo de agitação dos ingredientes dentro do misturador promoviam uma variabilidade considerável no sabor final da bebida. Foi então que alteramos o protocolo de modo que os *partners* tivessem de chacoalhar o recipiente um total de 10 vezes em cada preparo. O resultado dessa medida ainda é visível nos dias de hoje em todas as nossas lojas: ao acompanhar o preparo do chá pelos nossos *partners*, os clientes poderão vê-los chacoalhar o misturar e, silenciosamente, contar de 1 a 10. Esse pequeno ajuste representou uma enorme diferença em termos de consistência do produto." Para se garantir a confiabilidade de um produto, as lideranças da Starbucks começam por reunir equipes de indivíduos talentosos, encorajando-os a se utilizarem de novas ideias e novos conceitos em sua busca por sistemas de trabalho eficientes e passíveis de repetição. Utilizando-se de métodos estratégicos, esses times coordenam o teste dessas ideias juntamente com clientes e outros *partners*, refinando aspectos do produto e métodos de entrega para eliminar completamente quaisquer variações indesejadas, e não apenas no produto, mas no próprio serviço.

CONSISTENTE E ALÉM DAS EXPECTATIVAS

Uma vez que a consistência é crucial para a lealdade do consumidor, como é que os líderes da Starbucks conseguem oferecer serviços confiáveis e emocionalmente envolventes que não somente vão de encontro às expectativas dos clientes, mas são capazes de excedê-las? De maneira resumida, as lideranças da empresa treinam e desenvolvem *partners* para que estes criem momentos de inspiração ao definir comportamentos que **"sempre"** ou **"jamais"** deverão ocorrer em uma filial Starbucks. Além disso, os materiais de treinamento demonstram o impacto dos fundamentos dos serviços oferecidos e as expectativas dos líderes em relação ao fornecimento de serviços consistentes. Por exemplo, como parte dos conceitos básicos de serviço, os líderes estabeleceram a expectativa de que antes de recomendarem um produto, os baristas se conectem com os clientes para verdadeiramente compreenderem suas necessidades. As lideranças identificam a lógica por trás dessa expectativa, assim como os comportamentos "sempre/jamais" dela oriundos, como uma questão de confiança do consumidor. Elas afirmam que os clientes estabelecem essa confiança quando percebem que a intenção por trás da recomendação do produto está associada aos melhores interesses do cliente, não da empresa. Os líderes da Starbucks asseguram que os **"momentos de inspiração"** começam para os clientes quando os *partners* excedem suas expectativas básicas – muitas das quais estão associadas à proatividade na entrega de serviços personalizados, antes mesmo de os próprios clientes fazerem seu pedido.

UM MOMENTO – NÃO ERA ISSO O QUE EU ESPERAVA

Em situações em que um produto não atende às expectativas dos clientes, ocorre o que se costuma chamar de **"momento decisivo"**. Pela perspectiva do consumidor, o diálogo interno é mais ou menos o seguinte: "Será que eu deveria reclamar com os funcionários da empresa, dizendo que isso aqui não está certo ou é melhor 'deixar pra lá'?", "Será que a empresa vai sugerir que a culpa é minha, alegando que 'Foi isso o que você pediu'?", "Será que a empresa vai defender seu produto ou é problema meu agora?" ou talvez "Quanta irritação ainda terei de enfrentar para corrigir esse problema?". Já do lado da empresa esse diálogo interno **deveria** ser algo do tipo: "O que poderíamos fazer para aumentar as chances de que as pessoas nos avisassem quando encontrassem um problema?", "Como podemos assegurar que todos os funcionários saibam exatamente como lidar com a recuperação de falhas de serviço?" ou ainda "Como transformamos essa situação crítica em uma oportunidade para demonstrar integridade e facilitar níveis mais elevados de envolvimento do cliente?".

Uma vez que as reclamações são ótimas oportunidades tanto para se reengajar os clientes quanto para demonstrar integridade, líderes fortes procuram meios de estimular os consumidores a compartilharem suas preocupações com o produto. Na Starbucks, isso começa pela promessa feita ao cliente, apresentada em cada loja da rede e também no *site* da empresa: "Queremos que você, cliente, se sinta completamente satisfeito. Se, por qualquer razão, este não for o caso, você poderá solicitar a troca ou a devolução do valor pago pelo produto."[3] Embora seja fácil fazer esse tipo de promessa, **cumpri-la** é uma questão bem mais **complicada**. John Hargrave, fundador do antigo *site* humorístico zug.com e autor do livro *Sir John Hargrave's Mishchief Maker's Manual* (*Manual de Travessuras de Sir John Hargrave*), decidiu colocar essa promessa da Starbucks à prova. Ele escreveu: "Será mesmo que a Starbucks realmente **substituiria** qualquer item? Para descobrir a resposta, decidi comprar o produto mais perecível do cardápio, mantê-lo em minha garagem por várias semanas e então tentar trocá-lo."

Embora eu prefira poupar o leitor dos detalhes relativos ao estado do produto quando o autor decidiu devolvê-lo, quero apenas ressaltar que o mesmo teve de ser colocado em um recipiente plástico hermeticamente fechado. Hargrave descreveu assim a cena: "Entrei na Starbucks, sentindo-me zonzo com o mau cheiro, e entreguei a vasilha ao barista, dizendo: 'Você pode trocar esse produto? Acho que entornou.'" De acordo com Hargrave: "Depois de o barista superar a sua confusão mental inicial diante daquilo que acabara de receber, ele disse: 'Claro, senhor, nenhum problema.' Então ele jogou o produto no lixo e, quando se preparava para continuar a frase, sentiu o terrível odor e não se conteve e, com os olhos lacrimejantes, emitiu um sonoro 'Aaaarrrghhhh!' Imediatamente outro barista retirou o saco de lixo e o levou para fora da cafeteria, quase vomitando... Todavia, a despeito de tudo isso, devo admitir que eles sequer pediram o recibo de compra, apenas me prepararam outra xícara de café quentinho e cremoso, e a serviram, com um sorriso estampado no rosto." Mas, afinal, como os líderes da Starbucks ajudam seus funcionários a sorrirem e aceitarem esse tipo de devolução de produto? Em parte, isso se alcança assegurando o bom treinamento de sua equipe nas áreas de recuperação de falhas de serviço e resposta às expectativas dos clientes.

Desde o início do treinamento, os *partners* da Starbucks recebem os recursos e a autonomia necessária para resolver problemas e atender às reclama-

---

3 – Tradução livre do texto oficial em inglês (http://www.starbucksstore.com/Terms-Conditions-of-Sale/terms-of-sale,default,pg.html). (N.T.)

ções de seus clientes. No contexto de fundamentos de atendimento ao cliente, os funcionários são plenamente encorajados a avaliar a situação do consumidor em relação à sua reclamação. Em alguns casos, isso pode envolver um mero pedido de desculpas, pelo fato de o produto **não ter** Pg. 79 **atendido às expectativas**, e a oferta de outra bebida; em outros, além do que já foi mencionado, a implementação de alguma ferramenta de recuperação de falha de serviço, como, por exemplo, a entrega de um vale-bebida. Desde o treinamento inicial do barista, e ao longo de todo o processo de desenvolvimento de carreira, a mensagem das lideranças da empresa é clara: avalie a necessidade do cliente, assuma responsabilidade, evite o **"jogo de acusações"**, corrija o que estiver errado prontamente e retorne ao cliente para assegurar-se que a solução apresentada o deixou bastante satisfeito. Os líderes da empresa ajudam seus funcionários a compreenderem que os clientes cuja reação às experiências Starbucks é "bastante satisfeito" (seja em função de um atendimento de rotina na loja ou após a utilização de uma ferramenta de recuperação) sentem-se mais propensos a consumir os produtos Starbucks novamente – e inclusive, a recomendá-los – que aqueles que se encaixam na categoria de apenas "satisfeitos". Neste caso, estar "bastante satisfeito" significa que o indivíduo tem a percepção de que a empresa foi não apenas competente, mas íntegra; enquanto estar "satisfeito" quer dizer que o cliente ficará com você até encontrar algo melhor.

REFLEXÃO SOBRE A CONEXÃO

1. Você possui uma garantia pública de qualidade serviço como a Starbucks? Se a resposta for negativa, por que não?

2. Se alguém decidisse testar os serviços de sua empresa (espera-se que não no mesmo nível de John Hargrave, é claro), que tipo de situação essa pessoa poderia criar? Qual a probabilidade de maneira eficaz em termos de recuperação de falha de serviço nas situações mais extremas?

3. Quanto tempo você investe estabelecendo expectativas e oferecendo treinamento na área de recuperação de falhas de serviço em sua organização?

É HORA DA PAIXÃO E DO AMOR

Muito bem, então seus clientes estão altamente satisfeitos e veem sua empresa como competente e digna de confiança. O que fazer agora para engajá-los completamente? Na verdade, parte dessa resposta já foi dada nos Capítulos 2 e 3. Se você seleciona funcionários verdadeiramente talentosos para atender o público, oferece a eles oportunidades para que aprendam cada vez mais e se apaixonem pelos produtos, e insiste em garantir a excelência não apenas do que vende, mas das experiências de seus clientes, você já está no caminho certo para garantir o orgulho e a paixão dos consumidores. Além disso, se você estabelece sua visão de excelência em termos de experiências, treina sua equipe para ofertá-la, reduz excessos e acentua os elementos sensoriais durante a jornada dos clientes, já está bem perto de alcançar o *status* de **marca idolatrada**. Mas então o que está faltando? Com frequência é o compromisso das lideranças em comunicar a importância do valor emocional, assim como a disposição para estabelecer o objetivo de se tornar uma marca **"verdadeiramente adorada"**, e não apenas **"bastante apreciada"**. Talvez os líderes mais eficazes somente estejam acostumados a tomar medidas práticas e táticas para alcançar o sucesso. Neste sentido, é possível que esses indivíduos vejam a emoção como um aspecto até indesejado em seu processo de tomada de decisões comerciais. Também é possível que eles não estejam por dentro das pesquisas que estão surgindo na área de valor emocional. Independentemente das razões para esse tipo de resistência, é óbvio que se você comunicar a importância do valor emocional e estabelecer como objetivo o patamar de "marca idolatrada," você alcançará vantagens comerciais significativas.

Graham Robertson, presidente da Beloved Brands Inc., uma empresa especializada em estratégia de marca e *coaching*, afirmou: "Poucas empresas se tornam marcas idolatradas como a Starbucks e a Zappos, e, infelizmente, elas são **únicas**. Essas marcas de vanguarda como a Starbucks ostentam certa mágica no que fazem."

Para ajudar líderes a avaliarem o caminho de suas empresas rumo ao patamar de marca idolatrada, Robertson desenvolveu o que ele denominou **"curva de amor pela marca"**. Por meio dela, os líderes conseguem medir a conexão emocional de seus clientes dentro do contexto de quatro categorias: **"Indiferente"**, **"Aprecio"**, **"Amo"** e **"Idolatro para sempre"**.

Os consumidores se movem pela "curva de amor pela marca"
Compreender a posição de sua marca na curva de amor ajuda a **escolher estratégias** que auxiliam a impulsionar a marca para que ela se torne **idolatrada**.

INDIFERENTE
Sem opinião formada. Alheio. Confuso. Desinteressado. Mantém a marca atual.

APRECIO
Atende às necessidades. Já pensei a respeito. Testei. É útil. Faz sentido.

AMO
Sinto desejo de consumir. Ótima experiência. Favorita. Escolha emocional. De acordo com meu estilo de vida.

IDOLATRO PARA SEMPRE
Autoexpressiva. Fã incondicional. Jamais trocaria por outra. Ótimas lembranças. Parte da vida.

beloved brands © Beloved Brands Inc.

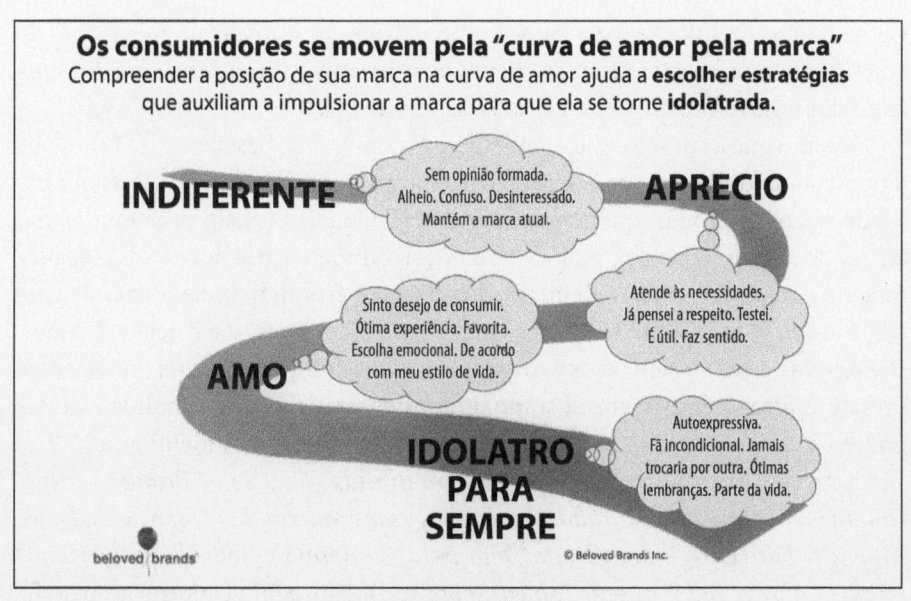

Curva de amor pela marca

Pela perspectiva de Robertson, à medida que as empresas se movem rumo ao *status* de marca idolatrada, elas ganham maior poder no mercado. Ele declarou: "O amor é uma fonte de poder. Portanto, se tenho uma base de clientes que me ama, sou mais poderoso. Conforme exerço esse poder, me torno mais lucrativo. Se as pessoas seguirem minha marca, é provável que eu me torne ainda mais atraente para vendedores e outros parceiros comerciais. Também será mais fácil conseguir o apoio das comunidades e também do governo quando precisar. Ganharei inclusive mais força no contexto das mídias, pois as pessoas se sentirão mais inclinadas a comentar sobre o que eu faço. Sendo assim, se eu lançasse um novo tipo de café, isso seria noticiado de uma maneira que simplesmente não aconteceria com outras marcas não idolatradas."

De fato, até mesmo os economistas já passaram a apreciar o papel das emoções no comportamento e na fidelidade/lealdade do cliente em relação a uma marca. Ao longo da maior parte da história da economia, teóricos e pesquisadores avaliaram a tomada de decisões dos consumidores pelas lentes da **"racionalidade ilimitada"** – conectando a **razão** pela qual **compramos o que compramos** a fatores racionais como a **funcionalidade** de nossa aquisição. Porém, no final dos anos 1970 e início da década de 1980, os psicólogos Daniel Kahneman e Amos Tversky iniciaram uma verdadeira revolução econômica ao se concentrarem no papel dos fatores emocionais sobre a tomada de decisões. As décadas seguintes de exploração do comportamento do consumidor sustentaram várias descobertas intuitivamente interessantes sobre o modo como razão e emoção afetam os padrões de compra, aumentam a retenção do cliente, elevam o nível de engajamento dos funcionários e até reforçam o evangelismo da marca.

Mesmo que as pessoas aleguem que suas compras se baseiam em fatores objetivos, como os benefícios e atributos dos produtos, todos nós sabemos que essas decisões são com frequência, fortemente influenciadas pelo valor emocional atribuído às mercadorias e marcas. A emoção também é um fator a ser considerado no que diz respeito à **fidelidade dos clientes**, **frequência** e **padrões de gastos**, e ainda se manifesta na indicação da empresa a amigos e colegas. De fato, clientes que estabelecem laços extremamente fortes com uma determinada empresa veem sua marca favorita como uma extensão de sua personalidade, integrando-a aos seus rituais, ao seu estilo de vida e à sua própria identidade.

Kate Newlin, autora dos livros *Passion Brands: Why Some Brands Are Just Gotta Have* (*Marcas Idolatradas: Porque Algumas Marcas São Essenciais*), *Drive All Night For* (*Dirigindo a Noite Toda para Comprar*) e *Tell All Your Friends About* (*Conte a Todos os seus Amigos sobre Isso*), conseguiu capturar os benefícios intrínsecos em fazer com que as pessoas se identifiquem com sua companhia ao sugerir que: "Uma marca idolatrada é aquela que você recomenda aos amigos do fundo do seu coração, de maneira até evangélica – tanto que se essas pessoas não passarem a abraçá-la tão profusamente como você, é como se uma nuvem começasse a pairar sobre as cabeças delas, bloqueando o brilho da própria marca (...) A nuvem se move e a amizade continua, mas, o que está acontecendo?" O teste de Newlin é bem simples: se os seus clientes ficam desapontados quando os amigos deles não se sentem tão entusiasmados quanto eles em relação à sua marca, ela definitivamente se encaixa na categoria de idolatrada.

Os líderes da Starbucks não se mostraram relutantes em falar sobre o amor, a paixão ou mesmo sobre o romance que envolve a marca, mas também deixaram bem claro que a **única maneira de se tornar amado é sendo amável**. Pela ótica dos líderes da Starbucks, o amor precisa ser um "fenômeno" recíproco – é apreciado quando é retribuído de maneira autêntica. E quanto a você? Sua empresa é considerada competente e íntegra? Em essência, você ganhou a confiança de seus clientes? Onde você se posiciona na **curva de amor pela marca** de Graham Robertson? Será que os seus clientes o estão recomendando com tamanho zelo que ficariam desapontados se os amigos deles não compartilhassem do mesmo entusiasmo? O sucesso de curto prazo pode ser alcançado por meio da excelência operacional e da satisfação, porém, se quiser realmente engajar seus clientes, pode estar na hora de você migrar essa conexão humana de uma base de confiança para outra de amor.

• PONTOS DE CONEXÃO •

- Se os clientes considerarem sua empresa competente e íntegra, você já conseguiu criar um ambiente de confiança para os consumidores. Em uma jornada para se alcançar níveis mais elevados de engajamento emocional, a confiança é um portão para essa transição.

- A integridade da marca resulta de uma luta constante dos líderes no sentido de alinhar expectativas e ações.

- A busca por fazer a "coisa certa" está no âmago da excelência em liderança. No mundo interconectado de hoje, isso envolve tanto o comportamento público quanto privado do indivíduo.

- O sucesso não deveria ser mensurado apenas pela lucratividade de curto prazo, mas também pela consideração que se demonstra pelo aprimoramento da vida alheia.

- Decisões difíceis que afetam tanto as pessoas como os resultados de uma empresa são respeitadas quando refletem os valores corporativos, demonstram compaixão e reflexão, e revelam uma unidade entre palavras e ações.

- A integridade, assim como cada componente importante da liderança, deve ser considerada tanto nos níveis operacional quanto pessoal. Em essência, sua integridade ajuda seus funcionários a melhorarem a vida de outras pessoas.

- Líderes devem inspirar seus funcionários a ganharem a confiança dos clientes, todos os dias e em cada interação, por meio de uma entrega eficiente de serviços.

- Reclamações são ótimas oportunidades para se reengajar clientes e demonstrar integridade; líderes fortes buscam maneiras de estimular os clientes a compartilharem suas preocupações e reclamações.

- Se você conseguir comunicar a importância do valor emocional e estabelecer o *status* de "marca idolatrada" como seu objetivo, será possível alcançar significativas vantagens comerciais.

> • Clientes que firmam conexões emocionais extremamente fortes com uma empresa, veem suas marcas favoritas como extensões de sua personalidade, integrando-as em seus rituais, em seu estilo de vida e em sua identidade.

CAPÍTULO 5

É preciso florescer internamente para que possa ser experimentado externamente

"Trate os empregados como parceiros e eles agirão como comprometidos colaboradores."

Fred Allen, personalidade do rádio nos EUA

As palavras importam! É justamente por isso que muitos líderes deixaram de usar o termo **empregado**, uma vez que ele abriga uma conotação de poder nas relações profissionais. O vocábulo sugere a existência de um indivíduo mais poderoso (o **empregador**) e outro com menos poder (o **empregado**). Além disso, a palavra **empregado** descreve também uma relação financeira ou transacional – se você me emprega, eu trabalho para você e você me paga pelo serviço prestado. Sendo assim, no lugar de empregado, dois novos termos tornaram-se parte do linguajar comercial – **colaborador** e **membro de equipe**. Além de essas palavras garantirem um tom mais suave à descrição da conexão entre as pessoas, elas também sugerem um ambiente de maior proximidade e colaboração na companhia. Infelizmente, em algumas empresas os termos **colaborador** e **membro de equipe** soam falsos e/ou vazios. Muitas vezes, esses integrantes de equipe não recebem a confiança, a apreciação e o respeito, que seriam esperados em um grupo de trabalho verdadeiramente interdependente. Quanto aos colaboradores, com frequência prevalece **pouca "colaboração"** entre líderes e liderados. **Então por que a palavra *partner* é usada na Starbucks?** E será que esse vocábulo expressa mesmo a realidade ou reflete apenas uma boa intenção?

PARCERIA? DE VERDADE?

De maneira típica, as definições de parceria[1] na área de negócios envolvem vários elementos.

- Um acordo entre duas partes visando o alcance de objetivos comuns.
- Investimentos compartilhados para a realização desses objetivos.
- Uma distribuição dos riscos e das recompensas que surgirem durante a busca desses objetivos.

A maioria dos empresários celebra um acordo com seus novos contratados. Nele, ambos os lados se comprometem a buscar os mesmos objetivos – pelo menos é o que se espera nessa relação. Em geral, os novos contratados associam seu tempo e talento ao tempo, ao talento e aos recursos do empregador. Todavia, **não há** neste caso uma verdadeira parceria, já que os empregados **não** recebem uma distribuição das recompensas oriundas da lucratividade gerada pelo empreendimento, além, é claro, do que foi acordado previamente em termos de salário. Os empregados também não podem ser considerados parceiros comerciais pelo simples fato de que não têm acesso aos benefícios dessa associação, tampouco responsabilidade por eventuais malefícios. Será então que a relação empregatícia na Starbucks é de fato uma parceria comercial? Bem, levando-se em conta a explicação técnica do termo, **não**. Os *partners* da Starbucks não têm responsabilidades financeiras em sua relação de trabalho com a empresa, por outro lado, gozam de uma parceria funcional, uma vez que recebem cotas restritas (Bean Stocks) da companhia.

Em 1991, a Starbucks começava a experimentar níveis suficientemente saudáveis de lucratividade quando Howard Schultz, presidente da empresa, pediu ao conselho diretivo que o ajudasse na criação de um programa de participação acionária para os funcionários. Considerando que a Starbucks era uma empresa privada, o plano era garantir a todos os empregados a opção de compra de ações, calculadas em proporção ao salário base de cada contratado. Schultz acreditava que um programa desse tipo estabeleceria uma conexão direta entre a contribuição dos funcionários e o valor de mercado da empresa. Embora na ocasião os membros do conselho expressassem preocupação de que esse tipo de programa pudesse diluir o valor das ações dos investidores que financiavam o empreendimento, o plano acabou sendo

---

1 – No original a palavra é *partnership*, que tem origem na palavra *partner*, adotada em todas as lojas Starbucks, como já se explicou. (N.T.)

aprovado por unanimidade. Quando o programa Bean Stock foi apresentado aos funcionários em 1991, a empresa parou de usar o termo **funcionários** e adotou a palavra *partners* para se referir aos contratados, até mesmo os de meio período, já que todos teriam direito ao benefício depois de seis meses no emprego.

Ao longo dos anos, o programa Bean Stock continuou a ser aprimorado e a aumentar o nível de benefícios aos *partners*. Em novembro de 2010, a Starbucks passou a garantir o programa Bean Stock na forma de ações restritas (Restricted Stock Units, ou RSUs), no lugar de opções de ações. Além disso, a Starbucks ampliou a elegibilidade a mais de 115 mil *partners* em 19 mercados mundiais, sendo que a inclusão mais recente foi o de Ruanda, na África. Schultz e a mesa diretiva reduziram o período de carência e permitiram que os *partners* recebessem ações da empresa no vencimento, como uma alternativa à obtenção de ganhos relativos ao período entre a adesão automática ao programa e sua data de aniversário. De fato, juntos, os programas Bean Stock e Future Roast 401(k)[2], constituem componentes-chave do progressivo plano de compensação da Starbucks.

No ano fiscal de 2012, a Starbucks entregou a seus *partners* mais de U$ 214 milhões em ganhos pré-tributação, relativos à disponibilização de ações restritas e da venda de opções em ações (Bean Stock), e mais de US$ 55 milhões aos participantes do programa 404(k), de acordo com o plano de cada participante. Isso demonstra a filosofia das lideranças da empresa, segundo a qual o sucesso é ainda melhor quando é compartilhado. Mantendo-se firmes em seu compromisso com tal filosofia, os líderes da Starbucks distanciaram-se da maioria dos outros empreendimentos. Ao falar aos *partners* em 2011, Schultz disse: "Ao longo das duas últimas décadas, a Starbucks tem sido uma das únicas redes varejistas com um programa de ações que inclui funcionários de meio período. Isso realmente nos diferencia de outras organizações, e transforma a nossa empresa não apenas em uma ótima opção como empregadora, mas também em uma companhia cujo orgulho dos *partners* em relação a essa propriedade compartilhada inegavelmente contribui para as conexões autênticas que vocês mantêm com os clientes. O programa Bean Stock garante a realização da promessa que fizemos a vocês: de que, se a nossa organização se revelar bem-sucedida, vocês também alcançarão o sucesso ao nosso lado (...) Sinto-me pessoalmente emocionado pelas cartas que tenho recebido de *partners* que compartilham

---

2 – 401(k) é uma seção do Código Fiscal norte-americano. Neste caso, o termo se refere a um tipo de plano de aposentadoria patrocinado pelo empregador. Além dos EUA, o sistema é adotado também em outros países. (N.T.)

comigo o quanto o bom desempenho da empresa os está ajudando a cuidar de suas famílias. Os tempos estão difíceis para muitas pessoas, e precisamos continuar merecendo a confiança de nossos clientes e *partners*, em todos os aspectos de nosso negócio."

Embora eu não tenha acesso à caixa postal de Schultz, devo dizer que encontrei vários *partners* desejosos em compartilhar comigo o quanto as ações amealhadas com o programa Bean Stocks mudaram suas vidas. Kaycee Kiesz, que já é *partner* da empresa há 20 anos, e gerente de programa no setor de diversidade global, disse: "Graças ao programa Bean Stock, tive a oportunidade de fazer de uma viagem à Tailândia com a YMCA,[3] em um trabalho voluntário, e também de participar de um retiro para a prática de Ioga, em Bali. O programa também me ajudou a pagar 20% do preço de minha casa a vista. Eu não teria conseguido esse montante se não fosse pela generosidade refletida no programa Bean Stock. É claro que o dinheiro é fantástico, mas eu também me sinto protegido." Outro *partner* explicou que havia utilizado os recursos do programa em três ocasiões, a primeira para reformar sua casa, a segunda, para adquirir um terreno e a terceira para realizar um implante dentário, salientando que esse procedimento havia lhe permitido sorrir novamente. Viagens em programas de voluntariado, imóveis, reformas e até a possibilidade de sorrir de novo – essas não são recompensas ruins para que as parcerias com a Starbucks impulsionem o valor de suas ações no mercado.

Durante a Conferência Global ocorrida em 2012, em Houston, no Estado do Texas, aproximadamente 5% dos gerentes distritais e de lojas presentes no local ainda não haviam ativado suas contas do programa Bean Stock. Um dos objetivos durante o evento foi justamente fazer com que cada um daqueles indivíduos fosse até uma cabine especial e completasse sua ativação. Que ótima surpresa para aqueles *partners* que descobriram naquele momento que possuíam um saldo de US$ 13 mil para resgatar, ou, maior ainda para um *partner* específico, cujo valor disponível era de mais de US$ 50 mil. Alguns empresários podem até dizer que não alcançam lucros suficientes para o estabelecimento de um programa como o Bean Stock. Fico imaginando se parte desse problema deles com os lucros não advém justamente do fracasso em oferecer incentivos àqueles que poderiam ajudá-los a ganhar mais.

---

3 – Sigla em inglês para Young Mens Christian Association (Associação Cristã de Moços). (N.T.)

INDO ALÉM DO DINHEIRO – CUIDANDO DO BEM-ESTAR

Nos EUA, as primeiras formas de seguro no ambiente profissional surgiram em meados dos anos 1880, quando os empregados passaram a ter direito a apólices que cobriam riscos de acidentes incapacitantes no trabalho, tanto em ferrovias quanto em embarcações a vapor. Embora o sistema de seguro de saúde patrocinado pelos empregadores tenha aparecido na década de 1920, esses planos não proliferaram até o advento da Segunda Guerra Mundial, quando o governo federal impôs forte controle sobre os salários, mas, ao mesmo tempo, não permitiu que benefícios ligados à saúde prejudicassem as limitações salariais. Em um mercado de trabalho marcado pelos desafios dos tempos de guerra, planos de saúde cada vez melhores tornaram-se um diferencial importante para atrair os melhores empregados do mercado.

Passemos agora ao ano de 1961. Embora na época muitos empregadores já oferecessem planos de saúde, Fred Schultz – o pai de Howard Schultz – não teve a sorte de trabalhar para um deles. Então, quando o Fred Schultz sofreu um acidente de trabalho e quebrou o tornozelo, o filho e o resto da família tiveram de enfrentar grandes dificuldades para arcar com as despesas médicas não seguradas. Saltemos agora para 1987. Juntamente com um grupo de investidores, Howard Schultz comprou a Starbucks de seus antigos empregadores. No prazo de apenas um ano, a companhia passou de um total de 17 lojas para 55 filiais, e Schultz sentava-se diante de seu quadro de diretores para defender a implantação de benefícios de saúde para todos os funcionários de período integral e para aqueles de meio período que fossem considerados elegíveis. Considerando que na época a Starbucks não era uma empresa lucrativa (situação bastante distinta da registrada em 1991, quando Schultz conseguiu vender sua ideia e aprovar o programa Bean Stock), ele enfrentou uma forte resistência do conselho de diretores da organização. Schultz dizia que os custos de um programa de benefícios na área de saúde eram 50% menores que as despesas de se contratar e manter um novo funcionário. Sua insistência em oferecer cobertura também para os funcionários de meio período se baseava no fato de que dois terços de toda a força de trabalho da empresa na época não trabalhavam em período integral. Além de se referir aos custos fixos intrínsecos à substituição de funcionários, Schultz ressaltou o impacto negativo da alta rotatividade na própria experiência dos clientes, alegando que os mais regulares estabeleciam relações com os baristas, mas estas eram quebradas quando os empregados deixavam o emprego. As justificativas de Schultz se revelaram convincentes e a diretoria acabou aprovando o benefício. Como resultado disso, a Starbucks tornou-se uma das primeiras empresas nos EUA a oferecerem um plano de saúde a todos os seus funcionários elegíveis, o que incluía pessoas que trabalhavam apenas 20 h semanais. O que alguns veriam como uma despesa desnecessária, Schultz considerava um **investimento no ser humano** e também no futuro da própria Starbucks. Ao longo desse capítulo, veremos o retorno sobre esse investimento pela perspectiva de engajamento e retenção dos *partners*. Além disso, exploraremos também o impacto de altos níveis de envolvimento dos funcionários sobre a inovação e a fidelidade do cliente.

O oferecimento de planos médicos no setor de restaurantes especializados em refeições rápidas e, em especial, a extensão desse benefício aos trabalhadores de meio período, foram medidas revolucionárias no ano de 1988. Em 1994, o então presidente norte-americano, Bill Clinton, chegou a consultar Howard Schultz enquanto estudava políticas de benefícios médicos. Até hoje, a maioria dos empregadores nos EUA ainda não oferece plano de saúde a funcionários de meio período e, mesmo entre os poucos que o faziam, vários desistiram por conta dos grandes desafios econômicos que surgiram no país. De acordo com uma pesquisa de 2012, Benefícios Médicos Fornecidos por Empregadores, da Kaiser Family Foundation: "Em 2012, 28% de todas as empresas que oferecem benefícios médicos estendiam o plano aos funcionários de meio período, um aumento significativo em relação aos 16% reportados em 2011, mas similar aos 25% registrados em 2010."

Iniciei esse capítulo dizendo que **as palavras importam**. Pois bem, nas palavras dos *partners* da Starbucks, o cuidado demonstrado pela empresa aos funcionários com a oferta ampla de benefícios médicos **importa ainda mais**. Um barista da Starbucks escreveu em seu blogue: "Posso afirmar com toda a seriedade que devo minha vida à Starbucks. Não fosse pela **fantástica** cobertura médica que a empresa oferece a seus funcionários, não teria conseguido passar 90 dias em um centro de tratamento especializado por causa de um grave distúrbio alimentar. O seguro médico que consegui por meio do meu emprego de meio período na Starbucks pagou pela maior parte do tratamento e dos cuidados médicos posteriores à internação. Eu jamais teria conseguido arcar com essas despesas." Juan, supervisor de turno da Starbucks, coloca a situação da seguinte maneira: "É surpreende o fato de que qualquer pessoa que comece a trabalhar na empresa, e por apenas 20 h semanais, consiga obter um seguro médico de tão alta qualidade, além de todos os benefícios. Enfrentei alguns problemas de saúde recentemente que exigiram internação. Meu seguro saúde salvou minha vida. Foi um presente.

Esse seguro médico é apenas um exemplo do quanto me sinto valorizado e apreciado nessa organização. Em essência, os líderes da empresa estão me dizendo que o meu trabalho significa algo, e isso justifica grande parte do amor que sinto por essa empresa."

Ao longo desse capítulo, discutirei ainda várias maneiras pelas quais os líderes da Starbucks demonstram apreciação e respeito pelo seu pessoal, assim como os investimentos que a empresa faz nessas pessoas. Minha intenção não é dizer que esta é **"a"** maneira de se estabelecer conexão. Tampouco estou sugerindo que o modo como a Starbucks se conecta é perfeito. O que posso assegurar aos leitores é que as lideranças da Starbucks estão dedicadas a promover o envolvimento de seus *partners*, e esse esforço coordenado é crucial para se manter a substancial superioridade de sua força de trabalho.

INVESTINDO EM CRESCIMENTO E DESENVOLVIMENTO

Em um texto de blogue publicado no *site* da CollegePluss, empresa especializada no desenvolvimento de programas de bacharelado e **matrícula dupla**[4], a colunista e blogueira Caitlin Muir nos explica que o título *33 Companies that Can Save You From College Debt* (*33 Empresas que Podem Salvá-lo do Crédito Educativo*) não era sua primeira escolha para o artigo que escrevera. "Originalmente, o título desse artigo deveria ser: *Porque Eu Amo a Starbucks*. Como ex-barista posso dizer que a empresa foi excelente para mim. Eu não apenas tinha direito a um seguro saúde barato e a um horário de trabalho excelente e flexível, como também a um benefício que me ajudaria muito financeiramente: o **reembolso das taxas cobradas na faculdade**", declarou Caitlin Muir. Em seu artigo, Muir continua a nos explicar como esse benefício oferecido pela Starbucks, além de outros recursos, permitiu que ela obtivesse seu diploma sem ficar endividada com empréstimos educativos.

O oferecimento da "oportunidade de crescer e se desenvolver" é um fator-chave para manter o envolvimento do empregado. Neste sentido, para promover esse crescimento, as lideranças da empresa devem oferecer oportunidades dentro do ambiente profissional e, ao mesmo tempo, procurar

---

4 – Em inglês: *Dual credit/dual enrollment*. Trata-se de um programa oferecido por várias instituições norte-americanas que permite que o aluno curse simultaneamente o colegial e a faculdade, tornando o processo de transição entre ambos mais tranquila. No passado, os programas *dual* se referiam basicamente a alunos de ensino médio que cursavam, em meio período, uma faculdade comunitária (de 2 anos). Hoje o sistema permite que alunos de uma faculdade comunitária já iniciem seus estudos em uma universidade (4 anos). (N.T.)

disponibilizar ferramentas educacionais fora do trabalho. O programa Starbucks U, que mescla treinamento interno e educação formal, é um ótimo exemplo dessa visão.

O Starbucks U é um programa recém-criado pela empresa para funcionários que trabalham nas filiais norte-americanas. Por meio dele, os *partners* podem receber **créditos acadêmicos**[5] com os próprios treinamentos realizados na empresa (por exemplo, o curso de barista descrito no Capítulo 3, o treinamento para supervisor de turno e por aí afora). Ao associar-se ao American Council of Education (ACE), e credenciar alguns dos treinamentos oferecidos na empresa, os líderes da Starbucks conseguiram garantir a seus *partners* a concessão de créditos acadêmicos. A companhia também fechou acordos com a City University, de Seattle e a Strayer University no sentido de ampliar o impacto do programa de reembolso educacional, para candidatos elegíveis tanto nos EUA quanto no Canadá. O programa da City University, por exemplo, oferece aos *partners* elegíveis a oportunidade de terem sua taxa de inscrição gratuita e 25% de redução em todas as taxas dos cursos universitários e de graduação, além de bolsas de estudo exclusivas e outros benefícios. De maneira similar, o acordo com a Strayer University oferece 20 % de descontos nas taxas, tutoria e orientação acadêmica gratuita e a flexibilidade de cursos *on-line* 24h por dia 7 dias por semana. Um *partner* comentou: "Decidi voltar a estudar no ano passado (...) Matriculei-me na Strayer University e recebi uma bolsa no valor de US$ 1.000, assim como 20% de desconto na mensalidade e créditos acadêmicos pelos meus treinamentos na Starbucks. Poucos meses depois, depois de iniciar meus estudos, recebi US$ 2,5 mil em bolsa de estudos do programa Starbucks U. Tudo isso porque sou um *partner*. A Starbucks certamente fez uma grande diferença em minha vida, uma jovem do Haiti que mal falava inglês quando começou a trabalhar na empresa. Esses foram os melhores anos de minha vida." Líderes que realmente se interessam pelo crescimento do seu pessoal encontram maneiras de colaborar com outras empresas e instituições de ensino, como a Strayer University ou a City University, oferecendo benefícios que talvez elas não tivessem condições de garantir sozinhas. Ao celebrar essas alianças estratégicas, os líderes ampliam o orçamento de seus funcionários na forma de benefícios, e ajudam a responder a uma importante pergunta dessas pessoas: "Você se importa suficientemente comigo para me ajudar a alcançar meus objetivos de desenvolvimento pessoal e profissional?"

---

5 – Cada matéria representa um determinado número de créditos. Esse número equivale aproximadamente à quantidade de horas que um estudante passaria em sala de aula por semana estudando uma determinada matéria. Em geral, cada matéria equivale a uma média de 4 créditos. (N.T.)

UNINDO *PARTNERS* EM MOMENTOS DE CRISE E EM COMUNIDADES

Além de oferecer a seus funcionários acesso ao programa Bean Stock e a um fundo de pensão, plano de saúde e benefícios acadêmicos, a Starbucks também supervisiona um programa que encoraja seus *partners* a ajudarem-se mutuamente. O Fundo CUP (Caring Unites Partners[6]) teve início em 1998, a partir de um trabalho conjunto entre um grupo de *partners* e as lideranças da empresa. O objetivo era estabelecer um mecanismo para levantar e distribuir fundos a funcionários que estivessem passando por alguma dificuldade financeira. Esse capital vem de contribuições voluntárias feitas pelos próprios *partners* e da realização de eventos patrocinados por eles para arrecadar dinheiro. A Starbucks administra esse fundo. O candidato pode receber até o valor de US$ 1.000 caso se comprove que ele está enfrentando alguma circunstância considerada catastrófica e insolúvel – como, por exemplo, o impacto da supertempestade *Sandy*, que afetou muitos *partners* na região nordeste dos EUA em 2012. A elegibilidade para o programa independe de o candidato já ter efetuado qualquer doação. Embora esse tipo de fundo de ajuda mútua entre funcionários tenha se tornado comum a partir do final dos anos 1990, o CUP se destaca dos demais em vários aspectos: sustentabilidade, infraestrutura, apoio contínuo da empresa, expansão aos mercados internacionais (mais sobre isso no Capítulo 6) e modo como conecta *partners*, gerando orgulho organizacional.

As pessoas se sentem naturalmente inclinadas a ajudarem os colegas de trabalho. Muitos desses esforços, entretanto, são ocasionais e mal organizados. Uma vez que o engajamento dos funcionários está associado à coesão entre eles, e também ao apoio do empregador, líderes em empresas como a Starbucks oferecem a infraestrutura e os sistemas necessários para maximizar comunidades assistenciais (isso se evidencia não apenas em projetos como o CUP, mas também em outros como o Partner Access Alliance Network, que será explicado mais adiante neste capítulo). A participação da empresa no programa é de cunho amplamente administrativo, mas também ocorre na forma de contribuições financeiras, tais como aquelas da movimentada loja Starbucks localizada no oitavo andar do Starbucks Support Center de Seattle, em Washington.

De fato, os *partners* da Starbucks expressam enorme apreciação tanto pela oportunidade de dar quanto de receber do CUP. A *partner* Shao Wei, por exem-

---
6 – Em tradução livre, algo como o "afeto une os parceiros". (N.T.)

plo, uma estudante da Tianjin University na cidade de Tianjin, na China, enfrentou dois eventos dramáticos em um curtíssimo espaço de tempo, logo depois de conseguir um emprego de meio período na loja Starbucks Baisheng, seu pai foi diagnosticado com câncer de fígado em estágio avançado e, seis meses mais tarde, os médicos precisaram operar sua mãe para remover um tumor. Wei nos contou: "Para uma família pobre como a nossa, os elevados custos médicos se tornam um fardo extremamente pesado. O gerente da loja descobriu o que estava acontecendo com a minha família e se mostrou bastante complacente no que diz respeito aos meus horários e turnos. Posteriormente, trabalhei em várias outras filiais e, em cada uma delas, todos os gerentes e *partners* foram extremamente atenciosos e colaborativos. Eles até me ajudaram a me candidatar para o fundo CUP. A ajuda do CUP é mais do que simplesmente financeira; eu diria que é um apoio psicológico."

Graças ao apoio dos colegas, Shao Wei está tentando crescer profissionalmente dentro da própria Starbucks. "Em junho eu termino a faculdade. Pretendo continuar na empresa e buscar maior desenvolvimento profissional. A Starbucks me dá energia e me torna mais forte. No futuro, espero poder servir um pouco dessa paixão em cada xícara de café, e sempre atender a cada cliente com um sorriso no rosto", mas mesmo aqueles que jamais se utilizaram do fundo percebem o valor da iniciativa. Alison Edwards, gerente de programas do setor **aprendizado global** (*global learning*), acrescentou: "O CUP tem por objetivo cuidar dos *partners*. Essas pessoas são parte da minha comunidade. Considerando-se todos os desafios que precisamos enfrentar diariamente, todos nós precisamos de uma comunidade zelosa que nos proteja de algum modo, como o fundo CUP. Toda vez que retorno para casa, sinto-me orgulhosa em trabalhar para uma empresa onde as pessoas podem se sentir amadas; onde eu posso dar e receber apoio."

Embora você talvez não tenha condições de ajudar a criar ou administrar um programa que permita que os membros de sua equipe apoiem-se mutuamente em momentos de crise, é claro que existem elementos em sua infraestrutura que podem ser maximizados para ajudar seus colaboradores. Em geral, os retornos positivos para a sua empresa (no caso de Shao Wei, o interesse em deixar a posição de meio período e buscar "aprimoramento profissional," servindo "cada xícara de café com um sorriso no rosto") excederão em muito os recursos de que terá de lançar mão.

As Starbucks Partner Networks (Redes de *Partners*) representam outro bom exemplo de investimentos de baixo custo e alto retorno por parte das lideranças da empresa. Os grupos de apoio formados por *partners* têm acesso a espaços para encontros e oportunidades de trabalhar junto a líderes seniores.

Grupos de *Partners* Starbucks

(Todos os grupos operam de maneira voluntária e são abertos a todos os *partners*)

1. **Starbucks Access Alliance Network (Rede Starbucks de Aliança pelo Acesso)** – Promove o acesso igual, de *partners* e clientes, a locais físicos, produtos, ferramentas de comunicação e informação.

2. **Starbucks Armed Forces Network (Rede Starbucks das Forças Armadas)** – Apoia os *partners* militares da Starbucks e suas famílias, assim como veteranos em trânsito, criando uma cultura de respeito e amizade no ambiente de trabalho.

3. **Starbucks Black Partner Network (Rede Starbucks do Partner Afrodescentende)** – Trabalha no sentido de cultivar, aprimorar e compartilhar as experiências afro-americanas na Starbucks, um *partner* e um cliente de cada vez.

4. **Starbucks China Club Network (Rede Starbucks do Clube Chinês)** – Desenvolve uma comunidade global, estimulando o tino comercial, cultivando a cultura e aprimorando líderes pelas lentes da agenda de crescimento e da rede de parceiros oriundos da China/do Pacífico asiático.

5. **Starbucks Hora Del Café Network (Rede Starbucks Hora do Café)** – Grupo de afinidade hispânica, dedicado à criação de um ambiente para que os *partners* possam se desenvolver profissionalmente, adquirir consciência cultural, celebrar a cultura hispânica e, ao mesmo tempo, afetar positivamente a comunidade.

6. **Starbucks Pride Alliance Network (Rede Starbucks de Aliança pelo Orgulho *Gay*)** – Trabalha no sentido de produzir mudanças positivas e ampliar a consciência das pessoas em relação à comunidade LGBT dentro da Starbucks. Ela luta para cultivar um ambiente igual, dinâmico e de apoio a todos os *partners* LGBT, seus apoiadores e clientes.

> **7. Women's Development Network (Rede Starbucks pelo Desenvolvimento das Mulheres)** – Focado no desenvolvimento profissional e pessoal de seus membros. A rede se concentra em três pilares específicos: comunidade, educação e desenvolvimento, e *networking*.

Kaycee Kiesz, gerente de programa do setor de diversidade global, disse: "A empresa regularmente se utiliza de nossas redes para extrair valores de novos negócios, produzir inovações, gerar relevância em novos mercados e reforçar a humanidade por trás de nossa marca em todas as comunidades do globo em que estamos presentes. As equipes seniores de liderança ouvem as preocupações dos membros dessas comunidades e apoiam seus esforços. A Rede de Aliança pelo Acesso, por exemplo, contou com a ajuda do departamento legal da empresa para atualizar nossa política de cães de serviço. Ela ainda foi instrumental na criação tantos dos cardápios Starbucks com letras maiores e em braile como do cartão de fidelidade da empresa em braile. Já a Rede das Forças Armadas se uniu ao setor de recrutamento para ajudar veteranos a fazerem a transição entre a carreira militar e outra na empresa. Nossas redes são frequentemente chamadas para ajudar com serviços de tradução, oferecer *feedback* em relação a materiais de *marketing* e ajudar no desenvolvimento de produtos."

De acordo com Carolina Morales, analista financeira sênior da Starbucks, um projeto de grande importância do grupo Hora do Café foi conectar os parceiros do Brasil. "Nossa comunidade se concentra em promover entusiasmo pela herança hispânica. Compartilhamos nosso amor pela cultura, comida, música hispânica e com todas as lideranças e todos os *partners* interessados em conhecê-la. Também queremos ter condições de ajudar nossos lideres a olharem para o negócio da empresa pelas lentes de nossa cultura. Recentemente, nosso patrocinador executivo nos ajudou a realizar uma videoconferência com o nosso escritório no Brasil, e então pudermos explorar as aspirações deles para o mercado brasileiro e iniciarmos um diálogo sobre como poderíamos colaborar. O evento ocorreu no Centro de Apoio, em Seattle, e a casa ficou completamente lotada. Havia muita gente querendo mais informações sobre o Brasil e as oportunidades naquele país. Foi uma ótima maneira de iniciarmos uma relação; nossos *partners* no Brasil pareciam tão inspirados que, aqui nos EUA, também ficamos muito entusiasmados com eles. O amor estava lá." A capacidade de cuidar dos outros membros da equipe, e de se importar com eles, envolve um tipo de investimento que, embora não seja caro, é absolutamente crucial: **apoio logístico**. Quando uma empresa disponibiliza espaço físico para reuniões, infraestrutura comercial e habilidades organizacionais aos funcionários que se empenham em cuidar uns dos outros e criar comunidades positivas, seus membros se engajam em lutas que fortalecem um ambiente de trabalho dinâmico e saudável.

> ## REFLEXÃO SOBRE A CONEXÃO
>
> 1. O que seus funcionários estão dizendo sobre o nível de apoio financeiro que você lhes oferece em termos de bem-estar físico, emocional, educacional e financeiro?
>
> 2. Você já buscou parcerias estratégicas que pudessem permitir a ampliação dos benefícios que você garante a seus funcionários (uma faculdade que considere os treinamentos que sua empresa oferece como créditos acadêmicos, por exemplo?)
>
> 3. Como você poderia utilizar sua infraestrutura comercial para produzir meios valorosos e baratos de apoiar os membros de sua equipe em termos logísticos?

OUVINDO E DEMONSTRANDO EMPATIA

O então presidente norte-americano Woodrow Wilson, disse certa vez: "O ouvido de um líder deve vibrar com as vozes do povo." Sem dúvida, isso é mais fácil de dizer que de fazer. De fato, ouvir de maneira sistemática e autêntica pode se revelar um dos investimentos mais econômicos e diferenciados de um líder, todavia, muitos dos que ocupam posições de liderança se revelam demasiadamente ocupados para **ouvir** – ou, simplesmente, **interessados demais em falar**. Mas vale lembrar que ouvir os membros de sua equipe de maneira atenta, regular e respeitosa é o que separa um grande líder de outro considerado bom.

Na Starbucks, a escuta efetiva acontece de várias formas. Embora seus líderes estejam acostumados a informalmente ouvirem seus *partners*, tanto no nível individual quanto de equipe, a empresa também formalizou a criação de um departamento específico encarregado de ouvir de maneira consistente as necessidades e o nível de engajamento dos funcionários. Virgil Jones, diretor do setor de serviços de parcerias na Starbucks, afirmou: "Nossa equipe realiza pesquisas, estabelece grupos de discussão e avalia nosso grupo de *partners*. Dentro desse departamento, minha tarefa diária mais crucial é ouvir o que eles têm a dizer. Minha segunda tarefa mais importante é continuar mantendo contato com essas pessoas e fazendo os ajustes necessários, pois, com o brutal avanço tecnológico, qualquer coisa que seja considerada incrível, interessante e envolvente nos dias de hoje poderá ser visto de maneira bem diferente no período de 18 meses." Ao continuar fazendo perguntas e ouvindo as contribuições dos *partners*, como parte de sua rotina diária, os líderes da Starbucks conseguem antecipar, adequar e alterar os recursos oferecidos à sua equipe de trabalho, uma mão de obra que se encontra em constante transformação. Jones acrescentou: "Se observarmos o total investido nos funcionários, identificaremos vários benefícios tradicionais – 401(k), plano de saúde e outras compensações. De fato, meu grupo de trabalho é o que poderíamos chamar de 'Equipe Fator-X' da empresa. Nosso trabalho é observar nossos funcionários de maneira cuidadosa e consistente, e tentar oferecer a eles programas novos e inovadores que lhes pareçam atraentes. Por exemplo, sabemos que benefícios relacionados ao bem-estar, à saúde e à educação são cruciais para os funcionários. Neste sentido, incluído no setor de saúde e bem-estar, disponibilizamos o programa Partner Connection (Conexão *Partner*)."

Ainda de acordo com Jones, a Starbucks conta com certa de 400 diferentes equipes e clubes nos EUA, com um total de 30 mil *partners*. No que diz respeito a equipes esportivas, a Starbucks tipicamente reembolsa 50% das taxas pagas pelos participantes e ainda acolhe a presença de indivíduos que não trabalham na companhia. Uma vez que aproximadamente 60% dos *partners* da Starbucks são estudantes bastante hábeis em termos tecnológicos, muitos serviços de engajamento envolvem programas de desconto junto a empresas de telefonia e informática.

E assim com vários outros líderes sênior da empresa, Michelle Gass, presidente da Starbucks EMEA [Europa, Oriente Médio (Middle East) e África], também demonstra um estilo distinto de escutar os *partners*, de maneira regular e pessoal, que promove um engajamento ainda maior. Sua abordagem ocorre na forma de "turnês de audição." Nas palavras de Gass: "Eu viajo regularmente por toda a região EMEA, e conduzo o que chamo de turnês de audição e mesas-redondas. Trata-se de reuniões informais em que investimos 90 min considerando pensamentos, necessidade e ideias daqueles a quem atendemos. Embora escutar seja importante, tomar atitudes rápidas no sentido de elevar essas experiências é essencial. Essas turnês não são vistas como eventos isolados, mas como parte de um processo contínuo de conexão e descoberta." Portanto, os líderes seniores da Starbucks se utilizam de uma grande variedade de processos para conectar, descobrir e responder às necessidades de seus *partners*.

Para muitos líderes, uma das primeiras formas de se criar empatia é o que eles chamam de imersão da loja. Clarice Turner, vice-presidente sênior de negócios nos EUA, chegou à Starbucks com uma sólida experiência na área de serviços alimentícios e de bebidas. Ela já havia trabalhado na PepsiCo e na Yum! Brands por 16 anos e, antes de se transferir para a Starbucks, foi presidente e executiva-chefe de operações (COO) da Papa Murphy's Pizza. Apesar de sua grande e variada experiência no setor, ela foi enviada para um programa de imersão de 4 meses, que começou justamente atrás do balcão de atendimento de uma das lojas. Turner contou: "Na época, eu pensei, 'Tudo bem, já trabalho nesse setor há muito tempo. É claro que não precisarei de 4 meses atrás de um balcão'. Mas hoje percebo que aquela experiência foi responsável por causar um forte impacto sobre mim, fazendo com que eu aprendesse a começar o dia com toda a energia possível e realmente abraçasse a essência da Starbucks. Foi, sem dúvida, um grande presente que recebi. Fiz todo o tipo de serviço na loja, desde levar o lixo para fora até limpar os banheiros. E antes de assumir minhas funções como vice-presidente sênior de divisão, cargo para o qual fora contratada na época, treinei para me tornar gerente de filial, gerente distrital, diretora regional e vice-presidente regional. Desde o início, ficou claro que meu papel como líder envolveria me misturar completamente aos demais *partners*, e empatizar com todos eles."

É comum para os líderes da Starbucks discutirem sobre o significado de suas experiências iniciais de imersão. Cliff Burrows, presidente para as Américas, contou: "Trabalhei durante 6 semanas na loja Queen Anne, de Seattle. Sei que não fui um ótimo barista, mas apreciei cada segundo daquela oportunidade de imersão. Isso já aconteceu há mais de 10 anos, mas jamais me esquecerei daquelas pessoas e experiência. Foi uma introdução imediata, profunda e pessoal, não apenas ao trabalho que realizamos, mas ao mundo dos *partners*, que, em última análise, são os grandes responsáveis por fazerem a coisa acontecer, uma xícara de café de cada vez." A prática de imersão na Starbucks foi inicialmente introduzida somente para líderes que assumissem cargos de vice-presidência ou superiores. Agora, o programa está disponível para todos os novos gerentes e líderes espalhados por toda a organização – todos têm igual oportunidade de compreender melhor a vida dos baristas, investindo seu tempo diretamente nas lojas e atrás de um balcão.

Em geral, os líderes veem o ato de ouvir como uma ação passiva. Na Starbucks, entretanto, **ouvir** é **sinônimo** de se **conectar**, **descobrir**, **compreender**, **empatizar** e **responder**. Os benefícios por trás dessa audição estimulam o espírito empreendedor e adaptativo de uma marca que poderia ter facilmente perdido sua agilidade como resultado de seu crescimento e de sua escala global. De várias maneiras, quando os líderes demonstram essa capacidade de ouvir, seja de modo formal ou informal, eles não apenas envolvem os funcionários, mas ganham acesso a informações que os ajudam a se manter relevantes de acordo com as necessidades e observações dos membros de sua equipe. É claro que ouvir é uma habilidade que se iguala em importância a outro comportamento crucial da liderança: **observar**. Quando o assunto é envolvimento dos funcionários, a observação geralmente se apresenta na forma de programas de reconhecimento e agradecimento.

O PODER DO LÍDER QUE SABE RECONHECER E AGRADECER

Embora a maioria dos líderes tenha a intenção de reconhecer regularmente as realizações dos integrantes de sua equipe, esse propósito cai por terra diante do dilúvio de desafios e exigências que enfrentam todos os dias. Ao criar programas efetivos de recompensa e reconhecimento, os líderes da Starbucks desenvolvem a excelência no reconhecimento como uma competência básica da organização. Em seu livro *O Princípio do Reconhecimento – As Táticas que os Melhores Gerentes Adotam para Valorizar suas Equipes, Reter Talentos e Aumentar as Vendas*, Adrian Gostick e Chester Elton incluem o seguinte: "Em resposta à pergunta 'Minha organização reconhece a excelência?', as empresas que obtiveram as marcas mais baixas tiveram um retorno sobre o patrimônio líquido (ROE) de 2,4%, enquanto aquelas que registraram as marcas mais elevadas alcançaram uma média de ROE de 8,7%. Em outras palavras, companhias que reconhecem a excelência de maneira efetiva obtêm um ROE quase três vezes maior que aquelas que não o fazem." De maneira similar, Gostick e Elton descobriram que, no geral, gerentes que recebiam as notas mais altas quanto ao reconhecimento das contribuições de seus funcionários, também produziam os níveis mais elevados de retenção e satisfação, tanto do empregado quanto do cliente.

Por causa da importância de se reconhecer a excelência no serviço, as lideranças da Starbucks desenvolveram uma série de programas de reconhecimento e premiações, que incluem, entre outros, os seguintes:

Programa de Premiação por Desempenho

M.U.G. Award (*Moves of Uncommon Greatness*)
Ações de Grandeza Extraordinária

Prêmio Bravo

Prêmio Equipe Bravo

Programa Avental Verde

Prêmio Espírito Starbucks

Prêmio Espírito de Equipe Starbucks

Gerente do Trimestre

Gerente do Ano

Gerente Distrital do Ano

Uma avaliação detalhada de todos os programas de reconhecimento e de todas as premiações da Starbucks estaria fora das pretensões deste livro, entretanto, a diversidade de ofertas nessa área nos oferece inúmeras lições importantes, como as seguintes:

- O valor do reconhecimento entre colegas.

- A necessidade de oferecer premiações tanto para o indivíduo quanto para a equipe.

- A confiança nos aspectos sociais do reconhecimento.

- A importância das premiações em todos os níveis hierárquicos da empresa.

Muitos dos programas de recompensa oferecidos pela Starbucks envolvem indicações feitas por colegas (Prêmio Bravo, Espírito Starbucks) e/ou reconhecimento direto e imediato dos colegas (Prêmio M.U.G., Programa Avental Verde). Em vez de depender apenas de gerentes e líderes da empresa para identificar indivíduos que se encaixam nos critérios estabelecidos, toda a organização se mobiliza no sentido de ressaltar esses atos de excelência, de maneira imediata e por meio de indicações.

De modo similar, a excelência na Starbucks é reconhecida tanto em termos individuais quanto em esforços de equipe. Como palestrante profissional, ao longo de minha carreira já participei de várias conferências comerciais, vários banquetes de premiação e inúmeros eventos de reconhecimento por serviços prestados. Porém, é muito raro nessas ocasiões observar a premiação de grupos ou equipes. Na Starbucks, o prêmio Espírito de Equipe, por exemplo, "é oferecido a equipes ou grupos de *partners* que realizam um trabalho positivo e diferenciado, indo muito além de suas responsabilidades profissionais diárias. O Espírito de Equipe da Starbucks reconhece a ação de uma equipe de *partners* por uma realização específica e excepcional." De acordo com o critério de premiação, essa realização excepcional deve necessariamente refletir a missão da empresa. Enquanto os prêmios individuais podem promover uma competição sadia na organização, eles também são capazes de minar o espírito de colaboração. Equilibrar o reconhecimento individual e de equipes permite que a companhia reconheça tanto as ações **independentes** quanto as **interdependentes**.

Enquanto algumas empresas adotam sistemas extremamente caros de bônus e premiações, a maioria dos prêmios oferecidos na Starbucks **não** envolve itens de valor substancial. Nos casos dos prêmios M.U.G., Bravo e Avental Verde, os ganhadores recebem *bottons*, uma carta escrita à mão e/ou um certificado de reconhecimento. Em geral, esses *bottons* carregam um grande valor social entre os baristas, que, tipicamente, os ostentam em seus aventais. De maneira consistente com as tendências apresentadas em pesquisas na área de psicologia social, segundo as quais recompensas extrínsecas podem extinguir a motivação interna do indivíduo, a ênfase da Starbucks não está nas premiações propriamente ditas, mas no **reconhecimento**.

Kay Corio, uma ex-*partner* da empresa, e recebedora do prêmio Espírito Starbucks, compartilhou conosco suas impressões sobre o reconhecimento dentro da companhia. "Fiquei muito lisonjeada ao receber esse prêmio. Foi muito importante que as lideranças mostrassem aos funcionários o sentido de excelência; fiquei extremamente feliz por estar em uma posição em que meus esforços foram reconhecidos. Acredito que a prática do reconhecimento desempenhe um papel extremamente importante na Starbucks; a empresa oferece aos *partners* momentos bastante edificantes ao reconhecer o trabalho por eles executado", relatou Key Corio. De fato, o papel das lideranças da Starbucks é justamente oferecer esses momentos de edificação a todos aqueles que lutam para edificar a vida dos clientes da empresa.

> **REFLEXÃO SOBRE A CONEXÃO**
>
> 1. Você realiza "turnês de audição" com o seu pessoal? Quais são suas abordagens sistemáticas no que diz respeito à escuta por parte das lideranças (por exemplo, pesquisas formais ou mesas-redondas regulares)?
> 2. Além de sua observação direta do comportamento de excelência, que tipo de programas de reconhecimento entre colegas você já desenvolveu?
> 3. Como você tem equilibrado as premiações individuais e de equipe? Você privilegia o reconhecimento ou a oferta de recompensas de valor financeiro substancial?

O RETORNO SOBRE O INVESTIMENTO NO *PARTNER*

Mas, afinal, por que investir tanto em pessoal? Embora os atos agir com generosidade e encorajar o crescimento, o desenvolvimento e o bem-estar de sua equipe possam promover uma sensação de prazer em todos nós, será que isso faz sentido em termos comerciais? Vamos analisar essa questão em um nível macroeconômico e, posteriormente, avaliar os benefícios específicos que a Starbucks consegue extrair de seus esforços no sentido de promover o engajamento dos *partners*.

Em todos os setores industriais e em todos os continentes do globo, empresas cujos funcionários são profundamente engajados conseguem produzir melhores resultados em termos de vendas, lucros e valor para seus acionistas. Um ótimo exemplo aparece no relatório de tendências no trabalho formulado pelo Kenexa Research Institute. De acordo com as descobertas da instituição: "Em relação ao Retorno Total ao Acionista (RTA) verificado em períodos de 5 anos, organizações com funcionários altamente engajados alcançam números **sete vezes maiores** que empresas cujos empregados estejam menos envolvidos." Outros pesquisadores descobriram que, à medida que o engajamento do funcionário aumenta, diminuem os erros no ambiente de trabalho, o número de acidentes e a perda de tempo. O aumento do envolvimento do empregado também está associado ao crescimento no número de compras pelos consumidores, assim como na defesa da marca pelo cliente.

Como você deve recordar, inicialmente Howard Schultz apelou ao conselho diretivo da empresa pela instituição de benefícios voltados para a saúde, baseando-se em suas projeções de que tal medida reduziria despesas relacionadas à rotatividade e, consequentemente, economizaria dinheiro para a organização. A partir da perspectiva das pesquisas, tal argumento é sólido, considerando-se as descobertas do Conselho Executivo Corporativo, que evidenciaram: "Ao elevar os níveis de envolvimento dos funcionários, as empresas podem esperar um aumento de até 20% no desempenho do pessoal, além de uma redução de 87% na probabilidade de saída dos empregados." Porém, será que investimentos como o seguro saúde elegível a funcionários de meio período, da Starbucks, de fato resultam em taxas de retenção superiores às registradas pelos concorrentes do setor de atendimento rápido? Em geral, a taxa de rotatividade voluntária reportada pela Starbucks é de 12% a 15% (o que significa que entre 12% a 15% dos *partners* optam por deixar a empresa em busca de outras opções); porém, esse percentual não reflete todo o quadro de rotatividade, uma vez que um grande número de funcionários trabalha meio-período. Analistas que consideraram tanto os funcionários de período integral quanto os de meio período sugerem que a taxa de rotatividade real gira em torno de 65%. Para muitos de nós, 65% parece um número **exageradamente elevado**, todavia, o autor, radialista e jornalista John-Paul Flintoff colocou esses dados em perspectiva: "Enquanto outros varejistas do ramo de *fast-food* apresentaram taxas de rotatividade de 400% ao ano, a taxa registrada pela Starbucks foi relativamente baixa – apenas 65%."

Partindo do pressuposto de que os custos em rotatividade excedem seu custos em benefícios, e que, em comparação com os concorrentes, sua empresa perca somente um sexto dos empregados, você certamente estará em uma ótima posição para alcançar um sucesso sustentável. Isso se aplica ainda mais se os seus funcionários altamente engajados o ajudarem a inovar novos processos ou a reduzir desperdícios. Considerando-se o tamanho da Starbucks, um simples ato praticado por um *partner* envolvido com a empresa poderá resultar em benefícios fenomenais para toda a organização. Este é o caso de Joe Young, um barista de Hutchison, no Estado do Kansas, que, bastante engajado em seu trabalho, aprimorou um processo da loja que simplesmente eliminou o desperdício de um caro produto utilizado na cafeteria – o *chantilly*. Cliff Borrows anunciou o feito durante a Global Leadership Conference, em 2012, afirmando: "Em sua loja, Joe descobriu um método para aprimorar a qualidade da experiência do *partner* e a qualidade da bebida e, ao fazê-lo, economizou entre 5 a 10 milhões de dólares ao ano para a empresa." Seus funcionários estão engajados e buscando soluções que representem economia (mesmo que não tão significativas quanto a de Joe Young)? Eles estão olhando para o empreendimento pela mesma perspectiva de um proprietário?

Na Starbucks, o valor definitivo do engajamento dos funcionários se revela nos milhões de interações que acontecem todos os dias em todas as lojas que carregam a marca da empresa. Uma vez que os gerentes não podem monitorar todas elas, o cuidado e a preocupação que os líderes estendem aos *partners* se refletem nos esforços voluntáriosdos *partners* em cada momento que passam junto com seus clientes. Uma força de trabalho altamente envolvida contribui de maneira consistente para promover experiências de serviço inesquecíveis para os consumidores, como as relatadas pelos próprios clientes.

Em uma postagem na comunidade Starbucks Idea, uma cliente escreveu sobre a visita incidental que fizera a uma loja que ainda não conhecia. Seu pai havia falecido na noite anterior, então, ela e sua irmã estavam discutindo os procedimentos para os próximos dias. Elas pararam em uma loja Starbucks para tomar um café e a barista percebeu que ela havia chorado e perguntou o que estava errado. A cliente então descreveu o que aconteceu depois que ela contou ao *partner* que seu pai falecera: a barista "se esticou por sobre o balcão e tocou minha mão, estendendo toda sua simpatia e me dizendo que aquela bebida seria por conta da loja. Sei que parece tão banal, mas foi um ato extremamente reconfortante (...) Sempre me lembrarei de sua generosidade." A barista que atendeu aquela cliente se afastou por um instante de sua função profissional para oferecer carinho àquela cliente entristecida, porém, ao fazê-lo, mostrou-se totalmente engajada com a própria missão da Starbucks: produzir momentos edificantes para os clientes.

Possuir uma força de trabalho engajada significa que os empregados farão o que é certo para os clientes sem terem de ser instruídos a fazê-lo. Eles são capazes de ir além das regras, dos processos e procedimentos intrínsecos à sua função e realizar conexões intencionais com as pessoas que atendem. Em última análise, o envolvimento do empregado produz uma sensação inesquecível de generosidade, além de lucratividade, sustentabilidade e a certeza de que a empresa terá clientes fiéis para sempre. Como um benefício extra, torna-se muito mais fácil administrar uma mão de obra totalmente engajada quando a própria cultura de trabalho é agradável e divertida. Que medidas você pretende tomar para promover maior engajamento em sua equipe de trabalho? Lembre-se: o envolvimento de seus clientes depende daquele que **você** produzir para os seus funcionários, *partners*, integrantes de equipe, associados – seja qual for o nome adotado por você.

PONTOS DE CONEXÃO

- A possibilidade de crescer e se desenvolver é um fator crucial para garantir o engajamento do funcionário.

- Líderes que se interessam em promover o desenvolvimento e o crescimento de seus funcionários encontram meios de trabalhar com outras empresas e instituições de ensino para, juntos, oferecerem benefícios que, individualmente, esses mesmos líderes não poderiam oferecer.

- As pessoas têm uma tendência natural a ajudarem seus colegas de trabalho. Considere então a possibilidade de supervisionar um programa que encoraje a ajuda mútua entre seus funcionários.

- Ouvir não é uma tarefa passiva; ouvir é sinônimo de se conectar, descobrir, compreender, empatizar e responder.

- Bons líderes promovem momentos edificantes para aqueles que também edificam a vida dos clientes.

- Em vez de depender somente de gerentes e líderes para encontrar pessoas que atendam aos critérios definidos para reconhecimento, toda a organização deveria se mobilizar no sentido de reconhecer indivíduos e equipes de trabalho que realizam atos de excelência.

- Em todos os setores e continentes, empresas com funcionários altamente engajados vendem mais, obtêm lucros mais elevados e proporcionam maior valor para o acionista.

- Possuir uma força de trabalho engajada significa que seus funcionários farão o que é certo pelo cliente, sem precisar que você lhes diga o que fazer.

- O engajamento dos funcionários contribui para uma sensação inesquecível de generosidade, para a lucratividade, a sustentabilidade e a certeza de que a empresa terá clientes fieis para sempre.

- É muito mais fácil administrar uma força de trabalho totalmente engajada quando a própria cultura de trabalho da companhia é agradável e divertida.

PRINCÍPIO 3

BUSQUE UM DENOMINADOR COMUM

Antropólogos culturais têm se mostrado engajados em um longo debate que engloba duas perspectivas conflitantes: o **universalismo** e o **relativismo cultural**. Embora as palavras pareçam um pouco intimidadoras e complicadas, os conceitos são bem óbvios e diretos. O universalismo sugere que as similaridades subjacentes entre todas as pessoas são maiores que suas diferenças culturais. Em contraposição, o relativismo cultural assegura que essas dissimilaridades exercem um efeito profundo nas pessoas, tornando difícil para os "de fora" compreenderem o contexto relevante do comportamento. Todavia, enquanto os antropólogos defendem um ou outro conceito, a maioria dos líderes empresariais e donos de negócios não está interessada em sair vencedora nessa disputa. Em vez disso, eles precisam ampliar seus empreendimentos e maximizar os pontos em comum, enquanto fazem pequenos ajustes locais para assegurar a aceitação dos mercados.

O Capítulo 6, "Considere o universal: ofereça as integradoras verdades do ser humano", examina como os líderes da Starbucks criam conexões com o máximo de apelo global. Em contrapartida, o Capítulo 7, "Respeite, celebre e customize: ouvindo e inovando para atender às necessidades locais, regionais e globais", observa como os líderes isolam certos aspectos de seus produtos, ambientes e serviços para forjar relações que sejam relevantes para clientes locais em cada parte do mundo.

Os líderes da Starbucks já cometeram sua parcela de erros ao tentar criar um equilíbrio entre o universal e o cultural. Ao enfrentar seus obstáculos e celebrar suas vitórias, a Starbucks nos serve como um guia bastante útil sobre como estabelecer conexões fortes e respeitosas em novos mercados. Independentemente de você estar considerando os clientes da cidade vizinha, de outro Estado ou que se servem de serviços de entrega *on-line* nessa economia globalizada, ou mesmo se estiver abrindo um negócio em um país do outro lado do mundo, esta é sua oportunidade de **"buscar um denominador comum."**

CAPÍTULO 6

Considere o universal: ofereça as integradoras verdades do ser humano

"Todas as coisas são iguais, exceto por suas diferenças, e todas elas são diferentes, exceto pelas similaridades."

THOMAS SOWELL

Você acredita que pessoas de duas diferentes regiões da cidade de Nova York (digamos, Manhattan e Queens) queiram exatamente o mesmo em termos de experiência de serviço? Que tal as pessoas de Nova York e Nova Délhi, será que elas desejam o mesmo? Um grande número de grupos de pesquisa já avaliou o que os clientes querem quando estão sendo atendidos. Tais estudos segmentam indivíduos por setor, nacionalidade, idade, gênero, renda e várias outras distinções demográficas. Porém, enquanto algumas diferenças se sobressaem nessa ampla variedade, alguns pressupostos globais em termos de serviços se mantêm, independentemente do tempo ou do lugar. Essa pesquisa de mercado se alinha estreitamente ao trabalho de teóricos e pesquisadores com relação a similaridades gerais do ser humano.

Michelle Gass, presidente da Starbucks EMEA (Europa, Oriente Médio e África), nos diz: "O equilíbrio entre o global e o local é bem mais uma questão de arte que de ciência. Temos um padrão de marca global; minha expectativa é de que os líderes encarregados de tomar decisões tenham a marca Starbucks em seu sangue e, portanto, sejam capazes de demonstrar bom julgamento. Acredito que seja preciso criar e oferecer experiências que sejam, inegavelmente, Starbucks." Ao assumir seu cargo como presidente da EMEA, Gass viajou por toda a região e reuniu-se com *partners* e clientes para discutir e compreender suas visões da empresa e de seus produtos. Gass reportou que, em suas visitas, esperava deparar com um desejo geral por maior relevância local nas lojas empresa, porém, o que ouviu foi exatamente o oposto – os clientes desejavam se conectar aos elementos-chave que produziram o amor pela marca e o seu crescimento nos EUA.

Se a questão é a existência de grandes diferenças culturais entre os funcionários, os clientes ou as regiões, sua "**história de amor**" ou a subjacente proposição de valor de sua marca, precisa ser capaz de transpô-las, assim como suas ações têm de promover uma conexão com todos que você atende. A Starbucks possui uma plataforma de serviços e uma abordagem de liderança básicas, que conseguem promover conexões globais. Isso acontece pelo fato de a empresa operar a partir da compreensão das necessidades universais.

Para o bem de nossa exploração, deixe-me guiá-los em uma discussão a respeito de necessidades humanas globais, apresentado-lhes alguns *insights* sobre o modo como a Starbucks lida com elas. Além disso, examinarei como sua marca poderá ser associada a uma prestação de serviços humanos transcendentes, desde que seu ponto focal esteja na atenção, na apreciação e no senso comunitário, assim como no conforto e na oferta de variedade.

ATENÇÃO

Jean-Marie Shields, diretora de estratégia de marca da Starbucks, afirmou: "O **desejo** e a **necessidade número** 1 de todo ser humano, em qualquer parte do mundo, é ser **visto** e **ouvido**. A mágica por trás da marca Starbucks está no desejo de realmente ver e escutar nossos clientes, e em vários níveis." No nível de serviço individual, por exemplo, esses aspectos de **"ver"** e **"escutar"** aos quais Jean-Marie se refere, surgem na forma do cumprimento inicial – a presença do cliente é reconhecida e tem início a conexão humana. Karen Joachim, uma cliente da cidade de Albert Lea, no Estado de Minnesota, nos diz: "Com frequência, sinto-me invisível ao comprar algum produto. Na Starbucks, entretanto, as coisas são diferentes. Os funcionários estabelecem uma conexão que, embora momentânea, é visível." Diala, cliente da loja Starbucks do *shopping* Emirates, em Dubai, coloca da seguinte maneira: "Gosto de sentir minha presença notada quando me envolvo em uma interação social. Mais do que em qualquer outro lugar, na Starbucks, sinto que sou vista como um ser humano, não apenas como uma mera transação comercial."

Para os líderes de empresas marcadas por elevados níveis de transações comerciais, obviamente é um grande desafio ajudar os funcionários a perceberem a unicidade do próximo cliente. Barbara McMaster, gerente distrital da Starbucks da Irlanda do Norte, argumenta: "Como líder, sou responsável por manter os refletores no próximo cliente. Cada consumidor que entra em uma de nossas lojas precisa ser visto como se fosse o primeiro daquele dia. Tudo gira em torno de se imaginar como nós mesmos gostaríamos de ser tratados. É mais do que um mero contato visual; com o passar do tempo, é, basicamente, passar a conhecer seus clientes regulares. Quem é essa pessoa? Quais são suas necessidades? O que posso fazer por ela? Indo além de um cumprimento inicial capaz de conectar, as palavras de McMaster ampliam o conceito de "conhecer" e reconhecer a presença das pessoas a quem servimos, e de maneira autêntica. Um cumprimento pode até sinalizar que você viu o seu cliente, porém, para que esse cliente se sinta reconhecido em sua unicidade, ele precisa perceber que o funcionário de fato dispensou tempo e interesse nessa conexão.

Nomes e controvérsias

Michelle Gass nos conta que, assim que foi nomeada presidente da Starbucks EMEA, ela e sua equipe se empenharam em reforçar as conexões pessoais em sua região, ou seja, essa "percepção" da presença do cliente. "Retornamos ao princípio universal de conexão humana. O que é que qualquer indivíduo de nosso planeta possui? Um nome. Neste sentido, começamos a considerar se deveríamos chamar cada cliente pelo nome e até colocar esse nome em seu copo de café. Obviamente, debatemos muito essa ideia e os riscos envolvidos em adotá-la." Esses riscos incluíam a possibilidade de que diferenças culturais pudessem produzir resistências em certas regiões. Gass nos conta: "Considerando todos os benefícios, concluímos que valeria a pena tentar. Afinal, uma cliente fiel que fosse "conhecida" simplesmente como "Srta. Mocha Light Frappuccino", certamente se sentiria mais feliz se, ao entrar na cafeteria fosse reconhecida e cumprimentada com as seguintes palavras: **"Olá, Jane, como tem passado?"**

Nos EUA, o ato de perguntar os nomes aos clientes e colocá-los em seus copos não se tornou um padrão obrigatório. Também não se tornou uma exigência a identificação por nome nos uniformes dos *partners*. Porém, em março de 2012, a Starbucks lançou sua campanha **"nomes nos copos e nomes nos *partners*"** na região EMEA. Além de solicitarem os nomes dos clientes, os baristas passaram a usar um crachá de identificação em seus aventais. O conceito foi introduzido no Reino Unido por meio de um vídeo e também de anúncios publicitários:

"Você já notou como tudo parece um pouco impessoal nos dias de hoje? Todos nos tornamos 'nomes de usuários', 'números de referência' e 'endereços de IP'. É por isso que na Starbucks decidimos agir diferente. De agora em diante, não mais nos referiremos a você como um '*latte*' ou um '*mocha*', mas como vocês sempre quiseram: pelo nome. Tudo bem, sabemos que é apenas um pequeno detalhe, mas por que não pagamos um café para você (...) e, então, você nos diz o seu nome. Nós somos a Starbucks, prazer em conhecê-lo."

Para assistir ao comercial, acesse http://tinyurl.com/lecr7d2 ou direcione seu leitor QR aqui:

Como previsto, algumas pessoas na Inglaterra se mostraram céticas em relação a essa abordagem de personalização – de **"primeiro nome"**. Por exemplo, Chris Hackley, professor de *Marketing* da faculdade Rolyal Holloway, da Universidade de Londres, disse à BBC: "Algumas pessoas poderão até gostar de serem chamadas pelo primeiro nome, mas acredito que muitos se sentirão indiferentes e outros até embaraçados, considerando essa atitude como uma invasão de privacidade (...) Trata-se de uma personalização fictícia para uma relação econômica. A amizade precisa ser genuína."

Embora eu concorde plenamente que, nos dias de hoje, a **privacidade** seja fundamental tanto para os clientes quanto para empregados, dizer o primeiro nome para que este possa ser escrito no copo ou colocado no avental do barista não é algo considerado ameaçador pela maioria das pessoas. Além disso, os clientes estão livres para escolher o nome que oferecem ou simplesmente para não dar nenhum nome. Em geral, nos casos de resistência, os clientes informarão ao funcionário algum nome engraçado ou o próprio barista desenhará no copo uma carinha sorridente. E quanto ao comentário do professor Hackley, de que a amizade precisa ser genuína, minha opinião é que as lideranças da Starbucks estão buscando uma conexão que seja mais pessoal que um simples, "Hei, você aí", mas que, ao mesmo tempo, não se configure em uma amizade propriamente dita.

Dirk Nickolaus, gerente distrital da Starbucks na Alemanha, comentou a rapidez na aceitação de se dar o primeiro nome no seu país: "No início, quando começamos a perguntar os nomes dos clientes, alguns ficaram surpresos. Isso foi um pouco desafiador para os funcionários. Agora eu escuto nossos clientes dizerem: '**Uau!** Antigamente quando eu entrava na loja os baristas costumavam me reconhecer e saber que bebida eu iria pedir, mas agora, eles me chamam pelo meu nome e isso é bem acolhedor.'"

A despeito da maior aceitação da prática de escrever o nome do cliente no copo, há ainda alguns riscos envolvidos nessa estratégia, como escrevê-lo de maneira incorreta ou cometer alguma outra gafe. Porém, embora transtornos possam ocorrer – e de fato ocorrem – ao se utilizar o nome do cliente, essas situações acontecem em todos os níveis de interação humana. O objetivo das lideranças é criar o ambiente adequado para a conexão humana e ajudar os membros de sua equipe a administrar situações inevitáveis que surgirão no dia a dia. O sucesso dos nomes nos aventais e da solicitação dos nomes dos clientes na região EMEA apresentou alguns benefícios adicionais. Neste sentido, Gass nos contou: "Clientes e *partners* me informaram sobre a melhoria na distribuição das bebidas por conta dos nomes anotados nos copos. Pode ser bem perturbador se um cliente não tiver certeza de que está pegando a bebida certa dentre os muitos copos colocados sobre o balcão. A última coisa que você quer como cliente é sair da loja e só então perceber que pegou a bebida errada. O nome no copo garante ao consumidor que aquele é de fato o seu pedido."

Os benefícios positivos da prática adotada na região EMEA no que diz respeito aos nomes – clientes e *partners* –, fez com que outros líderes de outras áreas sistematicamente se engajassem em processos similares. Durante a Conferência Global de Liderança 2012, em Houston, Cliff Burrows, presidente da Starbucks Américas, afirmou que se sentira inspirado por Gasss e sua equipe, e que decidira implantar essa prática nos EUA, no Canadá e na América Latina. Cliff Burrows acrescentou: "Trata-se de uma maneira de inovarmos em nossos serviços; de nos diferenciarmos. Também é um modo de estreitarmos nossas relações como os clientes." Como resultado desse compromisso, os líderes da Starbucks desenvolveram ferramentas de treinamento para reforçar as conexões com seus clientes, ajudando seus *partners* a se lembrarem e a utilizarem os nomes dos consumidores e a personalizarem os copos dos clientes. No âmago desse treinamento está a apreciação de que, ao aprenderem os nomes dos clientes e os chamarem dessa forma, os baristas têm a oportunidade de construir relações mais profundas com as pessoas que atendem (em especial com os clientes regulares).

Inovação, diferenciação e fortalecimento das relações

Ao tomar uma medida simples como perguntar os nomes dos clientes, as lideranças da Starbucks estão sistematicamente promovendo a diferenciação de sua marca. Karen Mishra, professora de *Marketing* na Meredith College, e coautora do livro *Becoming a Trustworthy Leader* (*Tornando-se um Líder Confiável*), ressaltou o poder da diferenciação pelos relacionamentos. Durante minhas pesquisas, acidentalmente deparei com uma postagem de Mishra no Twitter. Nela a professora compartilha sua surpresa com o fato de ter recebido parabéns pelo seu aniversário juntamente com o copo de café da Starbucks. Durante uma entrevista posterior, Mirshra acrescentou: "Os *partners* da Starbucks que frequento já me conhecem. Tanya é a gerente da filial. Há alguns anos, vivíamos em Durham, mas tivemos de viajar por algum tempo. Então, quando retornamos, Tanya ainda se lembrava de mim e do meu marido." Mishra explicou que ficou impressionada com a boa memória de Tanya em relação aos nomes dos clientes, e com o quanto ela sabia sobre eles. Mishra acrescentou: "Ao treinar novos funcionários, Tanya logo diz: 'Ok, Justin, este aqui é 'fulano de tal' e ele é casado com a 'cicrana', e essa aqui é a bebida dele." Certa vez, Mishra perguntou a Tanya sobre essa habilidade de se lembrar das pessoas e a funcionária simplesmente respondeu que seres humanos precisam ser lembrados, e que, pessoalmente, se esforça para aprender um novo nome a cada dia. É no contexto desse compromisso de "conhecer" o cliente que Mishra postou aquele comentário que atraiu minha atenção. No aniversário de Mishra, seu marido a deixou dormindo e foi até a Starbucks comprar um café. Quando questionado sobre onde estava sua esposa, ele explicou que era aniversário dela. Mishra nos diz: "Sempre que um de nós não está presente, os baristas daquela loja escrevem os dois nomes nos copos, juntamente com alguma coisinha a mais, como um 'Olá'. Porém, naquele dia eles escreveram uma mensagem especial pelo meu aniversário, e assinaram 'Família Starbucks', então, eu simplesmente precisei compartilhar aquela atitude *on-line*."

Pelo fato de aquele grupo de baristas, daquela loja específica, gerenciada por uma funcionária chamada Tanya, realmente se importar em ver, ouvir e conhecer seus clientes, Mishra se sentiu estimulada a compartilhar uma mensagem sobre a atenção diferenciada que recebera na Starbucks. É bem provável que o fato de Mishra ser professora de *Marketing* e autora de livros sobre confiança dos consumidores em marcas, **não** tenha sido considerado pela barista que escreveu o nome e os votos de feliz aniversário no copo da cliente, todavia, aquele simples ato de atenção fez com que a própria empresa fosse reconhecida.

Você está prestando atenção às necessidades de seus clientes de serem vistos e ouvidos? Você teria a coragem de dizer que essas pessoas se sentem realmente conhecidas e compreendidas? Em sua área de atuação, talvez lembrar-se do nome e da bebida preferido do cliente não seja o suficiente. Porém, é bem provável que, ao conhecer melhor seus clientes e estabelecer uma boa relação com eles, você determine uma boa diferenciação de sua marca.

APRECIAÇÃO

Em todo o mundo, clientes gostam de ser apreciados pelas empresas e seus negócios. De fato, uma das melhores oportunidades de se construir fidelidade é justamente após a venda. Seus empregados dizem obrigado, despedem-se dos clientes de maneira amigável e calorosa e os convidam a retornarem para uma nova conexão? No nível de liderança, você está criando um ambiente de gratidão e estruturando seus negócios para demonstrar apreciação pela lealdade de sua clientela?

Antes de escrever meu primeiro livro sobre a Starbucks, em 2006, eu investi dois anos conversando com líderes da empresa sobre a inexistência de um programa corporativo de fidelidade. Na época, a resposta típica que costumava receber era de que, um programa desse tipo talvez diluísse o valor percebido dos produtos Starbucks. Como vários outros empreendimentos que operavam na robusta economia do final dos anos 1990 e início dos anos 2000, os líderes da Starbucks também reconheciam o valor de empreendimentos de alto índice de repetição, mas não estavam recompensando a lealdade de seus clientes. Tudo mudaria para a Starbucks em junho de 2008, quando a empresa fez seus primeiros movimentos no sentido de implantar um programa de recompensas. Aimee Johnson, vice-presidente do setor de comércio digital, fidelidade e conteúdo da Starbucks, estabeleceu a lógica por trás do programa ao dizer que a marca estava implementando "**elementos ousados** voltados para o cliente com o intuito de aprimorar ainda mais a experiência Starbucks e aprofundar as relações da empresa com seus clientes." Ao criar uma conta, carregar um cartão Starbucks com fundos e pagar uma taxa anual de US$ 25, o cliente poderia participar do programa de recompensas da Starbucks e receber, entre outros benefícios, um desconto de 10% na maioria de suas compras, uma bebida extra em seu aniversário e duas horas grátis de Internet sem fio (na época, o serviço *Wi-Fi* era pago, e estava disponível somente em algumas lojas da empresa – mais sobre isso no Capítulo 8). Ron Lieber analisou os primeiros esforços da Starbucks na área de programas de fidelidade em 2008, em um artigo para o *The New York Times*. Ele disse: "Todos queremos ser reconhecidos por nossa lealdade enquanto clientes (...) A Starbucks é uma empresa à qual todos observam como um modelo. O que ela faz com esse programa irá influenciar muitos negócios que lidam com produtos mais caros. E é por isso que estou feliz em dizer que a Starbucks está de fato considerando algum tipo de *status* superior. A empresa também está estudando maneiras de fazer com que o uso do cartão apresse sua próxima visita e de tornar os brindes mais generosos. Programas de fidelidade grandes e ambiciosos se desenvolvem ao longo de muitos anos. Será fascinante observar o que a Starbucks conseguirá acrescentar a essa mistura." Como previsto por Lieber, a Starbucks continuou a refinar seu conceito de recompensa por fidelidade para incluir *status* especiais e a simplifica a forma de uso. A empresa também acabou com a taxa de assinatura no momento da inscrição e expandiu os benefícios associados à participação. Como membro do **nível ouro**, eu costumava receber avisos e benefícios que complementavam o item gratuito (bebida ou comida) que eu já recebia a cada doze compras.

O que é notável sobre a evolução do programa de recompensa da Starbucks, agora denominado My Starbucks Rewards™, é o modo como está direcionado a atender não somente às necessidades nos EUA, mas também ao desejo dos clientes de todo o mundo em serem reconhecidos e valorizados. Desde o lançamento do programa nos EUA, a Starbucks progressivamente desenvolveu programas similares em todo o mundo. Em 2010, um blogueiro de Cingapura afirmou: "Depois de muitos anos sem qualquer programa de recompensa ou fidelidade (...) [A Starbucks] finalmente lançou um cartão! (...) Sem dúvida é ótimo ser recompensado pela empresa depois de ser um cliente regular por tantos anos."

Ao anunciar seus resultados para o primeiro trimestre para 2012, os líderes da Starbucks informaram a adesão de 413 mil novos membros ao programa de fidelidade instituído em dezembro de 2011, elevando o número total de associados para mais de 3,7 milhões. O programa de recompensa chinês demonstrou um crescimento exponencial, com 250 mil participantes inscritos desde sua inauguração cerca de 10 meses antes. Na América do Norte, as compras realizadas através do programa de fidelidade My Starbucks Rewards representam quase 20% de todas as compras feitas com o cartão Starbucks.

Ying, um cliente de Bangcoc, na Tailândia, coloca a situação da seguinte maneira: "Eu presto atenção quando meus funcionários agradecem minha empresa, e também reparo quando gerentes apreciam o trabalho de seus funcionários e os líderes apreciam seus clientes. Vejo tudo isso acontecer na Starbucks. Hoje, sinto-me particularmente valorizado e apreciado pelas compras, por causa das recompensas que recebo em troca." Em um mundo em que se investe tanto no *marketing* e na publicidade de produtos e serviço, o simples ato de agradecer e/ou oferecer aos clientes uma recompensa por sua lealdade poderá fazer uma grande diferença no sentido de assegurar seu retorno e engajamento emocional.

> ### REFLEXÃO SOBRE A CONEXÃO
>
> 1. Que tipo de necessidade universal de serviço sua empresa está tentando resolver?
>
> 2. No que diz respeito a ver, ouvir e conhecer seu cliente, quais são os pontos fortes e as oportunidades dentro do seu negócio? Você se conecta ao seu cliente de maneira verbal e não verbal desde o primeiro contato? Você faz a transição entre "escutar o cliente" e "conhecê-lo", ao ponto de poder agir sobre tal conhecimento?
>
> 3. Você possui uma cultura de apreciação? Essa apreciação é demonstrada nas interações de serviço, tanto na maneira como os gerentes tratam seus funcionários como no modo como os líderes desenvolvem as recompensas e o reconhecimento dos clientes?

COMUNIDADE

O poema clássico de John Donne *Por Quem os Sinos Dobram*, começa com uma observação da condição humana que se mostra relevante para a maioria dos líderes empresariais. Nele, Donne afirma: "Nenhum homem é uma ilha, completo em si próprio; cada ser humano é um pedaço do continente; uma parte de um todo." Em essência, as pessoas podem entrar no seu negócio individualmente, porém, muitas delas buscam a oportunidade de se conectarem com outros indivíduos que pensam como elas, para, assim, experimentarem os benefícios de uma comunidade.

Alguns líderes empresariais compartilham uma maior consciência do desejo humano pela vida em comum, enquanto outros fracassaram em ajudar seus clientes a se conectarem a algo maior que eles mesmos. No final dos anos 1990, lembro-me claramente de participar de um grupo chamado Círculo de Amigos, da revista *Fast Company*, em Las Vegas, no Estado de Nevada.

Em 1997, os fundadores dessa publicação criaram uma oportunidade para que leitores regulares se reunissem para discutir as ideias levantadas em cada edição da revista. Embora a criação dessa comunidade pela *Fast Company* fosse extremamente inovadora na época, a partir daí vários outros grupos de discussão *on-line* se proliferaram.

Da mesma maneira, as lideranças da Starbucks demonstraram grande capacidade de inovação ao construírem uma comunidade que abriga, ao mesmo tempo, *partners* e clientes, e conta com um elemento-chave: o **ativismo social**. Durante todo o ano os membros dessa comunidade se mostram envolvidos nas ambiciosas metas estabelecidas pelos líderes da empresa. O objetivo é motivar *partners* e clientes a contribuírem com um total de 1milhão de horas de trabalho por ano apoiando causas cujo impacto é significativo na sociedade. Neste sentido, a Starbucks criou um *site* específico para ajudar *partners* e clientes a se conectarem (o community.starbucks.com). Nele, além de blogues e histórias sobre atividades passadas, encontram-se listados todos os projetos idealizados para o futuro. Como forma de reconhecimento pelos serviços prestados à comunidade, o *website* também confere uma distinção virtual aos voluntários que, com o passar do tempo, se transformaram em operadores de mudanças reais.

Além de seus esforços durante todo o ano, a Starbucks estabeleceu o mês de abril como o Mês Mundial de Serviços. Em abril de 2012, cerca de 60 mil *partners* e clientes da Starbucks, juntamente com organizações locais e membros da comunidade, realizaram mais de 700 mil ações comunitárias individuais que fizeram a diferença em mais de 34 países. Mais de 230 mil horas de serviço foram doadas e 2.100 projetos comunitários foram concluídos no prazo de um mês. A ressonância global de um programa que reúne indivíduos com propósitos comunitários se refletia no aumento de 50% no número de projetos concluídos e de 45% no número de horas doadas, em comparação ao ano anterior.

Claramente, o nível de participação de pessoas no Mês Mundial de Serviços da Starbucks é elevado, e continua a crescer. Os projetos têm produzido substanciais benefícios. Por exemplo, o Mês Mundial de Serviços de 2012 incluiu 2 projetos interessantes: 1º) 250 voluntários em Vancouver, na Columbia Britânica, construíram acessos, área de armazenamento e pequenas instalações no Centro Comunitário Strathcona, em apoio a programas voltados para a juventude; e 2º) 395 voluntários em Xangai, na China, ajudaram no desenvolvimento da comunidade de Gumei, no distrito de Minhang, ensinando os moradores locais a reciclarem o lixo e se engajarem em atividade de cultivo orgânico.

Além de mobilizarem oportunidades diretas para servir à comunidade, os líderes da Starbucks engajaram os clientes na tarefa de determinar quem deveria receber uma porção do dinheiro doado pela própria empresa. Um programa de 2012 que foi chamado *Vote.Give.Grow* (Vote.Doe.Cresça), permitia que todos os possuidores do cartão Starbucks se registrassem no *site* www.votegivegrow.com. Depois do registro, os clientes podiam votar semanalmente, ao longo de todo o mês de abril, para escolher os recebedores dos US$ 4 milhões que seriam doados pela Starbucks Foundation. Embora outras formas de doação corporativa ainda serão discutidas no Capítulo 11, já está claro que os líderes da Starbucks nunca deixam de buscar maneiras de se aliarem aos clientes na promoção do bem no mundo.

Na Ásia, por exemplo, os clientes tiveram a possibilidade de se conectar aos membros de sua comunidade ao adquirirem o Muan Jai®, uma mistura de grãos de café arábica oriundos da Tailândia e de outros países das ilhas do Pacífico. Ao comprarem essa marca específica de café, os clientes tailandeses e daquela região ajudavam a melhorar as condições ambientais e socioeconômicas não apenas dos produtores de café localizados em encostas, mas também de suas próprias famílias no norte da Tailândia. De fato, uma parte da renda obtida com a marca Muan Jai foi entregue diretamente aos fazendeiros. Vale ressaltar que, no idioma falado no norte da Tailândia, *muan jai* quer dizer **"alegria sincera"**.

Outro exemplo de atividade cujo impacto ultrapassou as fronteiras norte-americanas foi a aliança firmada entre as lideranças da Starbucks e a HandsOn Network[1] para a campanha *I'm In!* (Estou dentro!). O projeto foi lançado logo após a eleição de Barack Obama para o seu primeiro mandato como presidente dos EUA. O objetivo era oferecer bebidas grátis a indivíduos que oferecessem um mínimo de 5 h em trabalhos voluntários por meio da HandsOn Network. Essa organização é uma subsidiária da Points of Light Foundation, uma instituição que conta com 250 centros de voluntariado espalhados por 16 países. A resposta dos clientes à campanha *I'm In!* representou um total de mais de 1,25 milhão de horas em serviços voluntários em todo o mundo.

Jeremy Tolmen, um cliente de San Diego, no Estado da Califórnia, nos conta como ele se conectou à Starbucks por meio de seu próprio compromisso com a comunidade. "Eu estava na Starbucs para a festa de lançamento de uma organização sem fins lucrativos com a qual trabalho. Na ocasião, eu estava vestindo uma camiseta dessa organização não governamental (ONG). De repente, comecei a conversar

---

1 – Em tradução livre: Rede Mãos à Obra. Já existem centros de ação da HandsOn no Brasil, em São Paulo, Rio de Janeiro, Curitiba, Florianópolis e Porto Alegre. (N.T.)

com uma *partner* chamada Kate, que me indagou sobre a organização e me perguntou se precisávamos de café para o nosso evento. Acontece que a Kate era a gerente da loja, e acabou doando para a nossa reunião não somente todo o café que usaríamos em nosso balcão de café, mas também seis caixas de chá Tazo e todos os demais suprimentos. Ela até preparou um cesta de produtos Starbucks para que pudéssemos rifar; nela havia 1 pacote de café (500 g), e duas canecas grandes. É surpreendente que uma organização gigantesca como essa possa se mostrar tão generosa e se conectar às pessoas de um jeito tão simples assim." **Surpreendente**, **generosa**, **conexão** e **comunidade**: as palavras de Jeremy Tolmen capturam a oportunidade única e poderosa que os líderes empresariais têm para forjar relações especiais com seus clientes em prol da comunidade. Todos os líderes têm a chance de observar seus empreendimentos como meios de oferecer mais que simplesmente produtos e serviços. Com um bom direcionamento e o desejo de pensar além dos benefícios tangíveis e dos atributos de seus próprios produtos, esses líderes são capazes de criar espaços em que seus clientes se sintam parte integrante do processo, além de realmente úteis.

CONFORTO E VARIEDADE

Parece que os seres humanos abrigam necessidades aparentemente antagônicas: de um lado, eles precisam de um conforto previsível, de outro, de variações dessa mesma previsibilidade. Em outras palavras, queremos que o nosso nível de conforto se mantenha estável, porém, que apresente variações suficientes para evitar o tédio. Em um contexto social, independentemente de onde as pessoas vivam, elas desejam poder administrar as inconsistências da vida tendo ao seu alcance aquilo o que a Starbucks tem a lhes oferecer: um espaço físico onde elas possam relaxar, desacelerar e degustar sua bebida favorita. Trata-se de um lugar confortável, tanto para locais quanto para viajantes.

Helen Wang, autora do livro *The Chinese Dream: The Rise of the World's Largest Middle Class and What It means to You* (*O Sonho Chinês: O Surgimento da Maior Classe Média do Mundo e o que isso Significa para Você*), afirma que mesmo em países como a China, onde, historicamente, a bebida favorita é o chá, a Starbucks desenvolveu treinamento de equipes e ambientes físicos convidativos para estimular nas pessoas desejos e sensações de conforto e sucesso: "O interior sofisticado, as poltronas confortáveis e o som ambiente alegre não são apenas itens que diferenciam a Starbucks de outros concorrentes. De fato, esses elementos exercem um apelo muito forte sobre as gerações mais jovens, que fantasiam sobre a cultura ocidental do café como símbolo de um estilo de vida moderno. A Starbucks (também) entende o valor de sua marca global e trabalha no sentido de manter sua integridade. Uma das melhores práticas da Starbucks é o envio de seus melhores baristas de mercados já estabelecidos para novos mercados. O objetivo da empresa é proporcionar aos novos funcionários um treinamento eficaz. Esses baristas veteranos operam como verdadeiros **embaixadores da marca** – eles ajudam a estabelecer a cultura Starbucks em novos locais e, ao mesmo tempo, asseguram a manutenção dos padrões globais da companhia em cada filial."

A execução uniforme das tarefas de acordo com padrões da marca e a criação consistente de um ambiente físico atraente e acolhedor permitem que as pessoas desenvolvam hábitos diários e rituais que as deixam confortáveis. Um blogueiro comentou o seguinte: "Suponho que eu seja uma criatura de hábito (...) Sempre dou uma parada na Starbucks em meu caminho para o trabalho (...) Tenho de admitir que, sendo solteiro, é ótimo começar a manhã ao lado de pessoas familiares que de fato me conhecem. O fato é que algumas pessoas desenvolvem uma espécie de 'janela de amizade' ao melhor estilo *drive-thru*."

Enquanto muitos de nós administramos organizações em que o contato do consumidor não ocorre em caráter diário, alguns rituais ainda podem ser criados em torno de produtos sazonais e/ou eventos anuais. Para a Starbucks, por exemplo, esses rituais incluem eventos como o lançamento global dos *red cups* (copos vermelhos) Starbucks,® para que coincida com os feriados de Ação de Graças e Natal nos EUA. O apelo mundial desses *red cups* se evidencia por iniciativas como o *website* countdowntoredcups.com (contagem regressiva para os *red cups*), que não tem qualquer vínculo com a Starbucks. Mesmo antes de um anúncio oficial sobre a liberação dos *cups*, o *site* já publica informações do tipo: "Ainda aguardamos uma confirmação oficial da Starbucks, mas acreditamos que os *red cups* estejam disponíveis a partir de 2 de novembro." Com base nessa mera suposição, o cronômetro do *site* é acionado.

Além dessa contagem regressiva do *site*, as redes sociais são inundadas com: 1º) fotos de pessoas compartilhando seus primeiros *red cups* da temporada; 2º) *tweets* sobre o assunto; e 3º) postagens de blogues, do tipo: "Hoje é o grande dia! [...] fomos até a nossa loja Starbucks favorita do bairro e (...) pasmem!!! (...) lá estava ela, a Nave Mãe [...] pronta para o dia do *Red Cup*. Só isso já me deixa feliz. Não sei o que acontece com esses *red cups*, mas, para mim, eles marcam o início da temporada de festas e já me fazem sentir vontade de preparar biscoitos, de me aninhar confortavelmente perto da lareira e curtir a família e os amigos. (...) Eu até comemorei com os baristas, (meu marido tentou se esconder e fingir que não me conhecia)." Quando as pessoas simplesmente celebram esse tipo de evento junto com os seus funcionários, você tem a certeza de que criou um ritual acolhedor.

A capacidade de sedução desses *red cups* não está somente em sua presença sazonal, mas também no fato de o seu *design* ser renovado a cada ano. O que reforça tamanho interesse é a combinação entre o previsível e o totalmente inesperado. É bem provável que você já esteja cansado de marcas que sempre oferecem produtos previsíveis, mas fracassam em acrescentar ofertas novas e/ou excitantes. Em contrapartida, talvez você já tenha perdido completamente o interesse por empresas que simplesmente extinguem produtos icônicos para acomodar uma lista infinita de itens cujos principais chamarizes são etiquetas do tipo **"Nova Fórmula"** ou **"Novo Lançamento!"**. Graças a um conjunto forte de ofertas, de produtos especiais sazonais e um pequeno número de novos produtos atraentes, as lideranças da Starbucks estimulam a fidelidade, o entusiasmo e a satisfação de seus clientes. Tracy Olsen, uma cidadã norte-americana que dá aulas na Coreia do Sul, nos diz: "Eu amo a Starbucks. É o único lugar em Daegu onde posso conseguir um *chai tea latte*. É o espaço onde posso sentir uma reconfortante sensação de estar em casa e apreciar produtos novos e interessantes. Lá eu também consigo ter acesso a alguns produtos que são únicos da cultura de que faço parte." Apesar de o Capítulo 7 se ater à maneira pela qual a Starbucks acrescenta elementos únicos à sua seleção de produtos, ao ambiente e ao modo como os serviços são oferecidos, o comentário de Tracy já reflete o conforto derivado da mistura certa entre ofertas previsíveis e variadas.

REFLEXÃO SOBRE A CONEXÃO

1. O que os seus funcionários e clientes valorizam? Que causas, eventos ou oportunidades educacionais poderiam ser usados para reunir uma comunidade de clientes ou até uma unidade entre consumidores e funcionários? Como você poderia desempenhar um papel de facilitador na construção de conexões sociais entre pessoas que pensam de modo similar?

2. Que aspectos de seus produtos ou serviços criam uma sensação de conforto ou geram um senso de estabilidade em seus clientes? Como você poderia ampliar os aspectos de conforto em seu negócio? Quais de seus produtos deveriam se manter constantes?

3. Em sua opinião, que marcas conseguem manter um equilíbrio eficiente entre a oferta consistente de itens/serviços tradicionais e produtos/serviços novos? Que proporção entre produtos permanentes e novos se adéqua melhor aos seus clientes?

◆ CONSIDERE O UNIVERSAL ◆

A PROVA ESTÁ NA CAFETERIA

Digamos que você tenha conseguido identificar maneiras de atender às necessidades mais básicas do ser humano por meio dos seus produtos, dos seus serviços e da promoção de envolvimento comunitário. Mais que isso, imaginemos que sua empresa tenha acabado de lançar uma nova marca em um ambiente totalmente distinto (possivelmente do outro lado do país ou, até mesmo, em outro continente). Como é possível saber: 1º) Essa marca será bem recebida? 2º) Você está criando uma conexão sustentável?

Para os líderes da Starbucks, a aceitação inicial em um novo mercado pode ser observada pelo entusiasmo das pessoas que já esperam pela abertura da loja ou pelas próprias filas que se formam na inauguração. Por exemplo, em outubro de 2012, a Starbucks e o Tata Coffee Group – parceiros em um *joint venture* – fizeram sua aguardada estreia em solo indiano, inaugurando a loja-matriz em Mumbai.

Loja Starbucks em Mumbai, na Índia.

Cerca de 10 dias após a abertura do local, Shymantha Asokan escreveria as seguintes palavras em seu artigo para o jornal *The Guardian*: "Durante os últimos 10 dias, filas com aproximadamente 50 pessoas – todas bastante suadas por conta do calor – têm se formado diariamente à porta de um antigo prédio estilo colonial no centro de Mumbai. Guardas de segurança são responsáveis por administrar a circulação dos cidadãos, adotando para isso a política do entra-um-sai-um. Todavia, esses indivíduos acalorados não estão tentando entrar em um novo e sofisticado clube noturno, tampouco apertar a mão de um político em visita à cidade. Eles aguardam cerca de 1 h de pé na fila simplesmente para terem a oportunidade de entrar em uma loja Starbucks." Não havia nenhuma celebridades nem qualquer tipo de diversão instigante no local, tratava-se apenas da primeira loja Starbucks inaugurada na Índia.

O cliente Hazel Hardijzer compreende a avidez com a qual as pessoas esperam pela inauguração de uma loja Starbucks em mercados por todo o mundo. De acordo com Hardijzer, "A empresa inaugurou uma filial no aeroporto Schiphol de Amsterdã, por volta de 2007. Lembro-me de que na época, a ideia de conseguir nossa 'própria' Starbucks era bastante especial. Pessoalmente, tendo viajado bastante em minha vida; conheci várias filiais em diferentes países e pude então dizer às pessoas que 'eu estive lá, consumi aquele café e passei por aquela experiência única'". Quando os clientes se sentem ávidos para terem **"suas"** próprias lojas ou se mostram felizes em esperar uma hora em uma fila pela inauguração de uma filial em seu território, você sabe que seu produto é atraente. Porém, quando o alarde termina e o local deixa de seu uma novidade, será que é possível sustentar o entusiasmo e manter a caixa registradora funcionando?

No caso da Starbucks, o sucesso internacional é validado pela sustentabilidade financeira da empresa e/ou pelo seu crescimento em muitas regiões do mundo. Assim como ocorreu nos EUA, o crescimento da empresa se deu de maneira bem rápida durante períodos de prosperidade econômica global e por conta da reputação positiva da marca (embora tenham ocorrido algumas exceções; veja o Capítulo 7). Mesmo durante os tempos de grandes desafios econômicos globais, a Starbucks tem se mostrado estável tanto nos EUA quanto na Europa e apresentado forte crescimento na América Latina e na Ásia. Por exemplo, em 2012, a Starbucks abriu sua primeira loja na Costa Rica, em um *joint-venture* com a Corporación de Franquicias Americanas. Além disso, ela também inaugurou um Centro de Apoio ao Agricultor, na Colômbia. Os planos de crescimento para a América Latina incluem centenas de novas lojas no Brasil e mais de 300 aberturas na Argentina e no México até 2015. Pan Kwan Yuk, jornalista e comentarista especializado em mercados emergentes, sugere que: "Assim como ocorria nos EUA antes do surgimento da Starbucks, há poucos locais na América Latina onde uma pessoa possa simplesmente se sentar com seu livro ou *laptop* e deixar o dia passar." Pela perspectiva de estabilidade no resto do continente americano, a Starbucks atingiu o importante marco de 25 anos no Canadá, o maior e mais antigo mercado internacional da empresa. Em 2013, a Starbucks celebrou 42 anos de atividades nos EUA, com quase 11 mil lojas espalhadas pelos 50 Estados que compõem o país.

De fato, parte do maior crescimento da marca estará ocorrendo ainda no ano de 2013, na Ásia: 500 novas lojas devem ser abertas ainda este ano – sendo que metade delas (250) estarão em território chinês. O ano de 2013 também marca a abertura da milésima loja Starbucks do Japão – país que, aliás, abrigou a primeira loja internacional da marca fora da América do Norte.

De acordo com um relatório do *MSN Money*, em agosto de 2012, a Ásia já contribuía com aproximadamente 13% dos lucros da Starbucks. Na época, John Culver, presidente da Starbucks China e Pacífico Asiático, comentou: "Com altas margens de lucros e, ao mesmo tempo, um nível ainda baixo de penetração por loja, considerando o tamanho do país, estamos ainda nos estágios iniciais do que acreditamos que esse mercado possa significar." É provável que, em 2014, a China ultrapasse o Canadá como maior mercado fora dos EUA.

De modo geral, no início do ano fiscal de 2012, a Starbucks já antecipava a inauguração de 1.200 novas lojas (o equivalente a 3 lojas por dia), sendo que a grande maioria estaria fora dos EUA. Esses números sugerem que a conexão Starbucks não apenas se mantém sólida, mas se torna cada vez mais próspera em termos globais. Isso se deve, em grande parte, à habilidade das lideranças da empresa em posicionar a marca de modo a atender às necessidades emocionais e sociais de consumidores das mais diversas origens, assim como ao estilo de vida dessas pessoas. Mesmo com essa forte plataforma global, os líderes da Starbucks – assim como ocorre em qualquer empresa bem-sucedida, de grande porte e abrangente – tiveram de encontrar meios de aumentar a relevância local de suas ofertas, o que, aliás, será explorado em detalhes no Capítulo 7.

PONTOS DE CONEXÃO

- Os clientes desejam ser vistos e ouvidos.
- Embora as diferenças culturais possam afetar o modo como isso é demonstrado, o desejo de buscar conexão pessoal com os clientes irá ajudar o seu negócio a se destacar em relação aos concorrentes.
- O objetivo das lideranças deveria ser a criação do ambiente certo para promover a conexão humana e ajudar os membros da equipe a administrarem desafios inevitáveis que certamente irão surgir durante as interações humanas.
- Ao conhecer seus clientes, é provável que você se diferencie das mui-

tas marcas que tentam vender seus próprios produtos sem escutar a voz dos consumidores.

- Uma das maiores oportunidades para se construir fidelidade ocorre justamente após a venda, quando o seu funcionário agradece ao cliente, lhe oferece uma despedida calorosa e o convida para futuras interações.

- Os líderes precisam criar um ambiente de gratidão e estruturar o negócio de modo que ele demonstre apreciação pela lealdade de sua clientela.

- Todos os líderes têm a oportunidade de oferecer mais que produtos ou serviços em seus negócios. Eles são capazes de criar espaços em que seus clientes se sintam não apenas úteis, mas parte integrante do processo.

- Demonstre capacidade de inovação construindo uma comunidade que reúna clientes e funcionários; além disso, considere a inclusão de um elemento de ativismo social em sua empresa.

- Seres humanos desejam que o seu conforto permaneça estável, mas, ao mesmo tempo, que haja suficiente variedade para se evitar o tédio.

- Embora muitos empresários chefiem empresas nas quais o contato do cliente não é tão frequente, rituais podem ser criados em torno de produtos sazonais e/ou eventos anuais.

CAPÍTULO 7

Respeite, celebre e customize: ouvindo e inovando para atender às necessidades locais, regionais e globais

"Nossas similaridades nos levam a um denominador comum; nossas diferenças nos permitem sentir fascínio uns pelos outros".

Tom Robbins

Expansões de mercado representam um enorme desafio. Com frequência, as empresas vão além de suas possibilidades ou fracassam em compreender as necessidades locais de seu novo mercado. Embora este capítulo seja dedicado à exploração dos desafios enfrentados pela Starbucks, conforme a empresa tentava assegurar sua relevância no palco global, vamos primeiramente vislumbrar algumas importantes lições aprendidas com a Intuit, empresa norte-americana por trás do Quicken, o bem-sucedido *software* de gestão financeira e preparação da declaração do imposto de renda (IR), desenvolvido em 1983.

Nos 10 anos que se seguiram ao lançamento do produto nos EUA, a Intuit também alcançou grande sucesso ao expandir seus negócios nos mercados canadense e britânico. Pouco tempo depois, os líderes da empresa lançariam seu produto em outros países europeus, na América do Sul, no México e no Japão. Todavia, a despeito da grande atenção da mídia durante a introdução do sistema nesses novos mercados, logo após os primeiros pedidos as vendas da Intuit começaram a cair. Como resultado, a companhia decidiu recuar suas operações, permanecendo apenas no Reino Unido, no Canadá e nos EUA. Ao explicar esses esforços fracassados de expansão, o fundador da Intuit, Scott Cook, disse: "A causa principal está associada à nossa decisão inicial de expansão, uma vez que esses produtos não foram produzidos com base em estudos profundos desses países. Eles foram idealizados em cima daquilo que possuíamos nos EUA (...) A razão de alcançarmos sucesso nos EUA foi o fato de termos avaliado cuidadosamente o cliente potencial local, mais que qualquer concorrente. Conhecíamos muito bem o modo como as pessoas trabalhavam em nosso país, e então desenvolvemos um produto perfeitamente adequado para elas (...) Porém, isso não ocorreu em relação aos demais países, onde apenas disponibilizamos o que já tínhamos nos EUA." Depois de se afastar desses mercados, a Intuit evitou quaisquer tentativas de expansão global por mais de uma década. Quando a empresa finalmente decidiu renovar seus planos de crescimento global, ela se beneficiou das lições aprendidas durante as primeiras investidas. Segundo Cook, dessa vez a companhia "agiu da maneira correta, contratando localmente indivíduos capazes de compreender as verdadeiras necessidades dos clientes locais, oferecendo a eles soluções perfeitas, não as já utilizadas nos EUA." Desde que a Intuit reavaliou e alterou sua abordagem, a empresa tem se mostrado bem-sucedida em sua expansão nos mercados de Cingapura, da Índia, da África do Sul e da Nova Zelândia.

Este capítulo apresenta uma série de abordagens e ajustes fundamentais desenvolvidos e adotados pelas lideranças da Starbucks no sentido de maximizar a relevância local de seus produtos, serviços e ambientes físicos. Além disso, este capítulo também explora o importante papel das parcerias celebradas com empresas locais, e ainda esboça métodos específicos de customização de produtos e serviços para atender às necessidades e aos desejos culturais específicos de cada localidade. Essa jornada começa com um modelo de operações regionalizado.

DECENTRALIZAÇÃO E REVITALIZAÇÃO

Antes de julho de 2011, a Starbucks operava como duas entidades de negócios centralizadas: a Starbucks U.S. e a Starbucks International. Ambas eram lideradas a partir de Seattle, no Estado de Washington. Porém, em 2011, ocorreria uma dramática mudança operacional na organização. Os objetivos eram simples: enfrentar os desafios crescentes e, ao mesmo tempo, aproveitar as oportunidades globais que estavam surgindo. Neste sentido, os líderes seniores da empresa decidiram descentralizar as operações e separá-las de acordo com um modelo baseado em três regiões específicas. Nos capítulos anteriores, já foram compartilhadas histórias dos líderes de cada uma dessas regiões, porém, visando maior clareza, vejamos novamente os nomes desses profissionais e as regiões por eles administradas:

China e Pacífico asiático: presidente, John Culver. Países incluídos nessa região: Austrália, Cingapura, China, Coreia do Sul, Filipinas, Hong Kong, Índia, Indonésia, Japão, Macau, Malásia, Nova Zelândia, Tailândia, Taiwan e Vietnã.

Europa, Oriente Médio e África: presidente, Michelle Gass. Países incluídos nessa região (EMEA): Alemanha, Arábia Saudita, Áustria, Bahrain, Bélgica, Bulgária, Catar, Chipre, Dinamarca, Egito, Emirados Árabes Unidos, Espanha, Finlândia, França, Grécia, Holanda, Hungria, Irlanda, Jordânia, Kuwait, Líbano, Marrocos, Noruega, Omã, Polônia, Portugal, Reino Unido, República Checa, Romênia, Rússia, Suécia, Suíça e Turquia.

Américas: presidente, Cliff Burrows. Países incluídos nessa região: Argentina, Aruba, Bahamas, Brasil, Canadá, Chile, Costa Rica, Curaçao, El Salvador, EUA, Guatemala, México, Peru e Porto Rico.

O objetivo por trás dessa reestruturação era criar um modelo menos centralizado nos EUA, mas que ainda utilizasse o melhor da Starbucks e de maneiras realmente relevantes para os mercados globais. Essa nova divisão outorgou a cada presidente regional uma área geográfica específica, além de total responsabilidade e autoridade para desenvolver planos estratégicos que atendessem aos objetivos da empresa em cada região.

Michelle Gass, presidente da EMEA, nos explica a natureza regional do desenvolvimento de estratégia comercial, dizendo: "É justo dizer que, entre as três regiões, a EMEA é a que apresenta a menor lucratividade, seja no calculo sobre valores absolutos ou em termos percentuais." Depois de passar um tempo considerável viajando por toda a região, Gass e sua equipe de liderança criaram uma estratégia baseada em suas observações e também nas necessidades percebidas naquela área geográfica. Isso incluía ações como: explorar a relevância local das bebidas preparadas com café; construir ambientes inspiradores; e tentar reforçar o "hábito diário" de consumir café, ampliando o acesso à bebida e a sua disponibilidade de acordo com o estilo de vida dos consumidores das diversas partes daquela região. Mais adiante neste capítulo, veremos as mudanças feitas especificamente nas bebidas *espresso* na EMEA, as abordagens baseadas no redesenho de lojas e o aumento na disponibilidade de produtos e bebidas Starbucks, visando pessoas em movimento.

Entretanto, para o propósito dessa discussão, líderes seniores como Gass, não estão mais tentando administrar um negócio global a partir de um Centro de Apoio em Seattle. Sendo assim, eles estão mais bem posicionados e contam com total independência para fazer o que for necessário em suas regiões. Certamente os desafios encontrados por John Culver na região da China e Pacífico asiático são bem diferentes daquelas observadas por Gass na Europa, no Oriente Médio e na África. Por exemplo, na China, Culver precisa ajudar a Starbucks a ser vista como uma ótima opção em termos de empregadora e, ao mesmo tempo, direcionar a expansão e as oportunidades de distribuição de lojas pela Índia e pela Grande China, enquanto explora as várias possibilidades que surgem em mercados regionais emergentes, como o Vietnã.

Além de contar com uma nova estrutura de liderança nas regiões e de criar planos de negócios autônomos, a reorganização continua a oferecer a líderes como Gass, Culver e Burrows a habilidade de compartilhar melhores práticas que podem se revelar úteis em outras regiões do planeta. Vimos como isso funcionou bem no Capítulo 6, quando Cliff Burrows, presidente da Starbucks Américas, decidiu adotar a abordagem "nomes nos copos e nomes nos *partners*" que fora implementada por Gass, na região EMEA.

Enquanto o reposicionamento de lideranças com o objetivo de garantir maior supervisão local tem suas vantagens, essa medida não é a panaceia para o sucesso global.

Cada líder empresarial precisa saber equilibrar dois fatores cruciais: de um lado, as necessidades culturais relevantes; do outro, uma reconhecível conexão à marca Starbucks. A ideia, portanto, não é subordinar a marca Starbucks às diferenças culturais, tampouco oferecer uma experiência norte-americanizada que se sobreponha às necessidades dos clientes em mercados locais. De fato, pesquisadores sugerem que marcas como a Starbucks, ao mesmo tempo em que formatam as comunidades que as abrigam, também são formatadas por essas culturas locais. Ao escreverem para o *Jounal of Consumer Research* (*Jornal de Pesquisa de Mercado*), os autores Craig Thompson e Zeynep Arsel, afirmaram o seguinte: "Nos anos mais recentes, estudos antropológicos desenvolveram um argumento forte e empírico (...) (de que), com frequência, consumidores incorporam os significados das marcas globais a suas próprias finalidades, acrescentando a elas, de maneira bastante criativa, novas associações culturais, livrando-se das incompatíveis e transformando outras para que se adéquem à cultura local e aos novos padrões de estilo de vida. (...) A partir dessa perspectiva, e de maneira paradoxal, a interpolação de marcas globais em culturas locais produz heterogeneidade, à medida que essas marcas assumem uma variedade de significados locais." Em essência, todas as marcas de sucesso têm de perceber que elas precisam ser formatadas por culturas locais e que, em troca, representam uma força capaz de formatar as próprias culturas daqueles a quem servem.

◆ RESPEITE, CELEBRE E CUSTOMIZE ◆

ENCONTRANDO PARCEIROS LOCAIS

No início deste capítulo, ressaltei os desafios iniciais encontrados pela Intuit durante seus esforços de expansão global. Ao reposicionar a marca visando o sucesso, o fundador da empresa, Scott Cook, salientou que promover crescimento global da maneira certa significa: "Contratar localmente indivíduos capazes de compreender as verdadeiras necessidades dos clientes locais, oferecendo a eles soluções perfeitas." Na Starbucks, a contratação é extremamente importante em cada mercado, assim como também é crucial a seleção adequada de parceiros locais para a celebração de *joint-ventures*. A Starbucks deve avaliar cuidadosamente e escolher como aliadas empresas capazes de destacar sutilezas culturais difíceis de serem percebidas pelos de fora. Além disso, ela precisa optar por parceiros que detenham o conhecimento operacional necessário das práticas comerciais, ostentem um ótimo posicionamento imobiliário e compreendam o comportamento do consumidor local.

Em 2007, enquanto ministrava palestras e oferecia consultoria por toda a Índia, com frequência eu ouvia perguntas do tipo: "Quando a Starbucks chegará à Índia?" Minha resposta mais comum era a seguinte: "Imagino que isso acontecerá quando a Starbucks encontrar o parceiro ideal para garantir seu sucesso aqui." Considerando que a Índia possui uma população bem jovem (idade média de 25 anos), composta por 1,2 bilhão de indivíduos que compartilham uma cultura cada vez mais forte de consumo de café em estabelecimentos locais, faz um bom tempo que o país se tornou um mercado atraente para a Starbucks. Em janeiro de 2011, as lideranças da empresa aprofundaram suas análises por meio de um memorando de entendimento não vinculativo, enviado à Tata Coffee. Por fim, essa relação inicial acabou se transformando em um *joint-venture* entre ambas as empresas.

A Tata é uma empresa de capital aberto cujas ações são negociadas na Bombay Stock Exchange (Bolsa de Valores de Bombain, ou seja, Mumbai). Ela pertence ao Grupo Tata, um conglomerado multinacional que opera em sete setores distintos, em mais de 100 países espalhados nos 6 continentes. A Tata Coffee foi fundada em 1922, e tem sido descrita como "a maior empresa integrada de cultivo de café do mundo." A parceria com a Tata não apenas deu à Starbucks a oportunidade de alavancar sua relevância cultural, mas também criou importantes plataformas em termos de *sourcing*[1] e torra – isso se traduziu na dispo-

---
1 – Termo geralmente usado em inglês. O processo engloba a designação, identificação, avaliação, negociação e configuração de novos produtos e/ou fornecedores, assim como o agenciamento de compras, obtenção, aquisição e contratação. (Fonte: Babylon, Ivo Koritowsky) (N.T.)

nibilização da própria cadeia de abastecimento da Tata Coffee, na possibilidade de aquisição de grãos verdes de café arábica diretamente de suas plantações e na torra desses mesmos grãos em instalações já existentes na Tata.

Depois que a Starbucks inaugurou sua primeira loja em Mumbai (evento este que foi seguido pela abertura de três estabelecimentos adicionais, uma semana depois), Howard Schultz também foi indagado sobre as razões que teriam levado a Starbucks a demorar tanto tempo para chegar à Índia. Sua resposta ecoou a importância de se esperar até que um acordo formal estivesse fechado entre a Starbucks e a Tata; algo que justificasse e garantisse tanto o investimento quanto o substancial risco dessa empreitada: "[A Índia] é um mercado bastante complexo para se entrar. No início achávamos que poderíamos fazê-lo sozinhos, mas subestimamos a multiplicidade desse mercado. Porém, depois que nos reunimos com o pessoal da Tata, percebemos rapidamente que os recursos de ambas as empresas eram tão complementares que, juntos, poderíamos cocriar uma estratégia exclusiva – trazer a Starbucks para a Índia e, ao longo do tempo, construir juntos um empreendimento bastante substancial e significativo."

A resposta de Schultz não apenas evidencia o papel da seleção adequada de parcerias, mas também sugere a importância de um compromisso obstinado e duradouro, tão necessário para se alcançar o sucesso no cenário global. John Culver, presidente da Starbucks China e Pacífico asiático, compartilha o seguinte pensamento: "O sucesso no mercado global não acontece de maneira instantânea. Seus parceiros globais, assim como as comunidades em que você se estabelece, precisam saber que você está comprometido com o crescimento e o desenvolvimento de longo prazo de todos. Eles querem um bom cidadão corporativo que os torne melhores e que esteja disposto a enfrentar bons e maus momentos em sua luta para alcançar resultados positivos e sucesso sustentável. Se você conseguir oferecer esses elementos de modo consistente, esses parceiros e essas comunidades tornarão sua empresa melhor em longo prazo." No que concerne especificamente ao *joint-venture* celebrado pela Starbucks na Índia, Howard Schultz acrescentou que a Tata e a Starbucks: "Estão trazendo aos clientes indianos uma experiência sem paralelos. Estamos investindo com visão de longo prazo e percebemos enorme potencial para um crescimento acelerado na Índia." A seleção cuidadosa de parceiros comerciais, a implantação de uma liderança descentralizada, a execução tranquila e obstinada de estratégias que integrem a essência de sua marca às necessidades locais, e o estabelecimento de um compromisso de longo prazo, esses são os ingredientes para uma fórmula de sucesso fora de seus limites territoriais.

→ RESPEITE, CELEBRE E CUSTOMIZE ←

ALCANÇANDO O EQUILÍBRIO POR MEIO DO AMBIENTE FÍSICO

Muitas marcas que se estabelecem em novas comunidades parecem "deslocadas." Isso ocorre por duas razões simples: elas não compreendem e não se mobilizaram no sentido de integrar as propriedades físicas ou a história dessas coletividades. Kimberlee Sherman, gestora de programas dos setores de *Design* Global e Serviços de Apoio à Construção, nos contou que, durante algum tempo, a Starbucks não se preocupou em adaptar o *design* de suas lojas para garantir relevância local. "Estávamos nos tornando onipresentes, porém, cafeterias independentes conseguiam se destacar nas comunidades locais oferecendo-lhes espaços mais interessantes. Seus ambientes pareciam mais contemporâneos e relevantes para as comunidades que atendiam. Então nós tivemos de admitir que precisávamos atualizar nosso *design*. Depois da crise econômica global, começamos realmente a reavaliar a unicidade e a adequação de nossos conceitos de *design*", explicou Kimberlee Sherman.

Como resultado desse processo de reavaliação, os líderes de *design* da Starbucks desenvolveram uma abordagem mais customizável para as lojas. Durante esse período de grande crescimento, a Starbucks se beneficiou bastante da consistência na apresentação de suas lojas e das economias de escala. Ao replicar o *design* das filiais, a Starbucks conseguia adquirir mesas, cadeiras e outros elementos de decoração de maneira compensadora em termos de custos; porém, essa prática tornava as lojas cada vez mais similares e, com isso, a relevância local ficava prejudicada. Essa abordagem repetitiva provavelmente desviou a empresa de seu objetivo de brindar o cliente com a singularidade da Experiência Starbucks, e ainda exerceu um impacto negativo sobre a lealdade dos consumidores. Maior liberdade na criação de *designs* exclusivos tornou-se um componente da estratégia de reestruturação da empresa. Como resultado, a Starbucks desenvolveu uma solução expansível, flexível e inovadora que começou com três conceitos básicos de *design*: *heritage* (tradição), *artisan* (artesão) e *regional modern* (regional moderno).

Kimberlee Sherman acrescentou: "Pegamos tudo o que aprendemos com os testes conceituais e aproveitamos as boas ideias em nossas opções padrão para as lojas modelo. Dentro de cada um desses estilos básicos, há uma grande variedade de móveis e ornamentos que podem ser selecionados pelo *designer* de cada loja local. Temos um *site* que funciona como um centro de recursos de *design*, uma espécie de "parada única" para *designers* do mundo todo. No *site* os profissionais encontram orientações gerais da empresa e também conseguem selecionar elementos capazes de inspirar as comunidades que serão atendidas, e, ao mesmo tempo, inspirá-las. A partir daí, eles podem agregar elementos mais exclusivos, como obras de arte locais, acabamentos e coisas do tipo." Pela ótica de Sherman, essa abordagem mista, com itens padrão e variações locais, atende a um objetivo central. Ela continuou: "Nossa ideia é parecer localmente relevantes. Queremos que o *design* funcione para todos os clientes que usam cada uma de nossas lojas. Os *designers* precisam, portanto, compreender 1º) a arquitetura do estabelecimento, 2º) a comunidade como um todo, 3º) nossa base de consumidores e, por fim, 4º) a própria concorrência. Neste sentido, eles buscam por qualquer aspecto histórico ou interessante sobre a arquitetura que possa ser utilizado em vez de simplesmente eliminado. Assim como os baristas customizam as bebidas que servem aos nossos clientes, também customizamos soluções para nossas regiões e nossos mercados, de modo a tornar esses ambientes perfeitamente adequados e confortáveis."

Para compreender melhor como os *designers* da Starbucks fazem com que as lojas se adéquem às comunidades, basta observar os projetos realizados antes dos Jogos Olímpicos de 2012, em Londres. Thom Breslin, diretor de *Design* da Starbucks Reino Unido, afirmou que, às vezes, processos de *redesign* podem ser incômodos, tanto para os *partners* quanto para os clientes. Sendo assim, ele considera que essas iniciativas devam oferecer retornos funcionais, financeiros e criativos que justifiquem todos os gastos e todo o aborrecimento. Para tanto, ele sugere que primeiramente sejam trabalhados os padrões locais: "Levando-se em conta que influências culturais locais são uma importante camada de nosso processo de *design* para assegurar relevância no mercado, para nós, todo o trabalho se inicia com a escuta e a observação das necessidades de nossos *partners* e clientes. Tudo gira em torno de manter a comunicação direta, de dialogar com os clientes, de ouvir o que nossos funcionários têm a dizer e de ver as coisas pelas lentes dessa experiência coletiva. Nossos *partners* passam grande parte do seu tempo nesses ambientes, portanto, se fracassarmos em oferecer-lhes uma experiência relevante, torna-se difícil criar um espaço físico que lhes permita uma conexão efetiva com os próprios clientes. *Design*, neste caso, significa oferecer às comunidades lojas bonitas que superem seus desejos e suas necessidades – locais onde as pessoas possam **desenvolver uma conexão emocional com a nossa marca**."

De fato, há muitos exemplos de integração entre "conexão à marca" e "*design* local." Todavia, dentro dos nossos propósitos neste livro, vamos dar uma olhada na loja Dazaifutenmangu Ometesando, na cidade de Dazaifu, no Japão. Esse espaço foi projetado pela Kengo Kuma & Associates, e integra aspectos das arquiteturas tradicionais japonesa e chinesa. Neste caso, os *designers* se utilizaram de mais de 2 mil traves de madeira para criar uma estrutura que vai desde o chão até a parte superior da parede, projetando uma enorme treliça no teto. De acordo com um artigo na revista *Dezeen*, "a localização dessa loja Starbucks é, de algum modo, significativa, pois ela fica no acesso principal ao templo de Dazaifutenmangu, um dos mais importantes do Japão. Erigido no ano de 919 d.C., o santuário é cultuado como a moradia do "Deus das Provas", e recebe cerca de 2 milhões de visitantes por ano – todos em busca de sucesso em seus exames acadêmicos (...) Utilizando-se de um sistema único de entrelaçamento diagonal de varetas de madeira, o projeto objetivava a criação de uma estrutura que se mostrasse harmônica em relação à paisagem da própria cidade."

Mas, enquanto o *design* de cada loja precisa se revelar local e funcionalmente relevante para a comunidade à qual atende, o mesmo deve ocorrer com os produtos servidos nesses ambientes – estes também devem se mostrar adequados às preferências locais. Na Starbucks, as variações nos produtos tipicamente ocorrem nos alimentos disponibilizados e, em alguns casos, até mesmo em inovações nas bebidas.

INOVANDO E DESENVOLVENDO PRODUTOS

Por acaso você já provou chá verde com gergelim preto ou torta da Lua[2] na Starbucks? Bem, se ainda não teve a oportunidade, é provável que você não more na China nem tenha visitado uma loja Starbucks naquele país. Belinda Wong, presidente da Starbucks China, comentou: "Definitivamente, nossos clientes irão encontrar inovações tanto nos alimentos quanto nas bebidas listadas em nosso cardápio local." De fato, a lista de inovações realizadas pela empresa em cada país é longa demais para incluí-la aqui. Veja alguns deliciosos exemplos: *murg tikka* (frango cozido em forno *tandoor*[3]), na Índia; *Azuki Matcha Frappuccino® Blended Beverage* (chá verde *matcha*, feijões vermelhos doces e uma pitada de *kinako*[4]), no Japão; pão de queijo, no Brasil; e *mozaik pasta* (bolo de chocolate na forma de salame), na Turquia.

Barbara McMaster, gerente distrital da Irlanda do Norte, nos explica como itens customizados podem se encaixar às preferência regionais em termos de paladar. "Trabalhamos continuamente no sentido de melhorar nosso cardápio e oferecer opções que façam sentido na Inglaterra e também na Irlanda do Norte. Um bom exemplo é a nossa receita de *bacon butty*, um sanduíche de toucinho geralmente apreciado junto com um copo de café, e que serve como um *comfort food*.[5]

---

2 – Prato típico chinês. Pequeno bolinho recheado e decorado, geralmente consumido durante o Festival da Lua. (N.T.)

3 – Forno de barro na forma de ânfora bastante comum na Ásia Central. Ele fica parcialmente enterrado e uma vez que o fogo é aceso dentro dele, os alimentos são submetidos a temperaturas bastante elevadas. N.T.)

4 – Farinha de soja integral torrada e moída. Trata-se de um ingrediente tradicional da culinária japonesa. (N.T.)

5 – Termo usado em inglês. Em tradução livre: **alimento que traz conforto**. Trata-se de qualquer alimento saboroso que evoca boas lembranças do passado (bolo da vovó, por exemplo). (N.T.)

Originalmente nós o inserimos no cardápio como um item de café da manhã, porém, por conta dos pedidos dos clientes, agora ele está disponível o dia todo. De repente fazia sentido acrescentar o *bacon butty* à lista de produtos preparados diariamente. O fato é que fizemos uma pesquisa junto aos consumidores para assegurar que estaríamos oferecendo a eles a experiência que buscavam."

Embora muitos produtos locais da Starbucks sejam criados exclusivamente para atender preferências regionais, a diretora de *marketing* da Starbucks Suíça e Áustria, Samantha Yarwood, detalhou: "De vez em quando precisamos simplesmente ajustar nossas ofertas para atender ao apetite local. Por exemplo, é comum os clientes na Suíça e na Áustria buscarem em nossas lojas uma experiência tipicamente americana, ou seja, bebidas de qualidade e produtos típicos dos EUA, como *muffins* (bolinhos), *donuts* (tipo de rosquinha com sabor de **"sonho"**) e *cheesecake* (bolo de queijo). Em nossa região, e também em outras da Europa, panquecas norte-americanas são servidas com mel, calda ou geleia de frutas, embora, de modo geral, panquecas nem façam parte do cardápio da Starbucks nos EUA."

Claramente, quando se busca relevância local trocas interessantes podem ocorrer. Por todos os ganhos derivados dessa conexão com as preferências locais, os clientes possuem muitas outras opções em termos de pratos locais. Marcas como a Starbucks também devem considerar se são capazes de realmente oferecer pratos locais com o mesmo nível de qualidade e consistência de seus próprios produtos.

REFLEXÃO SOBRE A CONEXÃO

1. Você pretende comercializar em outros mercados os mesmos produtos que vende em seu país, ou compreende as necessidades específicas desses locais e está ajustando suas soluções para que estas se tornem relevantes lá fora? O quão longe você vai e/ou pode ir para alcançar relevância local?

2. O quão efetivamente você buscou parcerias e reposicionou sua estrutura de liderança para alcançar relevância em novos mercados?

3. Você já criou uma "sensação de familiaridade" em seus novos mercados, de modo que consiga mesclar sua marca e as necessidades locais?

MAS O QUÃO LONGE SE PODE IR?

Os produtos alimentícios e as bebidas mencionadas até aqui são, basicamente, inovações em mercados específicos ou ajustes em produtos importantes, mas não centrais. Embora todas essas mudanças sejam guiadas por pesquisas de mercado, alguns produtos – como o Starbucks Espresso Roast® ou os *lattes* Starbucks – obviamente não podem ser alterados, mesmo que preferências locais sugiram modificações. Ou será que podem?

Kris Engskov, diretor administrativo da Starbucks Reino Unido e Irlanda, nos falou sobre uma mudança histórica nos *lattes* em sua região: "As pessoas bebem os *lattes* da Starbucks em todas as partes do mundo e, sem dúvida, é a bebida que mais vendemos aqui. Historicamente, sempre sustentamos que o nosso *latte*, assim como todos os principais produtos que oferecemos, deveria ser exatamente igual, sempre e em todos os lugares." Porém, a despeito dessa visão tradicional, Engskov acrescentou que as Starbucks do Reino Unido e Irlanda escutavam seus clientes dizerem que desejavam um *latte* "**mais forte**" e, ao longo de um período de 5 anos, as lojas da região perceberam um aumento de 60% no número de clientes que acrescentavam uma dose extra de *espresso* em seus *lattes*. Engskow continuou a nos falar sobre a evolução do produto, dizendo: "Consideramos a possibilidade de tornar nosso *latte* mais forte, adicionando à receita uma dose extra de *espresso*. Então nós testamos a ideia no mercado e a nova receita se revelou um grande sucesso – e não apenas nos testes internos, mas também naqueles realizados com consumidores de nosso principal concorrente; 60% deles preferiram nosso *latte* àquele oferecido pela concorrência. Sendo assim, decidimos alterar nosso *latte* grande, que passou a contar com duas doses de *espresso*, e sem nenhum custo adicional para o cliente." Pouco tempo depois, uma manchete no *London Telegraph* dizia: "Vendas da Starbucks Reino Unido aumentam por conta de dose extra de *espresso*." O artigo acrescentava ainda que, a despeito do "aperto" e dos "tempos difíceis", a empresa registrara um aumento de 9% nas vendas de *latte* e *cappuccino*.

Um desafio similar ocorreu com o Starbucks Espresso Roast, na França. Rob Naylor, diretor administrativo da Starbucks França, nos contou: "Escutávamos os clientes comentarem que gostariam que nós considerássemos uma mudança em nosso *espresso roast*. É preciso compreender que o *espresso roast* foi a base de nossa marca por mais de 40 anos, portanto, era bastante improvável que qualquer alteração fosse realizada." Porém, a despeito de toda a relutância em considerar mudanças, Naylor explicou que uma pesquisa de mercado foi realizada. Como esperado, a avaliação do *espresso roast* foi considerada "excelente" pela maioria dos entrevistados; entretanto, um número significativo de mulheres jovens demonstrou preferência por uma bebida mais suave. Naylor se recorda de ter verificado os comentários de mil clientes e de ter conversado sobre essa questão diretamente com Michelle Gass e Howard Schultz. Ele disse: "Dizer aquilo ao Howard Schultz não foi nada fácil, porém, demonstrando toda a cortesia e boa vontade, ele respondeu: 'Temos de dar às pessoas o que elas desejam. Vamos tentar oferecer-lhes esse café, desde que seja um produto de alta qualidade, que seja produzido dentro da ética e serviço de maneira consistente com a nossa marca e os nossos valores.'" Foi então que a Starbucks criou o Starbucks® Blonde Espresso Roast, especificamente para o mercado francês. Se colocássemos lado a lado os grãos do café tradicional e os do *blonde espresso*, veríamos que os primeiros ostentam um marrom bastante profundo (quase preto) e brilhante, enquanto os outros apresentam um marrom mais claro, quase castanho, além de um sabor substancialmente distinto.

Enquanto o café é um produto-chave para os negócios nos EUA, o *espresso* simples (bebida que, às vezes, é chamada de *espresso* longo) é essencial para o êxito da empresa na França. Naylor compartilhou conosco o significado dessa adição no cardápio: "A torra *blonde espresso* é agora responsável por cerca de **25%** de todos os *espressos* que vendemos. Acho que essa é uma ótima história sobre prestar atenção ao que o cliente está dizendo e então fazer algo a respeito. Já foram realizadas pesquisas de mercado em várias áreas no passado – os alimentos são ótimos exemplos disso –, e então fizemos ajustes e aprimoramentos nos produtos, mas, adicionar uma marca nova de *espresso* ao cardápio para atender às necessidades de um mercado como o francês (...) isso é simplesmente algo bastante inovador, tanto para nós da empresa quanto para nossos clientes."

Algo que aprendemos tanto com a nova receita do *latte* no Reino Unido quanto com a torra *blonde espresso* na França é que cada uma dessas inovações amplia, de maneira relevante, as opções dos clientes. Enquanto a receita básica do *latte* grande no Reino Unido leva agora duas doses de *espresso*, os consumidores que ainda preferem o padrão não regional podem facilmente solicitar uma bebida com uma dose única de *espresso*. No caso do *blonde espresso roast*, a marca tradicional ainda está disponível e atende à maior porção do mercado. Os líderes da Starbucks compreendem que a maximização de ofertas é essencial para atender ao consumidor global dos dias de hoje, porém, com a oferta de opções vem também a responsabilidade de assegurar que esses novos produtos sejam oferecidos dentro do mesmo padrão de qualidade já praticado pela companhia.

DEFININDO A MELHOR LOCALIZAÇÃO DE CADA PONTO

Sua origem ainda é objeto de debates, mas acredita-se que a primeira versão escrita da expressão "localização, localização, localização" tenha aparecido em um anúncio imobiliário do jornal *Chicago Tribune*, em 1926. Contudo, embora a expressão seja ainda mais antiga – ela tem mais de 87 anos –, permanece particularmente importante quanto o assunto é a abertura de lojas em novos mercados. No que diz respeito aos EUA, isso representou, por exemplo, a inauguração pela Starbucks de uma filial em pleno Squaw Valley, uma famosa estação de esqui localizada nas proximidades do lago Tahoe, no Estado da Califórnia. Lá, os esquiadores nem precisam remover os esquis para serem atendidos. Para observar o funcionamento do serviço nessa filial tão bem localizada, visite http://tinyurl.com/onq59kl ou direcione seu leitor QR aqui:

Os rituais diários e os padrões de uso dos produtos variam amplamente em todo o mundo. Sendo assim, a escolha correta do local de um estabelecimento é crucial. Rob Sopkin, vice-presidente da Starbucks para o setor de desenvolvimento de lojas no Oriente, nos ofereceu uma ideia do risco econômico envolvido na abertura de uma loja da empresa: "Cada decisão de abertura de uma nova filial representa um investimento de US$ 1 milhão (...) A seleção do local é, com frequência, uma mistura de arte e ciência; uma combinação de estratégia e oportunidade."

Frank Wubben, diretor administrativo da Starbucks Suíça e Áustria, nos contou como uma mescla de estratégia e oportunidade possibilitou a abertura em 2013 de lojas da empresa dentro dos trens da Swiss Federal Railways (Ferrovia Federal Suíça): "Sempre tentamos oferecer opções de lojas Starbucks que atendam as pessoas onde quer que elas estejam. Queremos, essencialmente, nos posicionar em locais de tráfego elevado de pessoas." Wubben explicou que a chefe do setor de tráfego de passageiros do sistema ferroviário suíço já era uma cliente fiel da Starbucks, e estava empenhada em aprimorar a experiência dos usuários dos trens. Pouco tempo depois de assumir seu cargo na ferrovia, ela iniciou um programa chamado *Home on Track* ("lar sobre os trilhos") e compartilhou com Wubben seus planos de oferecer nos trens o mesmo tipo de experiência que a Starbucks oferecia em suas lojas. Wubben detalhou: "Criamos uma equipe de trabalho conjunta e depois de seis meses conseguimos autorização para construir duas lojas completamente equipadas em dois trens de dois andares."

Em vários países, a Starbucks está buscando espaços em áreas não apenas caracterizadas por alta movimentação, mas que sirvam como pontos de encontro para a comunidade. Na China, por exemplo, o autor e estrategista de negócios Moe Nawaz sugeriu que a Starbucks instalasse lojas "voltadas para uma população jovem e urbana, em espaços que sejam confortáveis e ofereçam um ambiente social – uma opção bem-vinda aos apertados apartamentos em que vivem." Esse posicionamento voltado para o social e o móvel depende, é claro, dos valores culturais, do estilo de vida e dos padrões de uso dos consumidores locais.

Os líderes da Starbucks estão buscando maneiras de colocar a empresa onde as pessoas estão, em vez de fazer com que elas tenham de procurar pelas lojas. As lideranças compreendem que precisam posicionar seus produtos de acordo com os estilos de vida locais. Com frequência, serão feitas experiências ousadas no sentido de manter a marca vigorosa e determinar que novas ideias repercutem de maneira positiva nas comunidades.

EXPERIMENTANDO EM BUSCA DE RELEVÂNCIA

Thom Breslin, diretor de *Design* da Starbucks Reino Unido, explicou de modo sucinto: "Se você não inovar, renovar e buscar constantemente por relevância, você morre." Um exemplo dessa inovação energizante ocorreu em Amsterdã, com a inauguração de uma loja chamada *The Bank* (*O Banco*). Embora o termo possa sugerir o quanto a empresa está lucrando com o conceito inovador, o nome simplesmente surgiu do fato de a loja ter sido construída na antiga caixa-forte de um banco. Liz Muller, *designer* holandesa e diretora de *design* da Starbucks, trabalhou ao lado de 35 artesãos e artistas para tornar essa loja subterrânea localmente relevante e absolutamente sustentável de acordo com os critérios estabelecidos pela LEED® – Leadership in Energy and Environmental Design ("Liderança em *designs* voltados para a economia de energia e o meio ambiente") (mais informações sobre práticas na área de construções e meio ambiente no Capítulo 11). Rich Nelsen, vice-presidente sênior da Starbucks Europa, Oriente Médio e África, descreveu a filial *The Bank* como "a última expressão em termos de café, *design* e comunidade."

Qaalfa Dibeehi, diretor de operações e consultoria da empresa Beyond Philosophy, valida o *design* e os aspectos comunitários de sua experiência no *Banco*, dizendo: "Todos os *displays*, os materiais e os *designs* são holandeses (...) O espaço é projetado para encorajar interações entre os próprios clientes e também entre clientes e funcionários. Há espaços para que bandas possam tocar ao vivo; há uma área central em que uma gigantesca mesa comunitária foi instalada. Todos os balcões estão apenas levemente acima da altura da cintura das pessoas, minimizando barreiras. Essa loja possui sua própria *hashtag* no Twitter (#starbucksthebank), onde os funcionários postam informações como o horário em que a próxima fornada de *cookies* estará disponível. (...) Além disso, a loja oferece um '*slow bar*' (bar de serviço mais lento), onde o barista prepara para os clientes pequenas séries especiais de café – neste caso a bebida deverá ser apreciada 'pura.' (...) Três métodos são utilizados: prensagem, filtragem lenta e *clover*, uma nova tecnologia implementada pela empresa." (Referência ao sistema *Clover* de filtragem)."

É desnecessário dizer que filiais como *The Bank*, e outras lojas-conceito supermodernas, não podem ser simplesmente reproduzidas da maneira como foram projetadas. Cada uma delas oferece uma oportunidade única para evidenciar e explorar aspectos de uma experiência feita sob medida para uma comunidade específica. A partir dessas explorações e observações do comportamento dos clientes, a Starbucks conseguiu adotar, adaptar e extrapolar novas ideias capazes de promover conexão, tanto em âmbito local quanto global.

REFLEXÃO SOBRE A CONEXÃO

1. Você estaria disposto a fazer uma mudança como a realizada pelas lideranças da Starbucks em sua receita para *lattes* no Reino Unido e na Irlanda? Como você tem ampliado sua oferta de opções para grupos de clientes potenciais que podem não sentir afinidade pelo seu produto principal?

2. Quais são os rituais e padrões diários de seus clientes potenciais em novos mercados? Como você tem posicionado seu produto (como as lojas Starbucks nos trens suíços) para capturar clientes de acordo com seus próprios estilos de vida?

3. Se Thom Breslin estiver correto e o fracasso em "inovar, renovar e buscar constantemente relevância" de fato levar à morte corporativa, o que você está fazendo para se manter vivo e prosperar em novos mercados?

SENSIBILIDADES ESPECIAIS

Embora a maior parte das principais customizações necessárias para se alcançar amplo sucesso nos negócios já tenha sido coberta nesse capítulo, é importante perceber que cada local apresenta nuances exclusivas que precisam ser consideradas desde a entrada da empresa em um mercado até o amadurecimento de sua presença dentro dele. No caso da Starbucks, essas considerações especiais abrangem desde a apresentação do logo até a estrutura de programas de fidelidade.

Diferenças culturais sutis afetam o atendimento de uma gama de necessidades. Tais variações influenciam até mesmo o desejo de valorização pessoal pelos clientes, como já discutido na seção deste livro que contém informações sobre o programa de fidelidade, no Capítulo 6. Neste sentido, líderes da Starbucks tiveram de criar incentivos a clientes que fossem culturalmente relevantes e consistentes com os valores praticados em comunidades. As lideranças da empresa na China, por exemplo, se reuniram com uma empresa de inclusão digital local em uma promoção de feriado que envolvia *outdoors*, mídias sociais e serviços na própria cafeteria. A Starbucks usou placas *outdoor* digitais para descrever a promoção. Os clientes então utilizaram seus celulares para acessar as lojas Starbucks nas províncias de Jiangsu e Zhejiang e, ao fazê-lo, receberam *badges* (emblemas) virtuais em seus aparelhos. Depois de registrar 30 mil *badges*, um enorme painel eletrônico instalado no Raffles City, um grande edifício em Xangai, se acendeu, trazendo aos chineses votos especiais de Feliz Natal; simultaneamente, uma árvore de natal virtual também foi ativada no *site* de eventos da empresa e os clientes foram notificados de que haviam recebido um *upgrade* (bônus) nas bebidas solicitadas. Essa promoção funcionou muito bem na colaborativa cultura chinesa, à medida que os próprios clientes começaram a enviar mensagens de texto a familiares e amigos, instruindo-lhes para que fossem às lojas Starbucks e, assim, colaborassem para que suas comunidades também iluminassem suas árvores de Natal. Feng Bao, gerente de mercado internacional da Starbucks, explicou: "De maneira similar, nosso atual programa de fidelidade na China se concentra mais no compartilhamento de experiências com amigos e familiares e menos no oferecimento de recompensas individuais com base em compras pessoais". Portanto, seja na entrada no mercado, na oferta de serviços diferenciados ou na estruturadas promoções e dos programas de fidelidade, a cultura afeta o **modo** como as pessoas preferem se conectar a uma marca.

CULTURA SIGNIFICA MAIS QUE UM PAÍS

Embora muitas de nossas explorações tenham sido apresentadas dentro de um contexto de diferenças nacionais e/ou continentais, é importante enfatizar que necessidades em termos de localização não são definidas por fronteiras. No caso específico da China, por exemplo, a Starbucks estabeleceu relacionamentos baseados em distinções regionais dentro do próprio país. De acordo com a autora Helen Wang: "A China não é um mercado homogêneo. Existem de fato muitas Chinas. A cultura do norte difere bastante da existente na região leste do país. O poder de compra do consumidor no interior chinês é inferior àquele nas cidades costeiras da nação. Para atender à complexidade desse mercado e colocar em prática seus planos de expansão, a Starbucks trabalhou em colaboração com três parceiros comerciais regionais. (...) Cada uma deles ofereceu à organização capacidades especiais e *expertise* local, que ajudaram a empresa a conhecer melhor as preferências e os gostos dos consumidores chineses."

Mesmo ao trabalhar em conjunto com a Walt Disney Corporation, uma empresa cuja cultura corporativa é extremamente forte e acostumada a oferecer aos clientes experiências temáticas em seus parques, as lideranças da Starbucks desenvolveram uma apresentação de produtos sob medida, de modo que seus produtos pudessem se misturar perfeitamente ao ambiente Disney. Em abril de 2012, a Starbucks anunciou que abriria seis lojas na Disneylândia e também no Disney World. O primeiro desses estabelecimentos foi inaugurado no Califórnia Adventure Park, dentro do Fiddler, Fifer & Practical Café (em homenagem aos personagens da fábula *Os Três Porquinhos*).[6] Os crachás e aventais dos baristas dessa cafeteria são iguais aos personagens da Disney e, o tema geral das fantasias é consistente com a Los Angeles da década de 1920.

A configuração da loja se dividiu em uma apresentação mais tradicional e uma área que serve sopas e sanduíches. A cliente Nicole Mancini nos disse: "Os produtos da Starbucks foram meu principal foco durante minha visita ao parque (três bebidas em um único final de semana). (...) Além do cardápio delicioso, esses café nos oferecem uma oportunidade de escapar do barulho e do empurra-empurra de um parque lotado. Em suma, sinto-me entusiasmada com o fato de a Disney e a Starbucks terem se unido no sentido de oferecer melhores opções nos parques. Por causa do compromisso das duas empresas, tanto no que se refere à qualidade de seus produtos como à utilização de práticas comerciais responsáveis, acredito que ambas alcançarão grande sucesso nesse empreendimento conjunto. Isso, aliás, já parece óbvio, considerando-se a quantidade de

---

6 – Em português, os três porquinhos são conhecidos como Heitor, Cícero e Prático. (N.T.)

pessoas que lotam as filas das cafeterias e que desfilam pelo parque ostentando copos com o emblema da Starbucks."

Além dos muitos de pontos em comum que fundamentam a condição humana, prevalecem ainda amplas similaridades entre aquilo o que cada pessoa deseja em termos de **conexão**. Todavia, existe também um verdadeiro abismo entre as sutis variabilidades locais que caracterizam o planeta, e que são capazes de fazer a diferença entre expansões de marca bem-sucedidas e fracassadas. Os líderes da Starbucks buscam de maneira ativa alcançar relevância local e, neste sentido, procuram sempre ajustar adequadamente seus produtos e serviços. Quando as lideranças das empresas encontram parceiros comerciais ideais e se embrenham em esforços conjuntos, conscientes e harmônicos para garantir aos clientes aquilo o que eles tanto apreciam, seus empreendimentos estabelecem conexões duradouras e alcançam o sucesso máximo.

PONTOS DE CONEXÃO

- Expansões de mercado são desafiadoras e, com frequência, as empresas vão além de suas capacidades ou simplesmente fracassam em compreender as necessidades locais desses novos mercados.

- Em geral, uma expansão bem-sucedida envolve a escolha de parceiros comerciais ideais, capazes de ajudá-lo (sua empresa) a compreender sutilezas locais inerentes às necessidades e soluções desejadas pelo público-alvo.

- Tanto o *design* de uma filial quanto os produtos oferecidos precisam se mostrar funcional e localmente relevantes para as comunidades atendidas.

- A maximização de opções é essencial para o atual consumidor global. Porém, juntamente com essa gama de escolhas surge a responsabilidade de assegurar que suas novas ofertas ostentem o mesmo nível de qualidade já demonstrado em seus produtos tradicionais.

- Em vez de tentarem trazer o seu público-alvo até a empresa, os verdadeiros líderes buscam meios de ir até onde ele está.

- Em um mercado cada vez mais competitivo, é essencial experimentar conceitos novos e ousados para manter sua marca inovadora e, ao mesmo tempo, conseguir identificar que novas ideias repercutem bem nas comunidades atendidas por sua empresa.

- Observe seus clientes e, então, adote novas ideias, adapte-as e vá além delas para conseguir se manter conectado tanto em termos locais quanto globais.

- As pessoas de todo o mundo ostentam inúmeras necessidades comuns, entretanto, suas culturas afetam o modo como elas desejarão se conectar à sua marca.

PRINCÍPIO 4

MOBILIZE A CONEXÃO

Até esse momento, examinamos essencialmente os laços que a Starbucks estabelece com seus clientes dentro do contexto de suas próprias lojas. Embora conexões físicas tendam a se revelar oportunidades fantásticas para se desenvolver relacionamentos pessoais diretos, face a face, nos dias de hoje, a maior parte do comércio ocorre fora dos ambientes de varejo tradicionais. As pessoas estão fazendo suas compras a partir da tela de seus computadores ou se conectando a marcas por meio de seus celulares e outros dispositivos móveis. Esse princípio de negócios, "Mobilize a conexão", analisa como a Starbucks fortalece as relações formadas em suas lojas e as estende não apenas aos lares e escritórios de seus clientes, mas também às suas experiências em supermercados. Mais ainda, ele avalia o modo como as lideranças da empresa utilizam a tecnologia para compor uma relação multicanal com sua base de consumidores.

Muitos líderes empresariais mantêm uma relação de amor e ódio com a tecnologia. Por um lado, avanços tecnológicos oferecem grandes oportunidades de negócios. Por outro, os custos infraestruturais associados à tecnologia oscilam muito e o ritmo acelerado das mudanças nessa área impõem grandes desafios estratégicos e operacionais à empresa. Embora alguns se apaixonem por essa ciência simplesmente pelo que ela mesma representa, o que fez com que a Starbucks se utilizasse de ferramentas digitais, sociais e móveis foi o amor que a empresa tem pelos seus clientes e o respeito que ela demonstra pelo relacionamento que esses mesmos clientes têm com a tecnologia. Nas palavras de Howard Schultz, você precisa "acompanhar as pessoas no modo como elas administram suas próprias vidas." O Capítulo 8, intitulado "Aumentando a conexão por meio da tecnologia," explora como as lideranças da empresa aprimoraram as experiências dos clientes dentro das lojas por meio de tecnologias como a Starbucks Digital Network (Rede Digital Starbucks). Ele também examina a abrangente estratégia digital utilizada pela Starbucks, que inclui tanto recursos internos – aplicativos móveis –, quanto externos – mídias sociais.

Já o Capítulo 9, "Relacionamentos pessoais se traduzem em: compartilhar o amor das pessoas pelos produtos", explora a estratégia multicanal adotada pelos líderes da Starbucks, que resultou na disponibilização dos produtos Starbucks não somentenas lojas da rede, mas também nos lares e nos escritórios de seus clientes, em outras empresas e, virtualmente, em qualquer lugar em que as pessoas circulem. Com base nos conceitos apresentados no capítulo anterior, o Capítulo 9 aborda o modo como a tecnologia e o *marketing* se interconectam no sentido de encorajar os clientes a explorarem ofertas em diferentes canais. O Capítulo 9 também irá ajudar o leitor no que diz respeito à apresentação de seus produtos na maior variedade possível de espaços que ele consiga administrar. A Starbucks já não é apenas uma marca de café ou uma empresa limitada pelas paredes de seus estabelecimentos físicos. Assim como o logotipo da empresa foi redesenhado para libertar a sirena do círculo que a confinava, a conexão Starbucks também já extrapolou as fronteiras de suas próprias lojas.

CAPÍTULO 8

Aumentando a conexão por meio da tecnologia

"A tecnologia de informação e os negócios estão se tornando inextricavelmente interligados. Não acho que ninguém possa falar de maneira significativa sobre um sem mencionar o outro."

BILL GATES

Em uma pesquisa realizada pela revista *Time*, em 2012, as pessoas entrevistadas tinham de escolher a partir de uma lista de três itens, aquele que levariam consigo para o trabalho: sua carteira, seu almoço ou seu telefone celular. O resultado: em comparações diretas, 66% escolheram o telefone celular ao almoço; 44% optaram pelo item tecnológico, deixando para trás a própria carteira. Nesse mesmo estudo, 68% dos adultos reportaram que costumavam dormir com seus celulares bem próximos, e 89% afirmaram que não conseguiriam sobreviver um único dia sem o seu dispositivo móvel.

Em meu livro de 2006, *A Estratégia Starbucks*, não investi muito tempo discorrendo sobre tecnologias ou a respeito do futuro da comunicação móvel e da interconectividade. Em vez disso, compartilhei o modo como as lideranças da Starbucks posicionaram sua rede de cafeterias para que ela fosse o **"terceiro lugar"** – um ambiente alternativo para aqueles que já eram considerados o primeiro (sua **casa**) e o segundo (seu **trabalho**). Todavia, nos anos que se seguiram desde então, os líderes da empresa ampliaram seu foco de modo a engajar consumidores que estivessem dentro desses dois primeiros ambientes (mais sobre isso no Capítulo 9), e também a desenvolver conexões em um mundo móvel que, em essência, engloba todos os lugares em que as pessoas circulam, além de suas casas, de seus trabalhos e das próprias lojas Starbucks. Certa vez, conforme eu discutia toda essa evolução com Howard Schultz, ele disse: "Nós iniciamos nosso negócio antes da revolução digital; o "terceiro lugar" era nossas lojas. Nosso foco no conceito de mobilidade evoluiu ao patamar em que todos estão obtendo informações primordiais e se comunicando de uma maneira que simplesmente inexistia no passado. Não acredito que nenhuma empresa ou organização possa existir no futuro sem estabelecer uma posição primária relevante nas mentes das pessoas por meio desses mecanismos, seja em termos de tecnologias ou *softwares*. Penso que começamos muito bem, mas reconhecemos que esse sucesso pode ser efêmero. Sendo assim, precisamos continuar a investir e a compreender o que é relevante para as pessoas. O fato é que será bem mais difícil manter sua relevância e a confiança dos clientes dentro de um mundo digital que em ambientes físicos. E é justamente por conta disso que muitas marcas ainda irão surgir e desaparecer."

A Starbucks se tornou uma líder indiscutível nas plataformas digitais, no engajamento em mídias sociais e na inovação. Por exemplo, a Starbucks foi selecionada pela revista *Forbes* como uma das 20 empresas que mais inovaram em 2011. Além disso, no relatório da General Sentiment's QSR MediaMatch de 2012, a companhia foi reconhecida por exercer o maior valor de impacto (US$ 111 milhões) no setor de restaurantes de serviço rápido. O valor de impacto avalia o alcance de uma marca e determina uma estimativa monetária baseada nas amplas discussões e na exposição geral obtida pela empresa. Além disso, o aplicativo móvel Starbucks Card recebeu o prêmio Wireless Application and Mobile Media – WAMM ("Aplicativo sem fio e mídia móvel"), sendo considerado o melhor aplicativo do setor de varejo, vendas e comércio de 2011.

No âmago da bem-sucedida estratégia digital da empresa existem várias áreas inter-relacionadas que todos os líderes empresariais deveriam considerar quando estão tentando se conectar com seus clientes, seja no amplo mercado de massas ou no comércio individualizado. Os cinco componentes fundamentais dessa estratégia digital são: 1º) comércio; 2º) rede e canais móveis de propriedade da empresa; 3º) base de dados voltada para a gestão de relacionamento com o cliente (CRM)/fidelidade do cliente; 4º) mídias sociais; e 5º) *marketing* digital pago.

COMÉRCIO, REDE STARBUCKS E CANAIS MÓVEIS E BASE DE DADOS VOLTADA PARA A GESTÃO DE RELACIONAMENTO/FIDELIDADE

Um dos mais importantes componentes da atual estratégia de mobilidade da Starbucks está ancorado no comércio e se formaliza por meio do Starbucks Card. Mesmo antes de a empresa iniciar seu programa de fidelidade, discutido no Capítulo 6, seus líderes já haviam criado um cartão **"vale presente"** Starbucks. Para que se possa compreender melhor a dimensão desse negócio, vamos imaginar que você tenha adquirido um vale presente da Starbucks no valor de US$ 10 para presentear um amigo. Este poderá utilizar todo o valor registrado no cartão e então jogá-lo no lixo. Porém, de modo alternativo, ele também poderá acrescentar créditos a esse cartão enquanto estiver em uma das lojas e continuar a usá-lo como um cartão de pré-pagamento. Outra possibilidade de uso para o seu amigo é registrar o cartão *on-line* (tornando-se parte do programa de fidelidade Starbucks). Vale lembrar que, depois que o cartão é registrado no *website* da empresa, é possível reabastecê-lo de créditos, seja de maneira manual, na boca do caixa, ou automática, utilizando para isso um cartão de crédito também registrado no *site*. Considerando-se essas opções de uso, o próprio cartão Starbucks já representa um **negócio multibilionário**, com a metade dos clientes utilizando-o somente como vale presente e a outra como seu próprio mecanismo de fidelidade e pré-pagamento.

Desde janeiro de 2011, os consumidores nos EUA que possuíssem um *iPhone*, um *iPod touch* ou um *BlackBerry* já conseguiam baixar o aplicativo do Starbucks Card, o que lhes permitia registrar seus cartões, rastrear seus créditos e recarregar os cartões utilizando o PayPal ou um cartão de crédito. Posteriormente, a capacidade do aplicativo foi aprimorada para que este também aceitasse aparelhos com sistemas operacionais baseados na plataforma *Android*. Em seguida, o aplicativo se fundiu a outro já existente e passou a oferecer um localizador de lojas, além de outras facilidades, e o serviço foi expandido para fora dos EUA. Adam Brotman, diretor do departamento digital, nos ofereceu uma ideia sobre a importância de tais aprimoramentos e os desafios envolvidos nessa empreitada: "Estender esses aplicativos de pagamento para a plataforma *Android* foi absolutamente crucial no sentido de integrar todas as suas funções e oferecer uma experiência contínua aos nossos clientes. A *Android* decolou rapidamente enquanto ainda estávamos desenvolvendo nosso aplicativo original para o *iPhone* e o *BlackBerry*, então tivemos de nos apressar para produzir um aplicativo bem integrado para essa crescente população de consumidores usuários de celulares.

Por meio desses esforços, os líderes da Starbucks produziram um aplicativo social e de pagamento móvel que, embora fosse complexo, era bem fácil de usar e ainda oferecia uma experiência rica em termos de valor agregado para os usuários das plataformas *Android* e *iOS*. Pela perspectiva de facilidade do pagamento móvel, um consumidor precisa apenas selecionar "toque para pagar" e então posicionar seu celular para que um barista faça o escaneamento. Além de facilitar o pagamento, os clientes também podem rastrear suas compras, ver em que pé estão seus prêmios, receber mensagens *inbox*, conseguir informações sobre alimentos e bebidas e selecionar *e-gifts* (brindes eletrônicos).

O aplicativo móvel da Starbucks foi o primeiro programa abrangente de pagamento móvel desse tipo nos EUA. Ele reflete o desejo das lideranças da empresa de adentrar de maneira prática e inovadora a arena dos dispositivos móveis. Veja que os líderes da empresa não tentaram estabelecer um padrão técnico para o pagamento móvel, já que desde o início acreditavam que futuros padrões provavelmente surgiriam das operadoras de cartão de crédito em conjunto com outras companhias como Square, Google, Amazon, PayPay, Microsoft e Apple. Em vez disso, a Starbucks adotou uma abordagem pragmática e adaptativa, utilizando a tecnologia imediatamente disponível na época – o código de barras 2D. Como parte do amplo *upgrade* do sistema de ponto de venda (PDV), os líderes da empresa adquiriram *scanners* 2D e os integraram aos PDVs.

Depois de inúmeros testes antes do lançamento do sistema, Adam Brotman afirmou: "O pagamento móvel é o método mais rápido de se comprar na Starbucks. Não apenas a transação é rápida, mas a fila não fica congestionada enquanto clientes recarregam seus cartões. É melhor para todo mundo. Nossos clientes aprovaram plenamente o sistema de pagamento móvel." No prazo de aproximadamente um ano e meio depois de começar a aceitar os pagamentos móveis, a Starbucks já registrava mais de 100 milhões de transações e, no final do ano de 2012, já acumulava mais de 2 milhões de pagamentos móveis por semana. Brotman acrescenta: "O pagamento por dispositivo móvel está crescendo, mas sabemos que nem todos os nossos clientes se tornarão membros de nosso programa de fidelidade. Nem todo mundo terá um cartão Starbucks e/ou desejará utilizá-lo em seus pagamentos." Todavia, embora as transações via cartão já representassem 25% das vendas, os líderes desejavam oferecer aos clientes ainda mais opções. Em essência, eles queriam aproveitar o grande ímpeto proporcionado pelo aplicativo móvel para alcançar um segmento ainda mais amplo de sua base de clientes. Como resultado, eles procuraram por uma "carteira digital" (*digital wallet*) que pudesse dar aos clientes a capacidade de efetuar suas compras via cartão de crédito e débito utilizando seus próprios celulares.

Em agosto de 2012, a Starbucks anunciou uma aliança estratégica com a Square Inc, além de um investimento de US$ 25 milhões na empresa. O objetivo era alcançar uma solução em termos de "carteira digital". A Square tornou-se bastante conhecida no ano de 2009 quando lançou uma solução de pagamento por cartão de crédito via celular, voltada principalmente para os proprietários de pequenos estabelecimentos comerciais. Esse sistema envolve a conexão ao fone de ouvido do *iPhone* de um pequeno adaptador onde o cartão de crédito do cliente é passado durante a transação. A liderança tecnológica da Square na área de pagamento móvel serviu de base para a escolha do *software* de "carteira digital" dessa empresa para expansão de uso nas lojas Starbucks. Curt Garner, diretor-executivo de informação da empresa, afirma: "Há um grande número de clientes Starbucks que pagam pelos tradicionais sistemas de crédito e débito. Talvez isso aconteça pelo fato de sua frequência nas lojas ser baixa ou eles simplesmente prefiram não utilizar cartões pré-pagos. O sistema Square é uma opção que permite que essas pessoas apreciem a conveniência dos telefones celulares e os benefícios de poder rastrear suas compras e ainda obter recibos digitais. Além disso, sua "carteira digital" lhes oferece uma lista de estabelecimentos próximos que aceitam o pagamento via celular em seus sistemas." Em plena operação, espera-se agora que essa colaboração entre a Starbucks e a Square implemente ao sistema em uso a tecnologia de geolocalização, que irá facilitar não somente o pagamento móvel, mas também o fechamento de pedidos via celular.

No prazo de três meses após o anúncio do acordo entre a Starbucks e a Square, a opção de pagamento móvel via "carteira digital" se tornaria realidade em 7 mil lojas Starbucks nos EUA. Na época do lançamento, Marcus Wohlsen, colunista da revista *Wired*, previu o início de uma verdadeira revolução no pagamento por celular na Starbucks: "Por conta de sua abordagem aberta e contínua, a presença da tecnologia Square na Starbucks, oferece a essa empresa de tecnologia a oportunidade de se tornar uma protagonista na transformação do sistema digital na forma preferencial de pagamento. (...) Pagar pelo sistema Square nas lojas Starbucks é muito simples. As pessoas começarão a utilizá-lo por causa dos pequenos benefícios intrínsecos, como receber o recibo digitalmente via texto. Logo você poderá acrescentar uma gorjeta apenas digitando o valor em seu celular. Multiplique esse uso por pelo menos algumas dezenas de clientes em cada uma das 7 mil lojas credenciadas e o efeito de rede começa a se propagar. Você usa o Square no estabelecimento vizinho porque o viu no aplicativo e então outros comerciantes próximos da Starbucks passam a usar o sistema justamente para aparecerem no diretório. Tem início um círculo virtuoso e o Square – ou melhor, o seu aparelho celular – se torna apenas mais um jeito de pagar."

Tanto a "carteira digital" Square como o aplicativo móvel do cartão Starbucks oferecem aos clientes conveniência no processo de compras. Esses aplicativos também oferecem aos consumidores informações valiosas. No sistema de circuito fechado que caracteriza um programa de fidelidade (no qual é possível perceber a efetividade dos esforços de *marketing* pelas informações de vendas obtidas durante o uso do cartão ou aplicativo de fidelidade), um comerciante pode aprender com seus clientes e refinar suas ofertas. Adam Brotman nos dá um exemplo específico do poder existente na integração dos dados analíticos dos clientes, das informações sobre gestão de relacionamento e de uma abordagem orientada para uma base de dados específica. De acordo com Brotman, o programa de fidelidade da Starbucks conta com mais de 10 milhões de participantes, dos quais, 5,5 milhões optaram por receber comunicados, mensagens de *marketing* e ofertas da Starbucks. Em média, esses 5,5 milhões de usuários cadastrados recebem um *e-mail* semanal da Starbucks (embora a frequência possa ser maior para aqueles que compram mercadorias do *site* StarbucksStore.com e também se inscrevem para o recebimento de comunicados naquela plataforma). A frequência dos *e-mails* também costuma aumentar em períodos que antecedem feriados.

Brotman nos explica sobre a natureza segmentada desses *e-mails*, dizendo: "Em geral criamos cerca de cinco ou seis grupos diferentes de *e-mails* para que possamos ter certeza de que as pessoas realmente recebam ofertas que são relevantes para elas. Por exemplo, observamos nossa base de dados composta por membros do My Starbucks Rewards e isolamos os clientes que costumam comprar alimentos com regularidade. Então passamos a examinar outras características desse grupo, tais como o tipo de bebida que eles adquirem, quando eles iam às lojas e outras variáveis demográficas ou psicográficas. A partir daí fizemos um modelo preditivo observando o resto dessa base de dados." Essencialmente, Brotman nos contou que sua equipe descobriu outros indivíduos naquela base de dados que se pareciam com os consumidores regulares da comida fornecida pela empresa, tanto em suas características comportamentais quanto demográficas, mas que não compravam alimentos na Starbucks. A partir daí, a equipe de Brotman desenvolveu uma mensagem direcionada especificamente e essas pessoas, encorajando-as a experimentar os alimentos vendidos na Starbucks (sem oferecer-lhes qualquer tipo de desconto). A mensagem também trazia imagens atraentes das opções de comida. Centenas de milhares desses consumidores cujas características comportamentais se pareciam com aquelas de consumidores regulares de comida receberam esse *e-mail* específico. De acordo com Brotman: "Os clientes que receberam essa mensagem adquiriram alimentos com uma frequência sete vezes maior que no passado. De fato, tivemos um aumento inicial de vendas com um efeito de cauda sustentável e esse grupo específico se saiu **700%** melhor que o grupo de controle."

Embora a Starbucks se utilize da reunião de informações, de análises e da modelagem de dados para criar mensagens mais relevantes e, desse modo, uma melhor conexão com seus clientes, Brotman e outros líderes da empresa admitiram prontamente que ainda estão trabalhando no sentido de criar mais ferramentas que automatizem esses processos. Além disso, essas lideranças estão buscando maneiras mais eficientes e pessoais de se comunicarem através do *inbox* que integra o aplicativo do Starbucks Card. Em vez de se concentrarem no *e-mail*, o futuro reserva grandes oportunidades para a Starbucks no que diz respeito ao envio de mensagens pelo próprio aplicativo móvel, utilizando-o, portanto, como uma plataforma de conexão individual. No final, os líderes da Starbucks também serão capazes de personalizar a aparência e a atmosfera do *site* da empresa e do aplicativo, com base em seu conhecimento de cada usuário. Neste caso, ambos – *site* e aplicativo – poderão se mostrar diferentes de acordo com as características de cada cliente.

Mas antes de encerrarmos nossa discussão sobre as potencialidades e a importância do aplicativo móvel do cartão Starbucks, é importante entendermos como ele engaja os clientes por meio de estratégias de "**gameficação**"[1]. Amish Shah, diretor de produtos da empresa de aplicativos móveis Bitzio, Inc., descreve a gameficação como: "Utilizar as mecânicas intrínsecas aos jogos em negócios que não estejam relacionados a eles para aumentar a eficiência, a fidelidade e o engajamento do cliente." No que se refere à Starbucks, Shah afirmou: "A Starbucks incorporou mecânicas e designs de jogos em seu popular programa de fidelidade. Através de múltiplos níveis de recompensa e um ativo verificador do progresso alcançado, os amantes do café da Starbucks recebem incentivos contínuos para se manterem conectados à marca." A partir de uma perspectiva visual, no aplicativo do cartão Starbucks, esse "verificador de progresso" assume a forma de estrelas douradas caindo dentro de uma xícara virtual. Esse é apenas um exemplo da utilização pela empresa dos princípios da gameficação.

Em geral, as conversas com líderes da empresa envolvidos na área de tecnologia digital se concentram nas mecânicas dos jogos *on-line* mais populares. Além de reconhecer a diversão e a dramaticidade por trás de jogos como *World of Warcraft*, da Blizzard, *Zynga Poker*, da Zynga, e *Angry Birds*, da Rovio, outros responsáveis pelo sucesso desses jogos são fatores como: realização, frequência das recompensas e possibilidade de demonstrar pu-

---

1 – Do inglês *gamification*. Trata-se de uma estratégia de interação entre pessoas e empresas com base no oferecimento de incentivos que estimulem o engajamento do público com as marcas, através da realização de tarefas (pelo cliente) voltadas para a divulgação, recomendação e avaliação delas, assim como à captação de novos clientes. (Fonte: Revista *Exame*, Leandro Kenski, especialista em *marketing* digital. (N.T.)

blicamente seu avanço. Sabendo disso, os líderes da Starbucks estão integrando estimuladores emocionais da teoria dos jogos nas maneiras como eles engajam clientes por meio de seus dispositivos móveis. Um bom exemplo de como a Starbucks se utiliza da gamificação surgiu na forma de uma caça ao tesouro com a duração de duas semanas e era composta de sete fases, realizada em colaboração com a cantora pop norte-americana Lady Gaga. Cada *round* envolvia o uso de leitores QR para a decodificação pelos clientes de pistas escondidas nas lojas da cafeteria e também nos blogues da empresa e, inclusive em um *site* criado especificamente para o evento. A gincana foi criada para estimular os clientes a trabalharem em equipes e compartilhar suas experiências. O resultado foi positivo tanto para a empresa quanto para Lady Gaga, que lançou um novo álbum durante a caçada – todos os participantes ganharam acesso exclusivo às novas músicas da cantora veiculadas pela rede digital Starbucks. Os vencedores de cada etapa receberam prêmios da Starbucks e também de Lady Gaga. O *marketing* conjunto Starbucks/Lady Gaga e o exemplo de gamificação refletem o poder de se trabalhar com indivíduos e/ou organizações que possuem a habilidade de gerar interesse nas mídias sociais, e então oferecer aos clientes prêmios e acessos especiais, assim como a oportunidade de interagirem de maneira divertida.

REFLEXÃO SOBRE A CONEXÃO

1. Como você avaliaria seu sucesso em estabelecer uma conexão digital de confiança e relevância para seus clientes?

2. Você possuiu uma estratégia multifacetada e bem integrada no que diz respeito a soluções digitais e móveis?

3. Você está se utilizando de mecânicas intrínsecas a jogos para aumentar sua eficiência e também a fidelidade e o nível de engajamento de seus clientes? Como você pode utilizar em sua estratégia digital os impulsionadores comuns por trás de jogos populares, e fazê-lo de maneira bem-sucedida de modo a oferecer recompensas pelas realizações e pela frequência de seus clientes e, ao mesmo tempo, garantir a eles a oportunidade de compartilharem publicamente seus feitos?

GERANDO TÓPICOS DE DISCUSSÃO PARA OS CLIENTES – UM MUNDO DE MÍDIAS SOCIAIS

De várias maneiras, e pela própria natureza de sua cultura, a Starbucks é uma empresa que se sai bem com as mídias sociais. Afinal, os líderes da organização valorizam o envolvimento emocional e a conexão com os seus clientes e com toda a comunidade. Apesar disso, em certos aspectos, o total compromisso com estratégias digitais e sociais exigiu uma mudança de mentalidade desses líderes. Por exemplo, Chris Bruzzo, vice-presidente sênior do setor de gestão de marca e canais de veiculação, foi encarregado de lançar a Starbucks no ambiente de mídias sociais. Bruzzo afirma que a conexão social é autêntica na marca Starbucks e que as cafeterias, por sua própria natureza, facilitam a formação de redes sociais: "De certo modo, as cafeterias foram as primeiras redes sociais. Dito isso, em 2007, Howard (Schultz) me chamou para conversar em um dia próximo ao Natal e disse: 'Precisamos nos inserir nos espaços social e digital. Sei que as pessoas já vêm me dizendo isso há algum tempo, mas agora temos de agir. Estamos lutando para ouvir nossos clientes e devemos resolver isso digitalmente.' Howard nos estimulou a lançar o *site* My Starbucks Idea, em 2008, e logo em seguida a nos embrenharmos no Twitter."

No Capítulo 3, compartilhei os benefícios do MyStarbuckIdea.com pela perspectiva de se escutar a voz do consumidor. Todavia, é importante notar que esse *site* ajudou a mudar a cultura da empresa, e de uma maneira que se mostraria absolutamente necessária para o seu futuro sucesso nas mídias sociais. Antes desse *site* de ideias, as mensagens para os (dos) clientes eram direcionadas principalmente pela (à) divisão de comunicação da marca, no Starbucks Support Center. O *site* My Starbucks Idea criou um diálogo bem mais amplo e imediato entre os consumidores e os especialistas de cada setor da empresa. Dentro desse cenário, a Starbucks foi capaz de se lançar em um ambiente altamente interativo – o Twitter. Chris Bruzzo afirmou que o lançamento do Twitter da Starbucks (@starbucks) foi amplamente facilitado pela combinação da pessoa certa, se aproximando do líder certo e no momento certo: "Esse jovem do departamento técnico bateu à minha porta um dia e disse, 'Chris, eu quero crescer, portanto, desejo ajudar a desenvolver esse negócios nas mídias sociais. Acho que o Twitter pode ser o canal ideal.' Isso foi antes de o Twitter se tornar um conceito tão bem conhecido. Honestamente, devo dizer que não me interessava muito pelo que essa plataforma tinha a nos oferecer, tampouco sabia se ela funcionaria para nós. Porém, como esse *partner* já havia trabalhado como barista e via o Twitter como um 'meio de ampliar a conexão do barista *on-line*,' eu achei que deveriamos dar uma chance a ele. A Starbucks passou a utilizar o Twitter antes mesmo de se aventurar em qualquer outra plataforma de mídia social, e isso foi graças a esse *partner*, que percebeu que o Twitter era o espaço adequado para marcas. Na época o Facebook não parecia muito atraente para as empresas. No primeiro dia em que a nossa página foi criada, a Starbucks conseguiu 600 seguidores; no segundo dia já eram 1.500. Em meados de 2013, a empresa já contava com mais de 3 milhões de seguidores."

Pela perspectiva de analistas externos, a abordagem da Starbucks no Twitter deve ser elogiada com base em seu engajamento direto com os clientes e em sua resposta a questões relativas aos serviços oferecidos. Kylie Jane Wakefield, que escreve para o *The Content Strategist*, apontou o seguinte: "Verificando a página da Starbucks no Twitter, é visível que a maioria dos *tweets* é direcionada aos consumidores (...) De fato, muitas das postagens começam com "Pedimos desculpas pelo ocorrido!" ou "Sentimos muito por ouvir isso!", e então oferecem soluções para os clientes consternados. Ou seja, em vez de simplesmente perder esses clientes irritados, a Starbucks responde diretamente a eles, resolvendo as situações e se certificando de que, no final, eles fiquem satisfeitos (...) Agindo assim a empresa mostra que prefere abordagens diretas à utilização de mecanismos do tipo: "Estamos aqui!" ou de puro *marketing* (...) Além disso, com essa atitude a Starbucks mostra que se importa com as pessoas que compram seus produtos." Pela perspectiva de mídia social, o Twitter se encaixou muito bem ao foco da Starbucks em preservar as conexões pessoais e os "momentos edificantes."

Todavia, embora a entrada da Starbucks no Twitter tenha sido tranquila, o lançamento da página da empresa no Facebook exigiu alguma preparação inicial. Alexandra Wheeler, vice-presidente de *marketing* digital global – a primeira funcionária a ser contratado pela Starbucks para cuidar de questões digitais e relativas a mídias sociais, em 2006 –, afirmou: "Precisamos nos esforçar um pouco para conseguirmos estabelecer nossa presença oficial no Facebook. Para que isso acontecesse, nós primeiramente entramos em contato com cerca de uma dúzia de donos de *fan pages* (páginas de fãs) – de modo geral, havia provavelmente cerca de 30 mil fãs espalhados por elas –, e, então, compartilhamos com eles nosso interesse em consolidá-las para que pudéssemos assumir uma presença oficial na plataforma. Na ocasião, todos se mostraram bastante receptivos e entusiasmados com essa consolidação, e esse foi o início de nossa jornada pelo Facebook."

Dois dos elementos fundamentais da estratégia da Starbucks no Facebook são autenticidade e conteúdo interessante. A Starbucks está absolutamente comprometida em **fazer amigos, não ofertas**. Em essência, a equipe de mídias sociais da empresa pretende gerar interesse confiável, e não apenas fornecer às pessoas incentivos para que elas sigam a companhia. A partir dessa abordagem, Wheeler e sua equipe de redes sociais ajudaram a manter a página da empresa longe das "iscas" – quando se atrai uma pessoa para "curtir" sua página apenas para garantir que ela visualize conteúdo novo.

Além de um conteúdo autêntico e de alta qualidade, os líderes da Starbucks buscam oferecer mensagens frequentes e consistentes. Por exemplo, a equipe de mídias sociais da empresa posta *tweets* diariamente. Além disso, ela também publica no Facebook com regularidade, mas sem exageros, pois considera que seus *feeds* na página devem atender ao apetite dos seguidores da página, sem sobrecarregá-los. A equipe de mídias também lê as postagens dos visitantes e se conecta com eles de maneira ativa. Um desafio significativo para esse grupo de pessoas é administrar a escala de atividades nessas plataformas. Por exemplo, ao atualizar o *status* no Twitter, a empresa já deparou com *threads*[2] com cerca de 30 mil comentários. Pela perspectiva estratégica, administrar escala é um ótimo problema para uma empresa enfrentar. Entretanto, vale lembrar que o ideal é que as postagens de uma empresa no Twitter, assim como seus *feeds* no Facebook, se concentrem em estimular o apetite de seus seguidores, sem bombardeá-los com um número excessivo de mensagens. O Twitter e o Facebook são **plataformas de conexão**; nenhuma delas, portanto, é ambiente adequado para vendas e negociações.

Todavia, além das plataformas já mencionadas, a Starbucks também exerce forte presença social no YouTube, Google+, Foursquare, Instagram e Pinterest.[3] Além disso, a equipe de recursos humanos tem se mostrado ativa no LinkedIn.[4] Com relação ao YouTube, o especialista em conteúdo de *marketing* da Pardot, Matt Wesson, afirmou: "A Starbucks está constantemente expandindo seus canais e explorando novos formatos para se conectar aos clientes. Acredito que ela seja uma das empresas mais competentes no que diz respeito a utilizar vídeos para contar a história de sua marca. O canal de vídeos da Starbucks no YouTube já apresenta mais de 250 vídeos; estes se concentram em ressaltar os valores da empresa e em compartilhar o que acontece nos bastidores e também as experiências pessoais dos clientes."

---

2 – Termo utilizado no Twitter. Trata-se de uma série de artigos sobre um determinado assunto veiculado na Internet – *show*, evento esportivo, acontecimento, catástrofe etc. (N.T.)

3 – Pela ordem à YouTube: *site* que permite que seus usuários carreguem e compartilhes vídeos em formato digital; Google+: rede social mantida pela Google Inc.; Foursquare: rede social baseada em geolocalização que permite que o usuário informe sua posição atual e faça resenhas dos locais visitados; Instagram: aplicativo que permite que usuários tirem fotos, apliquem filtros e compartilhem as imagens no próprio Instagram ou em várias redes sociais; Pinterest: Pin (alfinetar/marcar) + Interest (Interesse). Trata-se de uma rede de compartilhamento de fotos, na qual os usuários podem compartilhar e gerenciar imagens temáticas em diferentes murais. (N.T.)

4 – Trata-se de uma rede de negócios que, embora possa ser comparada às redes de relacionamento, é voltada para profissionais. (N.T.)

Mas a despeito dessa expansão efetiva em novas plataformas, e de todos os elogios dos analistas, os obstinados líderes da Starbucks continuam a buscar novos meios de inovar em suas estratégias de mídias sociais. Adam Brotman nos contou: "Estamos entusiasmados com a oportunidade de fazer muito mais no YouTube. Quando contamos histórias nos vídeos, podemos utilizá-lo tanto em nosso próprio *site* Starbucks.com como em nossa página no Facebook. Então, quando nos conectamos e contamos nossas histórias, o YouTube torna-se apenas um entre os vários diferentes canais que estamos utilizando. Considerando-se a velocidade com que as mudanças acontecem no espaço digital, mostrar-se complacente ou confortável com o *status quo* não é uma opção viável." Os grandes líderes buscam continuamente lançar mão de todas as opções que emergem por meio da tecnologia e posicionar seus empreendimentos em plataformas sociais de maneira mais efetiva e estratégica.

A RAZÃO DO SUCESSO DA STARBUCKS NAS MÍDIAS SOCIAIS

Em 2012, a PhaseOne, uma empresa líder na área de pesquisas analíticas em comunicação de marketing, conduziu um estudo envolvendo 75 marcas *top* em seis mercados verticais: automotivo, refeições, alimentos/bebidas, varejo, serviços e tecnologia. Para avaliar o engajamento social, a PhaseOne analisou as marcas em suas pesquisas utilizando métricas como o número de "curtidas" no Facebook, o *Klout Score*[5] e a análise de sentimentos na rede. A conclusão foi: **em termos de engajamento de usuários nas mídias sociais, a Starbucks é a marca número 1**. Ao discutir essas descobertas, os pesquisadores da PhaseOne explicaram: "Para se atingir tamanho sucesso no engajamento em mídias sociais, a Starbucks estabeleceu como foco principal do seu *site*, de sua página no Facebook e de seus anúncios de TV o indivíduo e em suas experiência com a marca. Por exemplo, a página da empresa no Facebook envolve cada visitante ao penetrar de maneira direta e profunda em suas preferências de café e histórias pessoais." Todavia, embora a individualização das experiências e a unicidade das escolhas dos clientes sejam componentes substanciais do sucesso da empresa nas redes sociais, a empresa também se beneficiou do fato de adotar uma postura ao mesmo tempo ponderada e respeitosa em cada plataforma social de que participou. Ao se utilizar dessa abordagem estratégica e metódica, a Starbucks atrai os usuários dessas plataformas em direção a sua marca.

---

5 – A palavra inglesa que deu origem à expressão é *clout* (influência). O termo é usado para demonstrar a capacidade de um indivíduo de influenciar outras pessoas. O escore é medido com base nos conteúdos e nas opiniões compartilhados na *Web* e, principalmente, nas redes sociais. (N.T.)

Muitas companhias se aventuram nas plataformas sociais emergentes com zelo e fervor; a Starbucks, entretanto, o faz de maneira mais calculada. Os membros da equipe de mídias sociais da empresa avaliam cada nova oportunidade para determinar se ela é ou não adequada para o estabelecimento de **conexão humana** – a essência da marca Starbucks. Do mesmo modo, eles observam se possuem os recursos necessários para se envolverem nessa plataforma de maneira efetiva e, simultaneamente, manter o respeito aos membros já existentes na comunidade. Adam Brotman declarou: "Considerando o alcance e o nível de envolvimento que atingimos, somos uma equipe muito pequena que se revela bastante prudente em relação ao compromisso com qualquer plataforma emergente. Utilizemos o Pinterest como exemplo. Trata-se de uma plataforma tão pessoal que logo percebemos que deveríamos estar ali. De fato, à medida em que decolava, percebemos a presença de vários de nossos clientes ali e nos sentimos ávidos por encontrá-los e estabelecer uma conexão, mesmo assim, foram 6 meses de discussão antes do lançamento de nossa página. Nos bastidores, estávamos em agonia por não entrar logo naquela plataforma, mas queríamos muito fazer a coisa certa. Se você entrar no Pinterest, verá que existe um jeito certo de se engajar e um modo respeitoso de se apresentar. Assim como no Twitter, no Facebook ou no Instagram, para nos envolvermos nessa comunidade seria necessária uma abordagem autêntica que demonstrasse o respeito que temos pela essência de nossa marca. No início, quando finalmente entramos no Pinterest com o conceito de Starbucks Love, começamos a postar e "pinar"[6] várias coisas que não eram nossas. Nós nos concentramos muito nos murais (boards) que montamos." No contexto de seu tema Starbucks Love, a empresa "pinou" itens como café, alimentos, música e inspiração. Neste sentido, os murais incluíam "comida real," "momentos de apreciação do café" e "lugares inspiradores". Esses temas não estão apenas no coração da marca, mas no coração dos próprios clientes da Starbucks.

Ao estabelecer conexões nas mídias sociais com base em experiências individualizadas, preferências exclusivas, seleção cuidadosa de plataformas e respeito pela comunidades ali presentes, a Starbucks atraiu os consumidores para o seu conteúdo, em vez de simplesmente enfiar-lhes goela abaixo seu material de *marketing*. Mark Bonchek, Ph.D. e fundador da ORBIT+Co, descreveu essa abordagem como criação de "gravidade." Segundo ele: "Enquanto empresas tradicionais 'enfiam' suas mensagens e seus produtos no consumidor, essas organizações específicas aproximam naturalmente as pessoas. Em vez de tratarem os clientes como alvos passivos, elas os veem como membros ativos. Como o sol em um sistema solar, elas vão muito além do conceito de fidelidade do consumidor e criam um verdadeiro campo gravitacional que simplesmente atrais os clientes para sua órbita."

---

6 – Forma abrasileirada do termo *pin* (alfinete/alfinetar ou, neste caso, marcar). (N.T.)

E graças a essa atração gravitacional, a Starbucks conseguiu colocara em prática o que muitas marcas apenas pensam em fazer: traduzir sua presença nas mídias sociais e os investimentos no âmbito digital em RSI (retorno sobre investimentos). Alexandra Wheeler, vice-presidente de *marketing* digital global, explicou: "Um dos momentos mais importantes em nossa jornada nas mídias sociais ocorreu em 2009, quando celebramos o Free Pastry Day.[7] Na ocasião, decidimos lançar nossa nova plataforma de iguarias utilizando o meio digital, o que era bastante incomum para nossa empresa. A pergunta que todos se faziam: seriam o meio digital e a simples oferta gratuita de um item alimentício capazes de gerar tráfego nas lojas? Pois bem, com base nessa abordagem digital/social, um milhão de pessoas foram atraídas para a Starbucks em um único dia, e conseguimos divulgar nossa linha de produtos alimentícios com a distribuição de um milhão e meio de iguarias." Embora não seja possível se basear somente em uma multidão que se mobiliza em busca de uma oferta gratuita, a empresa tem como rotina reunir dados que mostram que os investimentos no setor digital são eficientes impulsionadores de negócios. Como afirmou Alexandra Wheeler: "Já temos evidências que comprovam os efeitos multiplicadores do engajamento digital tanto sobre o *marketing* direto quanto sobre os investimentos em *marketing* pago."

BENEFICIANDO-SE DOS EFEITOS MULTIPLICADORES DAS MÍDIAS SOCIAIS SOBRE O MARKETING DIGITAL PAGO

Em um nível puramente estratégico, os líderes da Starbucks consideram que tanto as mídias sociais como o *marketing* digital pago desempenham papeis importantes na criação de conexão com os clientes. Os anúncios pagos ampliam o alcance da marca, enquanto as mídias sociais estão voltadas não apenas para o alcance propriamente dito, mas para o divertimento proporcionado, a capacidade de engajamento e de construção da marca. As lideranças da Starbucks estão erigindo uma base de fãs e seguidores por meio das mídias sociais e, ao mesmo tempo, decidindo o momento certo de fazer algo nesses espaços que seja direcionado à promoção ou ao engajamento de pessoas. Se os líderes buscam envolvimento, eles optam por desencadear um processo "viral." Adam Brotman explicou da seguinte maneira: "Dentro do conceito de social, se alguém gosta de você ou dos comentários que você faz, isso aparece para os amigos, familiares e seguidores desse indivíduo. Quando um de nossos *tweets* é retransmitido, isso literalmente amplia e magnifica o alcance de nossa marca. O grande benefício

---

7 – Em tradução livre, "Dia do bolo grátis". (N.T.)

por trás do social é o fato de as pessoas estarem se envolvendo com a nossa empresa. Por exemplo, elas compartilham com seus amigos o fato de estarem chegando a uma loja Starbucks e, em geral, ao fazê-lo, estão usando o Foursquare e se conectando ao Facebook, ao Twitter e/ou ao Instagram. Em nossa estratégia de mídias sociais, nós pegamos o efeito viral das mensagens que publicamos na forma de *feeds* regulares e o ampliamos de maneira inteligente ao integrá-lo à publicidade digital paga nos espaços sociais. Desse modo, quando optamos por histórias/*tweets* promovidos no Facebook/Twitter, conseguimos reduzir de maneira eficiente os custos de cada impressão paga e, ao mesmo tempo, nos conectar a uma quantidade ainda maior de clientes."

Dave Williams, CEO da BLiNQ Media, que costuma definir o Facebook como o **maior coquetel do planeta**, sugere que o grande objetivo desse meio social não é a promoção de vendas de maneira agressiva e na própria plataforma, mas o colecionamento de **"curtidas"** – o que, em termos comparativos, seria o equivalente a acumular cartões de visita em uma festa. Williams destaca que a abordagem da Starbucks para a integração das mídias sociais e pagas é uma melhor prática desejável. "Para mim, os anúncios iniciados pelo consumidor são o futuro da publicidade, e não somente no Facebook, mas em todas as redes sociais. As histórias patrocinadas do Facebook – iniciadas pelos clientes, não pelas marcas – representam uma das maneiras mais inteligentes de se lidar com essa mina de informações. Ali o usuário se torna um patrocinador de sua marca, com microinterações como 'curtidas', postagens, *check-ins* ou aplicativos usados transmitidos aos amigos e transformados de maneira sutil em conteúdo promovido. A Starbucks é um exemplo de marca que soube usar muito bem as histórias patrocinadas. Antes de se utilizar de gráficos sociais para se embrenhar em discussões sobre intervalos para o café e/ou suas deliciosas ofertas de comidas e bebidas, a empresa conseguiu construir de maneira gradual uma base sólida de fãs, apresentando a eles anúncios com contexto social", explicou Dave Williams.

Considerando todo o conhecimento e a consciência que caracterizam as lideranças da Starbucks no que se refere a estratégias de mídias sociais, pedi a Adam Brotman que compartilhasse com os leitores desse livro alguns conselhos sobre o assunto. Sua resposta foi direta: "Não consigo imaginar a existência de um espaço mais poderoso que o digital quando o assunto é se conectar com os clientes, contar sua história e/ou ampliar seu alcance. Por 'digital', refiro-me a tudo, desde o *site* da empresa até o *marketing* digital e a fidelidade dos clientes. A Square é um ótimo exemplo disso – para um varejista físico, a Square não apenas garante a você um meio eficiente de aceitar pagamentos via cartão de crédito, e de maneira fácil. Essa empresa também desenvolveu todo um sistema operacional que, além de reunir pequenos comerciantes e seus clientes, pode ainda ser complementado por ações no Twitter e no Facebook, e por um *site* atraente." Brotman também sugere que toda empresa deveria contar com uma equipe ou funcionário específico dedicado a verificar de maneira contínua o engajamento comunitário, a construção da marca e o *marketing* via digital. Se a companhia for pequena, esse acompanhamento poderia ser somente uma das atividades do indivíduo, porém, é fundamental que ele seja feito de modo consistente e tático. Brotman afirmou que é preciso que alguém na empresa: "Invista tempo pensando e avaliando que tipo de plataforma é mais adequada ao negócio e à interface com os clientes. E isso não se aplica apenas às mídias sociais, mas também ao *website* da empresa, ao programa de fidelidade, ao modo como a companhia se utiliza dos pagamentos como forma de comunicação, à natureza dos sistemas de gestão de relacionamento, e à maneira como as informações são capazes de guiar suas estratégias de *marketing* e engajamento. Independentemente de existirem duas ou duas mil pessoas em sua organização, é preciso ter uma estratégia. Sua empresa pode ser expansível e customizável, mas é crucial contar com alguém que possa avaliar e monitorar sua trajetória."

REFLEXÃO SOBRE A CONEXÃO

1. O quão estratégicas são suas decisões envolvendo as plataformas de mídias sociais por meio das quais sua marca irá se engajar?

2. Você está buscando maneiras de mensurar o RSI e ampliar os efeitos de suas estratégias sociais e de mídias? Você tem associado a publicidade digital paga à sua estratégia de mídias sociais?

3. Você direciona seus recursos "investindo o tempo necessário na elaboração e avaliação do tipo de plataforma que é mais adequada ao seu negócio e à interface com os seus clientes, (...) ao seu *website*, ao seu programa de fidelidade, ao modo como a organização se utiliza dos pagamentos como forma de comunicação, à natureza dos sistemas de gestão de relacionamento, e à maneira como as informações são capazes de guiar suas estratégias de *marketing* e engajamento?".

TECNOLOGIA A SERVIÇO DA MISSÃO DA EMPRESA

As lideranças da Starbucks já fizeram amplos investimentos em tecnologia. Alguns deles são percebidos tanto pelos clientes quanto pelos *partners*, enquanto outros permanecem nos bastidores da empresa. A maior parte dessas despesas tem como objetivo 1º) oferecer ao cliente momentos edificantes e 2º) aprimorar a conexão Starbucks. Uma das mudanças mais óbvias nesse sentido foi a empresa passar a oferecer Internet sem fio, gratuita e com apenas um clique em suas lojas. O ex-diretor de informática da rede explicou que há muitos anos já se sabia que a empresa estava atrasada nesse aspecto. De fato essa percepção ocorreu quando certo dia ele próprio se dirigiu ao *Taco Truck*, um caminhão que vende tacos que estava estacionado bem na frente do Centro de Suporte da Starbucks em Seattle e percebeu que nele já se oferecia esse tipo de serviço. Na época, a Starbucks disponibilizava aos clientes apenas duas horas de Internet grátis por dia e, mesmo assim, somente se eles registrassem seu cartão Starbucks e mantivessem um saldo mínimo de US$ 5. Então, em 2009, a empresa resolveu fazer os investimentos necessários para oferecer de maneira simples e contínua Internet gratuita sem fio a todos os clientes. Também nessa época, a empresa decidiu trabalhar com geradores de conteúdo para criar a rede digital Starbucks, que permitiria que todos que se utilizassem da rede sem fio da loja também pudesse acessar conteúdos gratuitos protegidos de vários parceiros. Por exemplo, os clientes poderiam baixar a Pick of the Week[8] da iTunes, visualizar empresas locais no diretório Square, verificar a avaliação de restaurantes locais ou até ler um livro publicado pela New Word City. Ou seja, a rede digital Starbucks agregou ainda mais valor à própria experiência Starbucks, disponibilizando aos seus clientes desde informações relevantes locais até conteúdo diferenciado.

Outro exemplo menos óbvio da tecnologia que é usada para aprimorar a conexão dentro das lojas é um projeto bastante simples, mas, ao mesmo tempo, abrangente, voltado para a reformulação geral do sistema de ponto de serviço (POS[9]), chamado *Simphony* (sinfonia). Curt Garner, diretor-executivo de informação da empresa, explicou: "Para anotarmos um pedido com o nosso antigo

---

8 – Em tradução livre: "escolha da semana". Trata-se de uma parceria entre a Starbucks e a Apple, na qual a cafeteria disponibiliza gratuitamente aos consumidores músicas e clipes musicais, por meio da iTunes Store. O conteúdo é disponibilizado via cartões de *download* distribuídos em mais de 7 mil lojas da Starbucks nos EUA, e têm a validade de 60 dias a partir da data em que a faixa foi nomeada para o programa. (N.T.)

9 – POS significa "ponto de serviço", mas, às vezes, também se refere a ponto de venda (PDV). No Brasil, a sigla POS é mais utilizada no âmbito de TI, enquanto PDV na área de comércio (entre outras). (N.T.)

POS, todas as informações deveriam ser inseridas em uma ordem específica, com o tamanho primeiro, depois as bebidas e então os modificadores." Depois de observarem atentamente as interações durante os pedidos as lideranças da empresa perceberam que até mesmo clientes regulares, que já conheciam o sistema, acabavam tendo algumas dificuldades. Por exemplo, vamos imaginar que um frequentador assíduo da cafeteria entrasse na loja acompanhado de seu filho. O cliente diria: "Eu quero um duplo *mocha*, um chocolate quente, uma tigela de cereais e um sanduíche de peru com bacon." Nessa situação, o barista teria de se esforçar para lembrar do chocolate quente mesmo sem anotá-lo, já que, antes de fazê-lo, teria de rever com o pai o tamanho da bebida. É óbvio que esse sistema exigia muito dos *partners* em termos cognitivos e os distraia de seu objetivo maior – a total conexão com os clientes. Isso sem falar nos erros que ocorriam nos pedidos. Por outro lado, um cliente totalmente novo poderia fazer o seu pedido fora de ordem, então o barista teria de repetir todos os itens na sequência correta de acordo com as especificações do sistema. Isso, com frequência, fazia com que o cliente pensasse que estava sendo corrigido pelo funcionário. Curt Garner disse: "A partir de todas essas observações, surgiu a ideia do pedido interativo, cujo conceito é bem simples: a própria tecnologia se encarregaria de resolver a questão. Nesse novo sistema tudo o que o barista tem de fazer é anotar o pedido no sistema, em qualquer ordem consistente com o padrão de cada cliente."

Essencialmente, depois desse aprimoramento no sistema o próprio computador passou a construir o pedido da bebida na tela, mostrando o que estava faltando para completar a receita em um tom cinza claro e o que precisava ser marcado no copo em verde escuro. No início, Garner e seus colegas imaginaram que esse aspecto interativo dos pedidos seria particularmente vantajoso para os novos baristas, porém, todos se surpreenderam ao perceber que os profissionais mais veteranos também adoraram o novo sistema, pois ele permitia que todos os pedidos fossem visualmente checados antes de serem fechados. Garner acrescentou: "Ao lançarmos o *Simphony*, como uma nova solução em termos de POS, também aproveitamos para fazer várias implementações a partir de uma perspectiva tecnológica, o que nos deu a oportunidade de vislumbrar o futuro. Neste sentido, criamos uma solução de rede que permitiu que, em vez de mantermos caixas registradoras isoladas em um canto da loja e precisarmos acessá-las diariamente para verificar as vendas realizadas, cada equipamento contasse com seu próprio endereço IP em nossa rede central. Isso nos possibilitava acessá-las continuamente, obter dados e, ao mesmo tempo, atualizá-las. A arquitetura de POS também nos permitiu a conexão direta com os APIs (*interface* para programação de aplicativos) e com outras rotinas que tornaram possível a instalação de dispositivos pelo sistema *plug and play*, como *scanners*, por exemplo. Ela também nos garantiu um tempo de resposta de 90 dias no Square. Grande parte da tecnologia usada na Starbucks também tem como objetivo simplificar e dinamizar a comunicação entre as pessoas dentro da organização. Considerando o quão complicado já é até mesmo para pequenas organizações transmitir mensagens consistentes aos seus funcionários, imagine o desafio enfrentado pela Starbucks ao ter de se comunicar continuamente com centenas de milhares de *partners* em todo o mundo. Por conta dessa realidade, as lideranças da empresa trabalham de modo constante no sentido de desenvolver soluções tecnológicas integradas que sirvam de opção aos ocupados gerentes locais e ajudem a companhia a garantir a fluidez de informações em todos os níveis hierárquicos.

Quando questionada sobre o futuro tecnológico e digital da Starbucks, Alexandra Wheeler disse de maneira sucinta: "A tecnologia irá se desenvolver e as pessoas irão mudar, mas nossa missão sempre nos guiará. A tecnologia servirá aos propósitos de nossa missão e, então, lançaremos mão de nossas próprias estratégias para engajar nossos *partners* e clientes, onde quer que eles estejam. Lutaremos para nos manter relevantes para todos eles e para exaltá-los por meio da conexão humana."

A tecnologia é poderosa quando a vemos como um modo de aprimorar a conexão humana e não como algo que inevitavelmente promoverá a **impessoalização**. No que diz respeito ao uso de tecnologia para exacerbar o conceito de humanidade, as lideranças da Starbucks já produziram alguns resultados interessantes e inesperados, até mesmo em outros negócios. Por exemplo, Jack Dorsey, CEO da Square, deixou de utilizar o termo **usuário** graças à Starbucks. Segundo ele, Howard Schultz – que também é membro do conselho diretivo da Square – certa vez o indagou de maneira discreta sobre o uso dessa palavra para se referir aos clientes da empresa. Dorsey refletiu um pouco e explicou: "O termo 'usuário' (*user*) surgiu na área de computação com o aparecimento dos terminais compartilhados. (...) Na cultura *hacker* essa palavra designava indivíduos que não eram técnicos, criativos ou capazes de criar ou desenvolver algo no campo da informática, apenas se utilizavam dos recursos já disponíveis [lembrando que, nos bastidores, essas pessoas eram geralmente apelidadas de *lusers*, junção das palavras inglesas *user* + *loser* (usuário + perdedor)]. Com base na natureza um tanto provocativa da pergunta de Schultz, Dorsey decidiu que, a partir dali, a Square substituiria o termo **usuário** por **cliente**. Pela ótica de Dorsey, essa simples mudança reflete uma inclinação mais humanitária nos serviços oferecidos pela companhia. De maneira mais específica, ele afirmou o seguinte:

"A Square precisa parar de 'se distanciar das pessoas que escolhem justamente os nossos produtos em comparação àqueles dos nossos concorrentes. (...) Temos os clientes que conquistamos, e eles merecem todo o nosso respeito, toda a nossa consideração e serviços da melhor qualidade.'"

Quando discutimos o uso da palavra *partner*, no Capítulo 5, eu disse que **as palavras importam**. Esperemos, portanto, que as lições aqui oferecidas possam ajudá-lo a perceber a poderosa "conexão humana" que pode ser estabelecida pelo uso da tecnologia. Lembrando que a tecnologia não é um fim em si mesma, tampouco algo para ser oferecido exclusivamente aos **"usuários"** de tecnologia; trata-se de uma ferramenta implantada para atender às necessidades de seus **"colaboradores"** e de seus **"clientes"**, e, também, para **conectá-los!**

PONTOS DE CONEXÃO

- Enquanto as conexões "físicas" tendem a se revelar ótimas oportunidades para o desenvolvimento de relações diretas (face a face), atualmente, a maioria das marcas enfrenta o grande desafio de construir e/ou estender suas conexões pessoais para além das paredes das redes varejistas tradicionais.

- Os componentes-chave de uma estratégia digital abrangente são: 1º) comércio; 2º) rede e canais móveis de propriedade da empresa; 3º) base de dados voltada para a gestão de relacionamento com o cliente (CRM)/fidelidade do cliente; 4º) mídias sociais; e 5º) *marketing* digital pago.

- Nos dias de hoje, empreendimentos bem-sucedidos buscam maneiras de integrar seus ativos digitais de modo a construir um comércio *on-line*, garantir tráfego nos estabelecimentos físicos, promover engajamento e manter a fidelidade do cliente.

- As abordagens nas plataformas Twitter e Facebook devem adotar níveis de comunicação consistentes, mas não excessivos; o objetivo aqui é a **conexão**.

- Quando se pensa em adentrar uma nova plataforma de mídia social, é preciso considerar três aspectos cruciais: essa plataforma se encaixa à sua marca? Você possui os recursos para sustentar o engajamento? Você investiu tempo suficiente para compreender como as pessoas preferem interagir nessa plataforma?

- Ao se utilizar das mídias sociais para construir conexões em torno de experiências individualizadas e preferências exclusivas, é bem provável que você consiga atrair consumidores para o seu conteúdo.
- Independentemente do tamanho de um empreendimento, seus líderes precisam designar um funcionário para cuidar das estratégias de mídias sociais da empresa.
- A tecnologia deve estar a serviço da missão da empresa, não o contrário.
- A tecnologia é poderosa quando vista como meio de aprimorar a **conexão humana**, e não como algo que inevitavelmente promoverá a impessoalização.
- A tecnologia não é algo para ser oferecido exclusivamente aos **"usuários"** acostumados a essa ciência; trata-se de uma ferramenta para atender às necessidades de seus **"colaboradores"** e de seus **"clientes"**, e, também, para **conectá-los**!

CAPÍTULO 9

Relacionamentos pessoais se traduzem em: compartilhar o amor das pessoas pelos produtos

"A publicidade move as pessoas em direção aos produtos; o merchandising move os produtos em direção às pessoas."

MORRIS HITE

Quando se estabelece uma relação pessoal entre **empregado** e **cliente** – e este relacionamento é reforçado pelo uso da tecnologia –, a marca recebe a permissão de transferir essa mesma conexão emocional para novas ofertas de produtos. A Starbucks é um bom exemplo de como utilizar esse tipo de conexão nas categorias de **bens de consumo embalados** (BCEs), como, por exemplo, o Starbucks VIA® Ready Brew (café instantâneo), na oferta de bebidas prontas para consumo, nas embalagens a granel de café e chá, e nos demais produtos das marcas Tazo e Starbucks comercializados em outros estabelecimentos de produtos alimentícios. Em um estudo de caso sobre capital relacional (traduzindo conexão humana em valor comercial), os autores Ranjay Gulati, Sarah Huffman e Gary Neilson, sugerem que a Starbucks tenha garantido para si mesma a oportunidade de comercializar BCEs: "Por conta, em grande parte, do cuidadoso trabalho de criação e desenvolvimento da experiência Starbucks, realizado por Howard Schultz, essa empresa tem se mostrado capaz de usar sua marca, cada vez mais sólida, em uma grande variedade de alianças que, por sua vez, lhe permitem vender o café Starbucks e gerar novos produtos com esse poderoso nome. Ao estabelecer essas relações o objetivo tem sido continuar a desenvolver a marca fora das lojas de varejo da companhia e, assim, alcançar múltiplos pontos de contato..."

Dito isso, muitas pessoas se surpreendem ao descobrir que a Starbucks começou no setor de venda de produtos a granel, não de fornecimento de café pronto para o consumo. A loja Starbucks original torrava pequenas quantidades de grãos e os vendia não somente para os clientes que frequentavam o local, mas também para donos de restaurantes locais e até pelo correio. Essencialmente, a Starbucks teve início como uma empresa especializada em BCEs. Somente mais tarde as lideranças da organização atuariam de maneira estratégica no sentido de posicionar a companhia como um **negócio global de preparo e comercialização de café** – e de outras bebidas dele oriundas – e, por conseguinte, voltado à promoção de experiências positivas para o cliente. Se no passado esses líderes se utilizaram da conexão dentro das lojas (o terceiro lugar) para transformar essa marca nesse verdadeiro gigante global, de modo mais recente, eles têm mobilizado tal conexão para dentro dos lares dos consumidores (o primeiro lugar) e seus locais de trabalho (o segundo lugar). Por causa do sucesso, da conexão e do amor forjados dentro das cafeterias Starbucks, essas lideranças também conseguiram desenvolver um mercado substancial no espaço de vendas diretas entre negócios. Além disso, essas pessoas também idealizaram novos produtos que visam atender às necessidades intrínsecas ao estilo de vida móvel dos consumidores de hoje em dia.

Ao longo deste capítulo, examinaremos o modo como a Starbucks se utiliza de uma abordagem de múltiplos canais na criação, no lançamento e na oferta de novos produtos. Exploraremos também as inovações feitas tanto no café como em categorias adjacentes, e observaremos como a Starbucks posiciona seus produtos para que estes possam ser consumidos onde quer que os clientes estejam e queiram apreciá-los – sem exigir que os consumidores necessariamente se desloquem até um local de comercialização da marca. Este capítulo visa ainda mostrar ao leitor como a Starbucks inovou em sua oferta de produtos relevantes em novas categorias, por meio de alianças comerciais estratégicas, inovações e/ou aquisições. O intuito é ajudá-lo a se utilizar da conexão já existente com seus clientes e a estendê-la ao estilo de vida altamente móvel dos consumidores.

RESGATANDO O *MERCHANDISING* RELACIONADO AO CAFÉ – DENTRO DA LOJA

Embora a maioria dos clientes das Starbucks observe as lojas como lugares em que podem simplesmente passar e apanhar um copo de café, ou parar para bater papo enquanto apreciam uma bebida ou comida, cada estabelecimento também possui um espaço limitado para *merchandising*. Como você deve se lembrar em relação ao Capítulo 2, em meados dos anos 2000, os gerentes das lojas Starbucks estavam tão preocupados com os *comps* anuais que as prateleiras destinadas à exposição de artigos para venda estavam repletas de itens não relacionados ao café. Tal percepção fez com que Howard Schultz (que na época era diretor global de estratégias da empresa) escrevesse um memorando para Jim Donald (CEO da empresa na ocasião), com cópia para toda a equipe de liderança da companhia. Esse *e-mail*, enviado em 14 de fevereiro de 2007 – e que de algum modo vazou para a mídia –, ostentava o título: ***A Comoditização da Experiência Starbucks***. Entre outras coisas, Schultz escreveu o seguinte nessa mensagem: "Não tenho certeza de que as pessoas de hoje em dia saibam que nós mesmos praticamos a torra do café em nossa empresa. Essa mensagem não está clara para os que adentram nossas lojas. A prática de *merchandise* nas lojas, que gira mais em torno de arte que ciência, está longe de nos revelar como os comerciantes que eu acredito que possamos ser e, com certeza, deveria no mínimo sustentar a base de nossa herança no setor cafeeiro. Algumas lojas não possuem moedores de café, prensas francesas da marca Bodum ou sequer filtros de café."

A prática de *merchandising* nas lojas Starbucks certamente mudou desde que Schultz enviou aquele memorando admonitório. De fato, na loja mais próxima de minha casa, em St. Petersburg, na Flórida – e provavelmente em uma loja perto de você –, existem agora duas estantes com mais de 2 m de altura e 1,2 m, cujas sete prateleiras (em cada) estão repletas de mercadorias para venda. Entre os itens à disposição dos clientes estão justamente as prensas francesas da Bodum que Schultz tanto desejava ter visto nas lojas em 2007. Esses *displays* também abrigam vários modelos de canecas e copos para bebidas quentes e frias, todos com o logotipo da empresa, além de latas de folhas de chá Tazo, caixas de chá em saquinhos, também Tazo, e embalagens de café e chá instantâneo Starbucks VIA. Essas estantes são suplementadas por quatro ou cinco cestos de vime que ficam expostos sobre estruturas de ferro apoiadas no chão e, em geral, revelam várias marcas de café e, às vezes, até alimentos empacotados como batatas em saquinhos e pipoca *gourmet*. Outros alimentos e bebidas, devidamente empacotados, também ficam expostos nas lojas: Starbucks Refreshers,™ sucos da Evolution Fresh, produtos à base de leite, potes de frutas, potes de iogurte, bebidas prontas para consumo, água Ethos® (subsidiária da Starbucks) e pacotinhos de castanhas e frutas com a marca Starbucks. E como se não bastasse toda essa exposição interna, em alguns casos, também é possível encontrar nas imediações das cafeterias mesas especialmente decoradas com equipamentos e produtos diferenciados, como a Verísmo® (máquina caseira de café *espresso* Starbucks) e os potinhos de *espresso* e leite nela utilizados.

A presença de itens relacionados ao café nas lojas Starbucks é congruente com a ampla estratégia de negócios da empresa, que inclui a diversificação do *mix* de vendas da companhia e o oferecimento de produtos que vão muito além daqueles preparados pelos baristas no balcão. A ampliação da lista de itens de consumo da Starbucks segue a mesma trajetória de outras marcas de produtos alimentícios, como a Ben & Jerry, por exemplo, que começou como uma pequena loja de sorvetes em Vermont, nos EUA, e se transformou em uma marca poderosa de propriedade da Unilever. Atualmente, a Ben & Jerry opera uma vasta rede de sorveterias nos EUA e tem seus produtos distribuídos em supermercados e lojas de conveniência de todo o país. Jeff Hansberry, presidente do setor de Desenvolvimento de Canais e Marcas Emergentes, afirmou: "A Starbucks captura apenas uma pequena porção do mercado mundial de café, chá e bebidas prontas para o consumo – mercado este cujo valor total é de US$ 100 bilhões (...) Por meio dos nossos negócios (de BCEs), estamos trabalhando no sentido de garantir uma fatia maior dessa oportunidade global, ampliando nossos canais, nossas categorias de produtos e o número de países em que comercializamos nossos produtos."

Annie Young-Scrivner, presidente da Starbucks Canadá e ex-diretora de *marketing* global e presidente da Tazo, colocou a perspectiva dessa oportunidade de varejo no contexto dos quatro modelos de posicionamento (ou espaciais) da Starbucks: "Queremos nos certificar de que estamos conseguindo estabelecer uma **conexão** com nossos clientes, independentemente de onde eles estejam. O futuro de nossa empresa se baseia em vender café e produtos relacionados para que os clientes os consumam em quatro situações distintas – em **casa**, no **trabalho**, em **nossas lojas** e até mesmo enquanto se **deslocam** de um lugar para outro. Temos grandes oportunidades de ampliar nossa fatia de mercado e expandir nossos negócios por meio de canais de consumo que vão muito além da vasta área já coberta por nossas lojas." A evolução dessa estratégia de canais da Starbucks oferece a todos nós algumas importantes lições – em primeiro lugar, ela define um canal inicial de entrega; então se torna especialista nesse canal específico e, finalmente, amplia seus esforços para se concentrar em outros canais de distribuição que atendam às necessidades dos clientes, onde quer que eles estejam. Como base no que foi exposto, como você acha que você e a sua empresa estão se saindo nesse **modelo de "quatro locais"** utilizado pela Starbucks? Você tem engajado seus clientes por meio de seus produtos e serviços, ou por comunicar-se com eles em casa, no trabalho, no ambiente de sua própria empresa e em todos os locais possíveis? Para alcançar essa onipresença na vida de seus clientes, a Starbucks precisou contar com outras empresas que estejam dispostas a vender ou distribuir seus produtos, e atendê-las em suas necessidades. Considerando-se essa dependência em relação a outras entidades de negócios, é interessante fazermos uma pausa para compreendermos melhor esse lado específico da Starbucks – de negócios diretos entre empresas.

REALIZANDO A CONEXÃO ENTRE EMPRESAS

A Starbucks não é uma organização cujas negociações se dão exclusivamente entre a empresa e os clientes (B2C)[1] Na verdade, a companhia se engajou em diversos tipos de relações interempresariais (B2B),[2] que, por sua vez, dão sustentação a um *mix* de vendas em contínua expansão. De maneira mais notável, esses relacionamentos incluem negócios de produção e distribuição de comidas prontas (*foodservice*), lojas licenciadas e *joint ventures*.

No âmbito de *foodservice*, a Starbucks oferece aos interessados treinamento, *marketing* e *expertise* na área de *merchandising*, assim como equipamentos e um portfólio de bebidas (que inclui café preparado, bebidas com base em *espresso* quente e frio, xaropes, cacau e chá Tazo) para clientes empresariais do varejo, como restaurantes sofisticados, universidades, hospitais e também dos setores de viagens, hotelaria, recreação e governo. Além disso, a Starbucks também atende às necessidades internas de consumo de bebidas em cafeterias, espaços públicos, reuniões e serviços de bufê. Por exemplo, quando você participa de uma conferência e percebe que na mesa do café há uma placa dizendo "temos orgulho em servir Starbucks," ou quando vai a um restaurante para almoçar ou jantar e vê que o café que está sendo servido é Starbucks, você está sem dúvida experimentando uma extensão da marca norte-americana no espaço de *foodservice*.

No caso das lojas licenciadas, empresas como Kroger, Vons e Safeway (grandes cadeias de supermercado norte-americanas) são as donas das lojas físicas e/ou dos quiosques que operam sob a licença Starbucks. Essas companhias também se responsabilizam pelo pessoal que trabalha nessas lojas. Além do posicionamento alcançado nos supermercados (espaços favoráveis para incentivar as vendas nos próprios corredores desses estabelecimentos), esse tipo de loja licenciada também pode ser visto com frequência em aeroportos, hipermercados como o Target e o Meijer, e em outros ambientes compatíveis.

---

1 – Sigla em inglês para *business to client*. (N.T.)
2 – Sigla em inglês para *business to business*. (N.T.)

Em alguns casos, a Starbucks vai além dos acordos de licença e firma *joint ventures* com seus parceiros de distribuição. De fato, essa longa relação da Starbucks com outras empresas no setor de bens de consumo teve início em 1994, com o acordo North American Coffee Partnership ("parceria norte-americana do café"), que envolveu a colaboração da empresa com a PepsiCo dos EUA. De acordo com as diretrizes desse empreendimento conjunto, a Pepsi manufatura, comercializa e distribui bebidas à base de café e prontas para consumo. Atualmente, essas bebidas levam duas marcas distintas: Starbucks ou Seattle's Best Coffee. (Lembrando que essa última empresa – que torrava café em um píer de Seattle nos anos 1970 – foi adquirida pela rival Starbucks em 2003.) Bebidas à base de café que se tornaram disponíveis por intermédio dessa *joint venture* incluem: café Starbucks® Frappuccino® engarrafado, *espresso* Starbucks Doubleshot®, Starbucks Doubleshot® Energy+Coffee, Starbucks® Iced Coffee, Starbucks Discoveries, Iced Café Favorites e Starbucks Refreshers.

Nessas *joint ventures*, as lideranças da Starbucks precisam assegurar uma relação recíproca em que ambas as partes assumam suas responsabilidades e ganhem a partir de esforços mútuos. No Capítulo 7, discorremos sobre a importância da escolha do parceiro correto para se alcançar o sucesso em novos mercados, em especial os internacionais. De maneira similar, a seleção de parceiros também é crucial no que diz respeito a ampliar suas ofertas no mercado. Gary Stibel, fundador e CEO do New England Consulting Group, declarou: "A chave está na escolha do parceiro (...) Todo mundo pensa que a maioria das licenças é bem-sucedida, mas o que ocorre é exatamente o contrário. A ampla maioria dos acordos de licenciamento ou das tentativas por parte dos restaurantes de adentrarem o mercado de bens de consumo embalados fracassa." Para avaliar a complexidade e os desafios intrínsecos ao licenciamento de BCEs, Robert Lillegard, autor especializado em comida e viagem, comentou: "Até mesmo relações duradouras podem se tornar complicadas. A Starbucks e a Draft, por exemplo, se separaram de maneira dramática em 2011, depois que a gigante do café afirmou de maneira categórica que a distribuidora não estava fazendo o suficiente para promover os produtos Starbucks." Robert Lillegard acrescentou que a Kraft tentou impedir que a parceria de 13 anos terminasse: "Mas não obteve sucesso. Hoje as duas companhias disputam espaço nas prateleiras, com os produtos Gevalia e Maxwell House competindo diretamente com os da Starbucks." Entretanto, a despeito dessa relação difícil com a Kraft, as lideranças da Starbucks contam com outros licenciamentos e *joint ventures* de sucesso. Isso ocorre, em grande parte, pela própria maneira como os líderes da Starbucks veem a si mesmos: como **provedores das necessidades de seus parceiros**.

Seja nas vendas realizadas por meio de canais de *foodservice*, de lojas licenciadas ou *joint ventures*, as lideranças da Starbucks esperam sempre que essas experiências B2B reflitam a missão e os valores da empresa e que, ao mesmo tempo, produzam conexões e relações fortes como as já forjadas no ambiente das cafeterias. O fato é que a Starbucks busca sempre oferecer aos seus parceiros soluções que aprimorem os resultados obtidos, conectando-se a eles de maneira sólida e antecipando suas necessidades. Além de se concentrar simplesmente nos produtos, os lideres da Starbucks desejam que esses parceiros nos negócios experimentem uma atenção personalizada com base no profundo entendimento (por parte da Starbucks) de onde essas empresas estão indo e dos objetivos que elas desejam alcançar ao trabalhar em conjunto com a gigante do café. Em essência, esses parceiros de negócios deveriam se aproveitar dessa experiência Starbucks, marcada por atenção individualizada e pelo compromisso de se manter uma relação duradoura.

Para a Starbucks, o atendimento a clientes e a parceiros empresariais assume ainda outro significado em termos de valor de marca. Andrew Linnemann, vice-presidente da Green Coffee Quality and Engagement na Starbucks, disse: "Quando um consumidor é atendido em uma loja licenciada, por exemplo, é o nosso nome que aparece no copo. Precisamos, portanto, cuidar bem de nossos clientes empresariais e selecionar cuidadosamente nossos parceiros, pois, em última análise, as ações desses indivíduos refletirão a percepção dos clientes finais em relação à própria Starbucks. No que se refere a parcerias nas formas de lojas licenciadas e *joint ventures*, queremos não apenas nos cientificar das competências operacionais dessas companhias, mas também conhecê-las e também à sua cultura. Será que elas compartilham dos mesmos valores da Starbucks? Sempre nos manteremos distantes de parceiros que não sejam totalmente adequados."

Na mente do consumidor final, uma loja Starbucks é uma loja Starbucks, e ponto. Isso independe de ela estar situada em um aeroporto ou em um imóvel próprio na esquina. Pela perspectiva das lideranças da empresa, a experiência Starbucks em termos de serviço deve ser edificante, pessoal e focada no relacionamento interpessoal. Não importa, portanto, se o cliente está sendo atendido por um *partner* em uma loja Starbucks ou se está comprando um produto Starbucks dentro de um mercado da rede Target e conversando com um funcionário local. No final, um negócio é mais do que construções físicas ou nomes de marcas; trata-se de um conjunto de pessoas que deveriam compartilhar os mesmos objetivos. Embora a entrega de uma experiência B2B tenha de variar de acordo com as necessidades da empresa que está sendo atendida, o mesmo se aplica à entrega de experiências ao ser humano.

Em última análise, os princípios que definem o conceito de **experiência de qualidade** para o consumidor são extremamente similares, independentemente de o cliente ser um indivíduo ou um grupo de pessoas de diferentes departamentos dentro de um empreendimento. Contando com os parceiros certos e a clara percepção de que asnecessidades dos seus parceiros de negócios ostentam similaridades com aquelas de seus clientes individuais, é provável que você consiga colocar seus produtos e se conectar em todos os ambientes. Para a Starbucks, existe uma oportunidade estratégica fundamental em poder servir clientes naquele que é considerado como o **primeiro lugar – seus lares**.

REFLEXÃO SOBRE A CONEXÃO

1. Com quem você mantém parceria com o intuito de ampliar o escopo de clientes que poderá atender?

2. Você vê seus parceiros comerciais como clientes em seu empreendimento? Como a sua relação com seus parceiros afeta o serviço oferecido ao seu cliente final ou aos consumidores atendidos por seus parceiros?

3. Você garantiu a "licença para vender" outros serviços e/ou produtos aos seus clientes, por conta da força das conexões que estabeleceu na entrega de seus produtos atuais?

ATENDENDO OS CLIENTES EM CASA

Embora no início a Starbucks tenha fechado parcerias para garantir a distribuição de seus produtos embalados à base de café, posteriormente ela própria assumiu o comando da manufatura, distribuição e venda desses itens. Na verdade, os líderes da Starbucks continuam inovando em seus métodos de disponibilização de produtos, utilizando-se de outros locais de venda além de suas lojas físicas. Essa postura levou alguns críticos a afirmarem que a empresa estaria em busca de lucros no varejo de massa, valendo-se de ações que poderiam comprometer suas vendas nas próprias lojas. Por exemplo, quando em 2009 a Starbucks lançou o VIA, um café instantâneo de dose única, Steve Toback, sócio-gerente da Invisor Consulting, disse: "Ao desafiar as pessoas a encontrarem qualquer diferença de sabor entre os dois produtos, a Starbucks está posicionando o VIA como concorrente direto do seu próprio café fresco. Se este for o caso, porque um cliente optaria por pagar bem mais caro por um café preparado na hora na loja se ele pode simplesmente adquirir um VIA por um preço muito mais acessível? Se essa campanha for bem-sucedida, o próprio VIA não irá canibalizar as vendas do café preparado na hora?" Embora as preocupações desses analistas externos fossem razoáveis, as lideranças da Starbucks nunca enfrentaram esse tipo de canibalização. De fato, as vendas até aumentaram com a combinação entre opções de consumo em loja e doméstico. Essencialmente, a habilidade dos líderes em perceber e lançar mão de oportunidades em **diferentes canais** foi justamente o que sustentou a decisão da empresa de expandir suas opções e ofertas. Aliás, essa decisão emergiu da acentuada sensibilidade dos líderes em relação às necessidades e aos rituais que cercam o consumo de café. Por exemplo, alguns clientes podem visitar a Starbucks regularmente em busca do café matinal, mesmo assim, haverá momentos em que essas pessoas irão preferir preparar um café de qualidade em suas próprias casas. De modo similar, alguns indivíduos podem estar acostumados a preparar o café em casa toda manhã, mas gostam de dar uma passadinha na Starbucks durante algum intervalo no trabalho. Em essência, o consumo de café não é um jogo de soma zero em que o consumidor precisa optar entre preparar o café em casa ou frequentar uma loja, e as lideranças da empresa sempre estiveram cientes desse fato.

Por conta das complexidades e da natureza dinâmica do mercado de BCEs, os líderes da Starbucks constantemente se veem diante de desafios táticos. Por exemplo, ao perceber uma grande oportunidade, a empresa não teve problemas em negociar com um concorrente, a Green Mountain Coffee Rasters (GMCR) e estabelecer uma colaboração parcial. Em 2006, a GMCR, uma empresa especializada em café cuja sede fica em Vermont (EUA) adquiriu a Keurig Incorporated, líder do mercado de máquinas de café de dose individual – equipamentos extremamente fáceis de manusear, bastando ao interessado colocar sua caneca debaixo do bico dosador, acrescentar água ao reservatório, inserir um potinho de dose única, chamado *K-Cup pack*[3] e apertar um botão. A partir dessa aquisição, a GMCR se posicionou no mercado como fornecedora exclusiva desses *K-Cup packs*. Em seguida, e a despeito de oferecer sua própria marca de café, a GMCR também comprou a Van Houtte, outra empresa especializada em café com sede em Quebec, no Canadá, e licenciou os *K-Cup packs* com o nome Van Houtte. Outras marcas como a Newman's Own e a Folgers também firmaram acordos de licenciamento com a GMCR com o intuito de possibilitar a manufa-

---

3 – Em tradução livre: potinho (de dose única) para xícara Keurig. (N.T.)

tura e a distribuição de suas próprias marcas em potes ao estilo K-Cups e, assim, permitir seu preparo nos equipamentos Keurig.

Diante dessa realidade, o que a Starbucks poderia fazer para disponibilizar seus produtos no formato *K-Cups*? Deve-se recodar que anteriormente a empresa já havia endossado a máquina de café Tassimo – concorrente direta da Keurig –, que utilizava outro tipo de refil de dosagem única (os *T-disks*). Todavia, considerando o término da parceria entre a Starbucks e a Kraft Foods Inc., o sistema Tassimo, que fora criado justamente pela Kraft, revelou-se menos integrado ao atual sistema de distribuição da Starbucks. Na ocasião, muitos analistas do setor de consumo de café especularam sobre os rumos que seriam tomados pela Starbucks em relação à GMCR, sua rival histórica, e o sistema Keurig. Alguns sugeriram que a Starbucks iria comprar a GMCR e o próprio sistema Keurig; outros disseram que a Starbucks desenvolveria uma alternativa própria para ambos os sistemas existentes. Todavia, em março de 2011, a Starbucks e a GMCR anunciaram um acordo em relação aos *K-Cups*. Desde então a Starbucks expandiu sua licença com a rival, incluindo produtos específicos para o equipamento Green Mountain's Vue™ (um sistema novo que produz bebidas mais fortes, mais quentes e em porções maiores). Por meio dessa colaboração, a Starbucks se transformou na única marca *super-premium* com licença exclusiva para a utilização dos sistemas Keurig e Vue. A GMCR, por outro lado, passou a distribuir os Starbucks *K-Cups* e as embalagens Starbucks Vue para lojas de departamento, de especialidades e varejo em massa. Ao discutir a decisão de firmar esse acordo com a GMCR, Andrew Linnemann, explicou: "Nos EUA, o crescimento do setor de café tem sido reabastecido pela proliferação dos sistemas de filtragem individual. Sendo assim, faz todo o sentido disponibilizar nosso café de altíssima qualidade para aqueles que desejam apreciar a conveniência e a consistência de sua própria Keurig." Considerando o que foi dito, imagine que um de seus concorrentes desenvolva uma plataforma através da qual você possa comercializar seus produtos. Você sabe que pela perspectiva dedistribuição isso será muito bom para você, mas, ao mesmo tempo, também ajudará no fortalecimento do seu concorrente. **O que você faria?** Lembrando que, embora a Starbucks tenha encontrado um meio de trabalhar de maneira colaborativa com a GMCR, isso não quer dizer que a competição saudável entre ambas tenha acabado.

No ano de 2012, a Starbucks lançou uma cafeteira doméstica de dose única. Esse equipamento não produz apenas cafés simples, mas *espressos* e *lattes*. O sistema Verismo conta com tecnologia suíça de alta pressão para criar bebidas com a qualidade Starbucks a partir de potinhos de leite e café. Pela ótica dos líderes da Starbucks, o Verismo representa uma série de benefícios tanto para os clientes quanto para a empresa. O equipamento: 1º) é uma opção em termos de preparo de café em casa e utiliza um sistema de alta pressão ajustável às preferências do cliente; 2º) oferece muito mais que uma simples filtragem de café, já que permite o preparo doméstico de *espressos* com a assinatura Starbucks, e 3º) representa uma plataforma de preparo de café da própria Starbucks que serve perfeitamente como produto diferenciado para venda nas lojas da empresa. As decisões táticas feitas no mundo altamente competitivo da venda de café preparado oferecem algumas lições cruciais para os líderes empresariais do setor. De modo específico, esse tipo de liderança requer habilidades no sentido de posicionar os produtos de modo colaborativo dentro do contexto dos sistemas de distribuição proprietários dos concorrentes, enquanto inova constantemente seus sistemas de distribuição por meio da manutenção de relações estratégicas com parceiros de fabricação e distribuição.

O CAFÉ NO SEGUNDO LUGAR: O AMBIENTE DE TRABALHO

Uma pesquisa da Reuters do ano de 2012 sugeriu que cerca de 10% da mão de obra mundial trabalhe em seu ambiente doméstico. Sendo assim, os 90% restantes podem estar nas garras do aterrorizante monstro do **"café do escritório"**. Ao longo dos anos, empresas como a Starbucks têm contribuído bastante para elevar a experiência de beber café no escritório a outro patamar, oferecendo a seus clientes soluções que atendam às suas necessidades dentro do ambiente profissional. Neste sentido, companhias que contam com um quadro de 20 a 50 funcionários podem optar por um serviço Starbucks que lhes ofereça equipamento, café da marca Starbucks e atendimento regular. Itens adicionais como o chá Tazo, guardanapos e canecas também estão disponíveis. Empresas maiores também podem contratar os mesmos serviços ou até aprimorar o método vigente adotando o sistema Starbucks Interactive Cup®, que, ao toque de um botão, é capaz de moer e preparar tanto doses individuais quanto garrafas de café. Para observar o funcionamento desse equipamento acesse http://tinyurl.com/bovsqhm ou direcione seu leitor de código QR para cá:

O sucesso da Starbucks em atrair a atenção do segundo lugar pode ser demonstrado através de iniciativas como a aliança entre a Starbucks e a Selecta – maior empresa europeia de máquinas de venda automática. Ambas as companhias estão trabalhando de maneira conjunta na Suíça no sentido de oferecer três soluções que atendam às necessidades de empresas de todos os tamanhos. Essas opções de preparo e fornecimento de café abrigam desde equipamentos de pequeno porte até amplas estações completas integradas. A Selecta oferece aos seus clientes uma grande variedade de produtos Starbucks: Vanilla Latte, Espresso, Doppio Espresso, Cappuccino, Café Crème, Caffè Latte, Chai Tea latte, Latte Macchiato, Espresso Macchiato e Hot Chocolate; além de vários tipos de chá Tazo: Calm™, China Green Tips, Earl Grey, English Breakfast e Refresh™.

Frank Wubben, diretor-administrativo da Starbucks Suíça e Áustria, explicou: "Encontrei-me com o CEO da Selecta e juntos vislumbramos uma maneira pela qual as duas líderes de mercado no setor de café – a Selecta na área de café para o ambiente profissional e a Starbucks no varejo – poderiam se unir para oferecer aos clientes uma proposta excitante na forma de café Starbucks. No prazo de cinco meses, conseguimos desenvolver um conceito expansível para escritórios. Particularmente, o que mais me fascinou foi a ideia de o nosso cliente regular poder apreciar sua bebida favorita na própria mesa de trabalho, enquanto pessoas que nunca tiveram a oportunidade de entrar em uma de nossas lojas também poderiam se tornar clientes depois de conhecerem a qualidade do café Starbucks oferecido em seu ambiente de trabalho." As lideranças da Starbucks acreditam piamente no fato de que o produto precisa estar acessível tanto no ambiente doméstico quanto profissional, e que isso não desvia as pessoas da conexão Starbucks. Essa disponibilidade aumenta o contato do indivíduo com o produto e, ao mesmo tempo, o torna parte essencial dos rituais, do estilo de vida e da própria identidade do consumidor.

DESENVOLVENDO SOLUÇÕES *ON THE GO*

Embora a maior parte do tempo de qualquer indivíduo seja investida em casa e no ambiente de trabalho, a Starbucks também desenvolveu produtos perfeitamente adequados ao ritmo acelerado em que muitos de nós vivemos. Qualquer que seja a empreitada – teste nos *Drive Thrus* na Califórnia, em 1994; trabalho conjunto com a Pepsi para a manufatura de *frappuccino* engarrafado, em 1996; ou a difícil criação do café instantâneo VIA, em 2009 –, o fato é que a Starbucks sempre se empenhou no sentido de disponibilizar seus produtos para que os clientes pudessem apreciar bebidas de qualidade onde quer que estivessem. Howard Schultz explicou o VIA para os *partners* da Starbucks dizendo: "Anunciamos que a Starbucks lançará um café instantâneo que dará aos clientes a oportunidade de experimentar o delicioso café Starbucks, em qualquer lugar e a qualquer momento. De modo não surpreendente, essa notícia deixou algumas pessoas surpresas e alguns mais sarcásticos questionaram a decisão, perguntando 'Mas para que lançar café instantâneo?' De fato, existem várias razões lógicas para isso: o tamanho significativo do mercado de café instantâneo; a mobilidade crescente dos consumidores (imagine alguém apreciando uma xícara de Starbucks VIA Ready Brew no topo de uma montanha); e o fato de, a despeito de nossa ubiquidade, as pessoas continuarem nos dizendo que desejam mais café Starbucks e mais maneiras e oportunidades de apreciá-lo."

Indo muito além das tendências de mercado, Schultz também enfatizou a importância de sustentar os valores da empresa e inovar por meio de soluções dinâmicas que respondam às novas necessidades dos clientes, independentemente das críticas inevitáveis: "Sei que alguns irão questionar nossa decisão, e compreendo tal reação. As expectativas de marcas como a Starbucks são muito altas e a interação com nossa marca é bastante pessoal. Mesmo assim, apesar dessas elevadas expectativas (ou talvez por causa delas), estamos confiantes de que seremos capazes de inovar e reinventar a categoria de **café instantâneo**, introduzindo nela o conceito de qualidade associada a valor. Acredito que o Starbucks VIA Ready Brew represente exatamente isso – e a prova está na xícara."

De fato, a prova não está somente na xícara de café, mas na lucratividade de produtos como o VIA, cujas vendas globais foram de US$ 100 milhões nos primeiros 10 meses de comercialização. Isso representou aproximadamente 30% de todo o mercado de bebidas de dose única de alta qualidade, cujo valor é de US$ 330 milhões. Domenick Celentano, um executivo e empreendedor do ramo alimentício, considera o Starbucks VIA como "um dos lançamentos mais memoráveis" de todos os tempos. Segundo ele, isso ocorreu não somente por conta da eficiência com a qual a empresa disponibilizou amostras do produto em suas lojas e em vários canais de distribuição (supermercados etc.), mas também no modo eficaz como as lideranças promoveram o lançamento através de estratégias de mídias sociais como as já discutidas no Capítulo 8. E, no que diz respeito à amostragem, Domenick Celentano relatou: "O fornecimento de amostras é um método conhecido e bastante efetivo de facilitar a experimentação de novos produtos pelo cliente. Com total comando sobre o ambiente em suas lojas, a Starbucks orquestrou a oferta de amostras do VIA para seus próprios clientes. Todavia, para manter o controle sobre seus esforços de amostragem, eles esperaram para introduzir o produto em mercearias até o ano de 2010. Embora no início a empresa não estivesse envolvida no mercado varejista de mercearias, as lideranças se valeram da forte presença da marca Starbucks e enviaram baristas até as redes de varejo, como a Safeway e a Target, para que eles ofertassem aos clientes amostras do VIA."

Annie Young-Scrivner, presidente da Starbucks Canadá, faz eco à visão de Celentano sobre o fornecimento de amostras. Discorrendo sobre o lançamento do Starbucks Blonde Roast, um café de torra mais clara, ela explicou: "A diferença entre a Starbucks e qualquer outra empresa no setor de produtos embalados é a nossa habilidade de informar os clientes sobre novos produtos e oferecer-lhes amostras de maneiras bastante eficientes em termos de custos. Um bom exemplo disso é que no prazo de apenas duas semanas a *blonde roast* já havia se tornado amplamente conhecida, o que é incrível." Scrivner sugere que esses níveis inacreditáveis de consciência tenham sido alcançados com apenas 10% do total normalmente investido pelos concorrentes para a obtenção de resultados similares. Ela complementou: "Conseguimos aumentar de maneira eficiente os níveis de conscientização e experimentação de nossos produtos por conta do envolvimento e entusiasmo de nossos fantásticos 200 mil *partners* espalhados por todo o globo, que, a cada semana, são responsáveis pelo engajamento de quase 70 milhões de consumidores. Enquanto isso, para que outras empresas voltadas para o fornecimento de BCEs consigam promover sessões de amostragem, em geral elas precisam contar com mercearias terceirizadas ou até mesmo se utilizar da prática de *dry sampling*, ou seja, oferecer o produto fechado para que o cliente o teste em casa. Nós, em contrapartida, somos capazes de oferecer ao cliente uma xícara de café fresquinho assim que ele entra pela porta e assim promover grande entusiasmo pelo novo lançamento. Tudo isso enquanto recebemos dele algo que nos é imprescindível – seu *feedback* imediato." Ao treinar seus *partners* para que eles saibam como oferecer amostras de novos produtos, coletar *feedbacks* e compartilhá-los com as lideranças da empresa, a Starbucks apresenta uma vantagem extra em relação aos concorrentes: no caso do VIA, como mencionado por Domenick Celentano, os próprios baristas da companhia, depois de devidamente treinados na arte de oferecer amostras nas lojas, foram despachados para trabalhar nos corredores das lojas Target e Safeway, onde toda a sua *expertise* e habilidade pode ser usada para impulsionar a venda do produto. Essa abordagem demonstra a genialidade por trás do uso de ativos humanos para maximizar a eficiência dos esforços de conscientização em diferentes canais.

Pela perspectiva de integração com as mídias sociais e promoção do produto em diferentes canais de distribuição, Celentano observou: "É impossível desconsiderar o fato de que, quando o assunto é promover alimentos, o uso das mídias sociais é uma estratégia poderosa, e as lideranças da Starbucks – verdadeiros gênios do marketing – sabem disso (...) As mídias sociais deram à empresa a possibilidade de se utilizar de publicidade viral e representavam para ela custos baixíssimos (...) A companhia usou o Facebook para promover o VIA Taste Challenge (Desafio de sabor VIA) e conseguiu facilmente levar um grande número de pessoas para suas lojas simplesmente para comparar o sabor do VIA com aquele do café preparado na hora. Pela promoção, cada participante ganharia um café grátis na loja." Usar as mídias sociais para atrair pessoas para dentro de sua empresa, de modo que os seus funcionários possam enriquecer a conexão já existente, ampliar o conhecimento desses clientes sobre os lançamentos, oferecer amostras e promover a adoção dos produtos – essa estratégia parece de fato uma fórmula perfeita para o sucesso, não parece?

FAZENDO COMO QUE OS CLIENTES NAVEGUEM PELOS CANAIS

Além das promoções realizadas nos vários canais de comunicação já mencionados, a Starbucks tem explorado os mais variados métodos tecnológicos – dos mais simples aos mais avançados – para fazer com que os clientes naveguem de um canal para outro. No que concerne aos meios menos sofisticados, a Starbucks realizou a seguinte promoção: todos os consumidores que trouxessem consigo um pacote vazio de meio quilo de café que tivesse sido adquirido em qualquer outro estabelecimento que não fosse uma loja oficial da empresa receberia um café grande grátis (lembrando que as embalagens comercializadas nas lojas oficiais não possuíam o cupom dessa promoção). De modo similar, durante o lançamento do sistema Verismo, todos os que adquiriram o equipamento receberam um título de associado categoria ouro para o programa My Starbucks Rewards. Vale ressaltar que, em situação normal, para obter esse título e gozar das recompensas intrínsecas, o cliente teria de já ter comprado 42 bebidas nas lojas.

Já no que diz respeito a alta tecnologia, a Starbucks tem trabalhado ao lado de alguns supermercados e outros distribuidores no sentido de permitir que as compras de café e de outros produtos da empresa também possa ser considerada nos programas de fidelidade do cartão Starbucks. Para isso, a empresa tem explorado materiais para embalagens que possam interagir com o aplicativo móvel Starbucks. Annie Young-Scrivner nos explicou como os conceitos de tecnologia e embalagens se mesclaram: "O Caffè Verona é uma das torras escuras da empresa e nós o chamamos de nosso "café do amor". Nos pacotes de Caffè Verona, colocamos códigos QR que dão acesso a histórias envolvendo o café. Uma delas discorre sobre o primeiro encontro de um casal, em uma loja Starbucks. Mais tarde o rapaz pediria a jovem em casamento durante um passeio ao campo – local onde ele fez questão de recriar o ambiente da loja Starbucks onde eles haviam se conhecido. Posteriormente, as fotos do evento foram publicadas no Facebook. Nós localizamos esse casal e perguntamos aos dois se poderíamos recriar aquela experiência e disponibilizar essa história aos demais clientes colocando um código QR nos pacotes de café. Desse modo, se você estivesse em um corredor do supermercado ou bebendo café em casa, você poderia simplesmente clicar no saco de café Verona e ler uma verdadeira história de amor envolvendo nossos clientes e a Starbucks. Este é um exemplo do que fazemos para compartilhar nossas histórias. Trata-se de um esforço no sentido de alcançar o que mágico." E já que é bem possível que você, leitor, não tenha acesso a esses pacotes de café em sua região, essa linda história poderá ser encontrada em http://tinyurl.com/clu9bmm. Ou, se preferir, aponte seu leitor de código QR para cá:

É desnecessário dizer que as lideranças Starbucks estão continuamente buscando por esses momentos de magia e explorando sinergias que encorajem ou incentivem seus clientes a ampliarem a diversidade de produtos Starbucks que eles compram e consomem, assim como os locais em que eles o fazem. Com frequência essa mágica pode ser alcançada de maneiras bastante sutis. Isso inclui, por exemplo, o envio de *e-mails* como o que eu recebi da empresa, anunciando que na compra de três produtos Starbucks ou Tazo incluídos na promoção, e teria direito a um cartão especial Starbucks. O *e-mail* trazia uma lista de produtos integrantes e indicava que eles teriam de ser adquiridos fora das lojas da empresa. Para retirar o prêmio seria necessária a apresentação do recibo de compra original e do código de barras universal (UPC) encontrado na embalagem.

◆ RELACIONAMENTOS PESSOAIS SE TRADUZEM EM ◆

Promoção por *e-mail* para o feriado Starbucks e Tazo.

REFLEXÃO SOBRE A CONEXÃO

1. Você já esboçou os principais pontos de contato que mantém com seus clientes? Já identificou oportunidades estratégicas que poderiam lhe permitir conectar-se com seus clientes e servi-los em outros ambientes?

2. Que métodos eficientes em termos de custo você utiliza para conscientizar seus clientes sobre novos produtos e fazer com que eles os experimentem e adotem? Como você possibilita a clientes provarem seus serviços e produtos?

3. Como você tem encorajado seus clientes a experimentarem a variedade de produtos e serviços que disponibiliza, de modo que eles não fiquem presos a um único canal de oferta de produtos?

INOVANDO E ADQUIRINDO PRODUTOS FORTES EM CATEGORIAS ADJASCENTES

No Capítulo 3, expliquei como os líderes da Starbucks atuaram de maneira tática ao adentrarem nas categorias adjacentes de mercado por meio da aquisição da Tazo e da Evolution Fresh. No capítulo em questão, nos concentramos especificamente no modo como esses produtos permitiram que a Starbucks migrasse sua competência básica de marca – de criar experiências dentro das lojas – para outras plataformas de produtos. Através desses tipos de aquisições, combinadas a inovações não relacionadas ao café, a Starbucks conseguiu reforçar sua participação no setor de BCEs. Por exemplo, os sucos engarrafados da Evolution Fresh incluem quatro categorias em termos de sabores:

- Frutas (laranja, romã e outras frutas, todas orgânicas).
- Verduras e vegetais (uma ampla variedade de itens que inclui elementos essenciais para o ser humano).
- Refrescos (suco orgânico de lima e gengibre; água de coco e abacaxi; entre outros).
- *Smoothies* (ou seja, *milkshakes* leves) (preparado de suco de maçã e fibras vegetais; preparado de proteínas; supermistura de verduras e vegetais; entre outros).

Essas bebidas estão sendo disponibilizadas em lojas Starbucks específicas nos EUA. Tanto a Evolution Fresh quanto a Tazo estão se tornando marcas mais proeminentes por conta de sua presença em redes de mercearias e supermercados como Whole Foods, Albertsons, Ralphs, Vons e Gelson's. De fato, para atender ao crescimento da demanda dos sucos Evolution Fresh, a Starbucks se viu obrigada a expandir as instalações originais usadas na produção dessas bebidas, partindo de uma área de quase 6.700 m^2, em San Bernardino, na Califórnia, para uma outra de 24.200 m^2, em Rancho Cucamonga, também na Califórnia.

A Starbucks não apenas inaugurou a **loja conceito** do chá Tazo Tez mencionado no Capítulo 3, mas, no final de 2012, a empresa também adquiriu a Teavana, uma empresa que possuía mais de 300 lojas e tinha consumidores em várias partes do mundo por meio de seu *website*, www.teavana.com. Como o próprio nome em inglês já sugere, o objetivo da Teavana é posicionar-se no mercado como o "paraíso do chá" (*heaven of tea*). Sendo uma rede varejista especializada em chás, que atende tanto ao público comum quanto aos grandes conhecedores da bebida, oferecendo mais de 100 variedades de folhas de chá de primeira qualidade, além de utensílios para o preparo da bebida e outras mercadorias associadas ao *metier*. Enquanto o valor estratégico total dessa aquisição ainda precisa ser compreendido, um ponto já está claro: a Teavana cria para a Starbucks um canal pronto de distribuição (considerando-se a localização das atuais lojas Teavana em áreas de grande movimentação, como *shopping centers*) e a oportunidade de atender a uma base mais ampla de consumidores.

Por meio de iniciativas inovadoras, a Starbucks também expandiu suas oportunidades no varejo, particularmente no que se refere a produtos como os Starbucks Refreshers, bebidas feitas à base de extrato de café verde, que não se encaixam na categoria de "**café**", mas de "**energéticos**." Ao anunciar o lançamento dos Refreshers em 2012, Annie Young-Scrivner, presidente da Starbucks Canadá, destacou a importância da entrada da empresa no setor de bebidas energéticas, dizendo: "Dentre os canais de BCEs, a categoria de bebidas energéticas revela-se como a de crescimento mais acelerado, com um valor total de US$ 8 bilhões, um aumento de 16% em relação ao ano anterior. O lançamento das bebidas Starbucks Refreshers continua a sustentar nossa estratégia de crescimento que se baseia em inovar através do lançamento de novos produtos, da entrada em novas categorias e da expansão em novos canais de distribuição."

Os Starbucks Refreshers estão disponíveis em três formatos: preparados nas lojas; em lata com gás; e em doses individuas, na opção VIA. Independente da apresentação, a essência dos Refreshers é a mistura entre suco de fruta e Extrato de Café Verde. Cliff Burrows, presidente da Starbucks Américas, enfatizou a importância do componente de inovação dos Starbucks Refreshers, dizendo: "A inovação está no âmago de tudo o que fazemos (...) A introdução dessa nova plataforma de bebidas, que apresenta o **extrato de café verde**, é uma extensão inovadora ao mercado de café, além de uma solução perfeita para os clientes que estão em busca de uma bebida deliciosa que não apenas satisfaça sua sede, mas lhes forneça estímulo energético natural." Ampliar o mercado de café de modo a abranger outras preferências – o chá, os sucos e as bebidas energéticas – certamente cria mais oportunidades para se promover o crescimento da marca, tanto no que diz respeito a ambientes de comercialização de café e outras bebidas, como ao espaço de prateleira em estabelecimentos varejistas. Porém, como em qualquer decisão estratégica, existem recompensas e riscos.

OS RISCOS E AS RECOMPENSAS

De modo eloquente, Jane Genova, membro da Motley Fool Blog Network, uma empresa de serviços financeiros em multimídia, identificou **quatro riscos fundamentais intrínsecos** à abordagem da Starbucks na expansão em BCEs. De acordo com sua perspectiva, entre os desafios da empresa estão: a concorrência com outras marcas já estabelecidas nesse setor; a competição com concorrentes que oferecem marcas próprias a preços menores; projeções de estagnação nas vendas do café embalado e, "o quarto possível perigo: uma combinação entre fadiga da marca (muitos itens da marca Starbucks distribuídos em um número demasiado de canais de distribuição) e distanciamento da bebida do icônico ritual de carregá-la pelas ruas em seu copo característico ostentando o famoso logotipo verde." Certamente, Jane Genova levanta uma questão importante em relação à fadiga da marca e a apresentação de produtos em ambientes que fogem à relação familiar forjada entre a empresa e seus clientes; todavia, a Starbucks tem investido bastante na criação do relacionamento primário com os consumidores no ambiente de varejo, criando uma demanda global para seus produtos. Em vez de permitir que as pessoas se cansem da marca, a empresa sempre encontra novas maneiras de ampliar as oportunidades de engajamento com os clientes e expandir os lugares onde essa interação irá ocorrer. Portanto, as preocupações de Genova são dirimidas pela própria diversificação da empresa, que vai muito além da venda de café embalado, e também pelo retorno sobre investimentos gerado pela estratégia de canais da companhia.

Em 2012, a receita oriunda das vendas de produtos Starbucks nas mercearias cresceu em um ritmo quase três vezes mais rápido que o registrado nas lojas. Atualmente, a Starbucks ainda obtém a maior parte de sua receita de suas lojas de varejo, porém, a receita operacional para o ano fiscal de 2011 demonstrou que o negócio de bens de consumo embalados (BCEs representou 32% da receita global e 19% dos negócios nos EUA. Bill Smead, gerente de portfólio da Smead Capital Management Inc., afirmou: "O verdadeiro valor e potencial de crescimento da empresa está em sua marca (...) Eles vendem água, leite e grãos de café em temperatura de ebulição. Warren Buffett[4] costuma dizer que as melhores empresas são aquelas que compram mercadorias e vendem uma marca."

Os líderes da Starbucks definitivamente compram mercadorias, criam conexões e então as mobilizam no sentido de fortalecer ainda mais a própria marca da empresa. Como já demonstrado nos capítulos anteriores, as lideranças da

---

4 – Trata-se um investidor e filantropo norte-americano que é constantemente listado como uma das pessoas mais ricas do mundo. (N.T.)

Starbucks começam pela paixão que sentem pelos seus produtos e seu pessoal. A partir daí, elas controlam o relacionamento (a conexão) entre *partners* e clientes. Uma vez que essa ligação tenha sido estabelecida, a empresa fortifica ainda mais sua marca se utilizando de novas tecnologias e explorando constantemente maneiras de oferecer uma variedade cada vez maior de produtos e em um número crescente de ambientes frequentados por seus clientes. No final, os líderes da Starbucks elevam seus produtos ao *status* de marcas e então lançam mão da força dessas marcas para disponibilizar mais produtos que, em última instância, são desenvolvidos justamente para criar um valor de marca ainda maior.

PONTOS DE CONEXÃO

- Quando se estabelece uma relação pessoal entre empregado e cliente – e este relacionamento é reforçado pelo uso da tecnologia –, a marca recebe a permissão de transferir essa mesma conexão emocional para novas ofertas de produtos.

- Para atingir presença máxima na vida de seus clientes, talvez você tenha de atender às necessidades de outros empreendimentos e conseguir que eles comercializem e distribuam seus produtos.

- A decisão central sobre a expansão de sua marca dependerá não apenas do quanto sua empresa for responsável pela infraestrutura que será usada para promover o

- crescimento dessa marca, mas também do grau de controle e influência que você exercer sobre todos em que irá confiar para manter os padrões de sua marca.

- Um negócio não gira em torno de construções físicas ou marcas; trata-se de uma coleção de pessoas que deveriam compartilhar objetivos similares.

- Os princípios que definem o conceito de experiência de qualidade para o consumidor são extremamente similares, independentemente de o cliente ser um indivíduo ou um grupo de pessoas de diferentes departamentos dentro de um empreendimento.

- A liderança no mundo dos BCEs requer habilidades no sentido de posicionar os produtos de modo colaborativo dentro do contexto dos sistemas de distribuição proprietários dos concorrentes, enquanto inova constantemente seus sistemas de distribuição por meio da manutenção de relações estratégicas com parceiros de fabricação e distribuição

- Quando o assunto é a introdução de um novo produto, as mídias sociais são ferramentas importantes no sentido de conscientizar seus clientes e estimulá-los a provar e adotar esse novo produto.

- Líderes inovadores encontram maneiras de encorajar seus clientes, fornecendo-lhes incentivos para que ampliem a variedade de produtos que adquirem e consomem. Eles também expandem os ambientes em que tais produtos estarão disponíveis para compra e consumo.

- De acordo com Warren Buffett, as melhores empresas são aquelas que compram mercadorias e vendem uma marca.

PRINCÍPIO 5

CUIDE COM CARINHO E DESAFIE SEU LEGADO

Como consultor e palestrante, tenho trabalhado com um número considerável de empreendedores, empresários e executivos de grandes corporações. Embora existam grandes diferenças entre esses líderes, a maioria deles compartilha duas características específicas. Em primeiro lugar, todos desejam guiar seu pessoal e seus negócios rumo à lucratividade. Em segundo, todos almejam representar uma diferença substancial e sustentável no mundo, e por meio do próprio trabalho. Este princípio, "Cuide com carinho e desafie seu legado", discorre sobre o sucesso e as significativas ambições desses líderes e, ao mesmo tempo, examina o modo como as lideranças da Starbucks abordam tais objetivos.

O Capítulo 10, "Louve o passado sem se manter preso a ele", demonstra como os líderes da Starbucks conseguiram renovar o espírito empreendedor que desde o início levou essa empresa iniciante ao sucesso. Ele também explora a maneira como as lideranças comandam essa iniciativa empreendedora rumo a soluções que vão de encontro às futuras necessidades de seus *partners* e clientes. Ainda nesse capítulo, você irá deparar com algumas das iniciativas experimentais e ousadas que estão sendo implementadas pelas lideranças da Starbucks no sentido de ampliar a relevância e reforçar a unicidade de sua marca. Além disso, também serão apresentadas algumas das inovações promovidas pela empresa e alguns dos obstáculos por ela enfrentados.

Já o Capítulo 11, "Mantendo uma visão ampla: construindo um sucesso duradouro", explora o modo como os líderes da Starbucks fazem suas escolhas para garantir um impacto positivo e duradouro sobre os *partners*, os clientes e as comunidades. Ele examina a maneira como a empresa opera como catalisadora em áreas como *designs* sustentáveis, gestão ambiental, viabilidade de pequenos negócios e empregos em escala global. Além disso, ele demonstra a força de convicção necessária para se sustentar o foco no real significado de seu impacto, e não somente nos balanços trimestrais de lucros e perdas.

Por fim, o Capítulo 12, "Forjando uma verdadeira conexão com o estilo de vida", deverá servir para encorajá-lo a definir o legado que deseja deixar e, ao mesmo tempo, avaliar seu desempenho como líder, parcialmente com base em seu progresso em relação a esse legado.

CAPÍTULO 10

Louve o passado sem se manter preso a ele

"Um dia antes de uma ideia se tornar uma grande inovação, ela é apenas maluca."

Peter Diamandis

Antes de avaliarmos as estratégias adaptativas e progressivas desenvolvidas pela Starbucks para assegurar a relevância de sua própria marca, é preciso parar por um momento e analisar um dos maiores desafios encontrados na promoção de inovações por marcas tão fortes como a Starbucks: a **complacência** e a **inércia** oriundas do sucesso. Um dos melhores exemplos de responsabilidade advinda de realizações passadas é a Polaroid Corporation.

Os dias de glória da lendária marca Polaroid se estenderam desde a fundação da empresa em 1937 até o final dos 1970. Durante a Segunda Guerra Mundial, a companhia prosperou como fornecedora do setor de defesa dos EUA, porém, seu ápice em termos de inovação ocorreu em 1948, quando o fundador da empresa, Edward Land, desenvolveu uma câmera capaz de processar fotografias em apenas alguns minutos. A partir daí, e ao longo dos 20 anos seguintes, aquela única invenção garantiria à Polaroid o monopólio no mercado de fotografias instantâneas.

Todavia, a despeito de ter investido mais de 40% do seu orçamento em pesquisa e desenvolvimento (P&D) na área de tecnologia digital, os lideres dessa grande companhia jamais conseguiram realmente engajar seus clientes em seus esforços no sentido de criar câmeras digitais. Como resultado desse fracasso, a Polaroid testemunhou a diminuição paulatina de sua fatia de mercado e, em 2001, se viu obrigada a pedir falência.

Andrea Nagy Smith, ex-editora de projetos da Yale School of Management (faculdade de administração da Universidade de Yale), considerava que o fracasso da empresa se devia exclusivamente: "A pressupostos fundamentalmente equivocados por parte da companhia, que não permitiu ao seu alto escalão administrativo ajustar as ações da empresa de acordo como as novas realidades do mercado. Em primeiro lugar, os líderes da Polaroid acreditavam piamente que os clientes sempre iriam querer guardar cópias impressas de suas fotos (...) Então, quanto os consumidores abandonaram as fotos em papel, a Polaroid foi pega de surpresa." Smith destacou ainda que as lideranças da empresa ostentavam um histórico, e uma tendência, de ganhar dinheiro no setor fotográfico por meio de avanços no campo da química, e não digital. De acordo com ela: "Sua grande lucratividade na comercialização de filmes de revelação instantânea também representava outro grande obstáculo e afastava quaisquer pensamentos relativos a novos modelos de negócios (...) 'As margens brutas para a comercialização de filmes de revelação instantânea eram de mais de 65%. Portanto, se a ideia é alterar esse sistema, como será possível substituir o método atual com algo que seja quase ou tão lucrativo como filmes instantâneos?'" O fato é que as lideranças da Polaroid foram vítimas do seu próprio sucesso. Os mesmos diferenciais que levaram a empresa ao completo domínio de mercado acabaram impedindo que ela buscasse rapidamente caminhos alternativos e, como isso, provocaram sua derrocada. Embora em menor escala, no início e meados dos anos 2000, os líderes da Starbucks também se concentraram demasiadamente em um modelo baseado no rápido crescimento do número de lojas da empresa.

MUDANDO O PARADIGMA

Quando escrevi meu livro anterior sobre a Starbucks, em 2006, expliquei que a companhia estava inaugurando **uma nova loja a cada quatro horas**. Na ocasião, Howard Schultz fez as seguintes afirmações: "A empresa está 'nos primeiros estágios de crescimento;' 'no segundo tempo de um jogo composto de nove tempos;' 'no capítulo inicial de um livro bem longo.'" Em 2006, também compartilhei exemplos dos iminentes planos de crescimento da organização, que incluíam "uma expansão agressiva na China, a possibilidade de os clientes efetuarem o *download* de músicas em seus MP3 *players* dentro das lojas, uma parceria com o Yahoo!™ Personals,[1] e a distribuição de filmes e livros."

Embora o foco em crescimento internacional (na China e em todo o mundo) tenha se mantido desde 2006, muitas coisas mudaram. Para começar, atualmente os MP3 já não são tão populares quanto no passado. De fato, o drippler.com, um *site* de informações sobre dispositivos eletrônicos reportou que, a despeito do au-

---
1 – Antigo *site* de namoro *on-line* patrocinado pela Yahoo! (N.T.)

mento substancial de visitantes em sua página no ano de 2012, as pessoas já não demonstravam interesse em adquirir aparelhos MP3 – agora elas estavam interessadas nos *smartphones*. Em relação ao Yahoo! Personals, o *site* foi encerrado em 2010, e os clientes transferidos para o Match.com. Já no que diz respeito à aventura da Starbucks no mercado cinematográfico, o lançamento do filme *Prova de Fogo – Uma História de Vida*[2] não conseguiu alcançar os resultados esperados e a empresa decidiu se afastar da atividade de distribuição. Na verdade, em 2006, a própria taxa de crescimento das lojas Starbucks não se revelou sustentável. A abertura de seis novas lojas por dia representava um desafio operacional tão grande para a empresa que ela não conseguiu sustentar uma forte conexão de marca, particularmente no contexto dos desafios econômicos globais.

Jon Gertner, autor de *The Idea Factory: Bell Labs and the Great Age of American Innovation* (*A Fábrica de Ideias: Os Laboratórios Bells e a Grande Era de Inovações Norte-Americanas*), descreve como os líderes da Starbucks alteraram o curso de suas estratégias. Ele diz: "A Starbucks já não parece considerar que o seu futuro dependa de sua habilidade de clonar o conceito básico de suas lojas infinitamente. (...) Atualmente, visão global da empresa – demonstrada nos planos de redesenho de suas lojas, nos investimentos em máquinas eficientes de preparo de café, na expansão de suas redes digitais e nos programas de recompensa – se esforça para que todas as filiais sejam ao mesmo tempo mais versáteis e artesanais."

APERTANDO O CINTO

Além de contar com arte e versatilidade, Troy Alstead, diretor financeiro e administrativo da Starbucks, destacou que a transição também se apoiou na grande atenção dispensada à **eficiência** e à **excelência operacional**: "Olhando para trás, é interessante para mim reconhecer que o crescimento da empresa pela inauguração de novas lojas estava mascarando problemas que começamos a enfrentar antes do **fechamento** de 800 lojas nos EUA, entre 2008 e 2009. Muitas pessoas da imprensa e muitos consumidores – e a maioria de nós que trabalhava na Starbucks – acreditavam que nós éramos realmente muitos bons como operadores de lojas." Alstead afirmou ainda que a força da marca Starbucks, em termos de atração de clientes, escondia o quadro geral da empresa, encobrindo operações que se revelavam meramente satisfatórias. De modo mais específico, ele apontou para o desempenho historicamente marginal das lideranças da empresa no que diz respeito à eficiência na distribuição de mão de obra pelas lojas e/ou no uso de informações precisas para determinar se o horário das filiais de-

---

2 – Título original em inglês *Akeelah and the Bee*, com Lawrence Fishburn. (N.T.)

veria ser ajustado. Alstead explicou: "Tomando por base vários elementos operacionais fundamentais, percebemos que estávamos apenas nos mantendo de pé. Sendo assim, tivemos de inovar no sentido de implantar maior disciplina financeira na empresa e, durante esse processo, também nos vimos obrigados a aprimorar o uso de nossa mão de obra e estabelecer uma gestão mais eficiente de perdas e produtividade."

Um elemento-chave para o sucesso nas transformações implementadas pela Starbucks foi, sem dúvida, um perfeito alinhamento entre os líderes encarregados de impulsionar as mudanças e aqueles responsáveis por assegurar a consistência nas operações da companhia. De acordo com Craig Russell, vice-presidente sênior da Global Coffee: "Se permitíssemos que o mundo fosse administrado unicamente por profissionais de operações, é provável que não houvesse tantas lojas, tampouco tantas inovações. Em contrapartida, se deixássemos que os inovadores comandassem o planeta, teríamos empreendimentos difíceis de ser administrados e que, provavelmente, não produziriam muita lucratividade. Nosso desafio tem sido mesclar esses dois lados da equação de modo a produzir inovações que melhorem as operações da empresa, impulsionem o crescimento, aprimorem a experiência de *partners* e clientes e aumentem a lucratividade. Essa é uma tarefa hercúlea, mas, com frequência, ela se desenrola de maneira sutil." O sucesso em estimular a inovação se encontrava no alinhamento entre os que apoiam as mudanças e os que mantêm a estabilidade dos negócios.

Um exemplo de sutileza nos aprimoramentos que surgiram dessa mentalidade de "inovação operacional" foi o novo "jarro de vaporização de leite". Os líderes da empresa anunciaram o novo jarro em 2012, afirmando que: "O *design* inovador permitiria que os baristas da Starbucks continuassem oferecendo aos clientes um serviço de alta qualidade, mas, ao mesmo tempo, o fizessem de maneira mais eficiente e consistente." De maneira específica, o novo recipiente – mais estreito na parte inferior – foi projetado não apenas para produzir leite vaporizado com absoluta perfeição, mas também para permitir que os *partners* medissem a quantidade de leite de acordo com o tamanho de cada dose servida na empresa. Ele também limitava o espaço disponível e impedia a colocação de leite em excesso, o que evitava desperdício. Em essência esse novo jarro – menor que seu antecessor – oferecia três vantagens: 1º) melhorava a qualidade e a consistência do produto final; 2º) facilitava ainda mais o trabalho dos baristas, e 3º) reduzia a quantidade de leite desperdiçada. Todavia, enquanto algumas inovações ocorreram pela simples substituição de equipamentos-chave para a empresa, outros avanços surgiram da conexão de todos os sistemas de distribuição da companhia, como, por exemplo, os *Drive Thru*.

Como mencionado no Capítulo 9, o conceito de *Drive Thru* na Starbucks remonta ao ano de 1994, quando o sistema foi inaugurado na cidade de Vancouver, em Washington. Embora tenha simplesmente partido da percepção de que muitos clientes desejavam adquirir suas bebidas Starbucks no conforto de seus veículos, a execução desse serviço acabaria se revelando uma fonte contínua de inovações e melhorias operacionais. Clarice Turner, vice-presidente sênior de negócios nos EUA, lembrou: "O sistema *Drive Thru* foi um grande desafio para todos na empresa. Nós nos orgulhamos de oferecer aos clientes a experiência Starbucks no 'terceiro lugar', mas, com frequência, é bem complicado oferecê-la em um *Drive Thru*. Na verdade, nossa pesquisa de mercado apresentou uma grande diferença no modo como nossos *Drive Thrus* operavam em relação à experiência oferecida nas lojas. No âmago dessas distinções estavam a consistência e a rapidez do serviço." Um dado de referência importante nessa avaliação de sucesso no serviço *Drive Thru* Starbucks foi a taxa de desistência, ou seja, o número de indivíduos que deixou a fila antes mesmo de fazer o pedido. Turner disse o seguinte: "Nossas taxas de desistência eram simplesmente inaceitáveis, então classificamos essa situação como emergencial e perguntamos aos nossos *partners* o que poderíamos fazer para resolver o problema." A resposta envolveu a padronização das operações, a simplificação do trabalho e o estabelecimento de papéis claros para que se conseguisse oferecer resultados consistentes em todos os *Drive Thru* da empresa." Isso foi essencial para a Starbucks, uma vez que esses estabelecimentos contribuíam com quase 45% dos lucros de varejo da empresa nos EUA.

De acordo com Turner, o processo de padronização começou pela modernização de vários equipamentos usados pelos *partners* nos *Drive Thru*. Os novos fones de ouvido com microfone embutido, por exemplo, asseguraram aos baristas uma comunicação mais efetiva e eficiente com os clientes. Posteriormente, *timers* também foram introduzidos nos estabelecimentos para manter os funcionários conscientes do tempo investido em cada pedido – mas sempre com a advertência de que embora rapidez fosse importante, esse não deveria ser o único aspecto valorizado na experiência. Em seguida, *scanners* sem fio 2D foram instalados para facilitar o pagamento via telefone celular. Aliás, ao anunciarem a disponibilização desse aplicativo de pagamento via celular com o cartão Starbucks, os líderes da empresa explicaram os grandes desafios que tiveram de enfrentar para colocar em prática tal inovação: "A implementação do sistema de pagamento via celular nos *Drive Thru* exigiu maior complexibilidade que nas lojas. De um lado nós precisávamos de algo que permitisse ao próprio cliente efetuar a operação, em vez de entregar seu aparelho celular ao funcionário. Além disso, necessitávamos de um modelo de *scanner* que fosse fácil

> ### REFLEXÃO SOBRE A CONEXÃO
>
> 1. Quais os pontos fortes do seu empreendimento que se mostraram instrumentais para o sucesso alcançado? Como esses mesmos impulsionadores de sucesso acabaram se transformando em armadilhas capazes de limitar o crescimento futuro de sua empresa?
>
> 2. O quão alinhados estão os profissionais responsáveis pelas operações e pelas inovações em sua empresa? Você diria que ambos os grupos compartilham uma mentalidade de "inovação operacional"?
>
> 3. Sua empresa está inovando em suas ferramentas de distribuição e realizando melhorias abrangentes e integradas nos processos da organização?

de usar em diferentes circunstâncias: se o tempo estivesse ruim; se a compra ocorresse durante a noite, quando é mais difícil enxergar; e a partir de automóveis com alturas variadas." Se você usar o seu telefone celular para pagar em um *Drive Thru* Starbucks, o barista poderá facilmente usar o *scanner* 2D para capturar o código de barras do seu aparelho, independentemente das condições climáticas, da iluminação ou do veículo que você estiver dirigindo. Obstáculos superados, inovações implementadas, eficiência operacional alcançada e experiência do cliente aprimorada – é disso que trata a evolução nos negócios.

A CURIOSIDADE VOLTADA PARA DENTRO

Muitas pessoas já compartilharam suas opiniões sobre as diferenças entre **invenção** e **inovação**. Quanto a mim, sempre defendi a ideia de que invenção é uma nova criação, enquanto inovação é uma solução nova que atrai o consumidor. Em essência, a inovação é algo que se faz no produto/serviço e que, portanto, pode ser comercializada. O processo envolve pegar uma invenção e/ou um produto/serviço já existente e aprimorá-lo de modo que ele se torne ainda mais valioso para aqueles a quem você serve. Com frequência, os líderes empresariais demonstram um grande apetite por inovações que atendam às necessidades dos clientes, porém, na Starbucks, o mesmo tipo de atenção é dada às melhorias que agregam valor à vida dos *partners*. Na vanguarda dessas inovações estão a curiosidade e o desejo de questionar os funcionários a respeito de suas ideias e preocupações – e de ouvi-los.

Embora os líderes da Starbucks já tenham há muito tempo o costume de escutar seus *partners*, seus esforços foram intensificados como parte da agenda transformativa da companhia. De modo específico, as lideranças desenvolveram uma entrevista detalhada de 30 min para complementar as pesquisas de perguntas fechadas com duração de 10 min já realizadas rotineiramente pela empresa. Essa pesquisa mais abrangente tinha como objetivo alcançar o ponto central da experiência do *partner* e, nesse sentido, envolvia um diálogo qualitativo com base em perguntas de sondagem. Considerando-se o grande número de funcionários da Starbucks, englobar todos os *partners* em uma pesquisa que demoraria três vezes mais que as indagações rotineiras, demandou um investimento considerável. Isso se revelou um fato quando a primeira onda de resultados produziu uma taxa de resposta de 91% dos mais de 100 mil *partners* dos EUA. O trabalho também exigiu tempo substancial para o processamento dos dados, principalmente levando-se em conta os milhares de comentários oferecidos para as perguntas de resposta-aberta. A Starbucks também realizou uma pesquisa similar nos mercados internacionais, onde um nível parecido de participação – 90% – foi alcançado. As respostas foram usadas para nortear os esforços das lideranças no sentido de entender melhor as necessidades dos *partners* e realizar melhorias que fossem importantes para os mais diversos grupos de funcionários, tais como os membros do programa Starbucks U (discutido no Capítulo 5).

Howard Schultz descreveu uma dessas inovações focadas nos *partners*, dizendo: "Acabamos de implementar algo na China que considero uma das maiores inovações que já realizamos em toda a nossa história – e isso não teve nada a ver com os clientes. (...) Imagine uma reunião anual de acionistas; tivemos dois encontros similares em Pequim e Xangai, quando convidamos os *partners* e os pais deles para participarem de dois eventos distintos. Em ambas ocasiões conseguimos contar com a participação de 90% dos convidados." Pela perspectiva de Schultz, o benefício dessa nova abordagem (encontrar com os pais dos funcionários chineses) reflete a habilidade da Starbucks em transportar os valores da companhia – amplamente baseados em conexão – para eventos centrados na família, o que reflete relevância local e cultural.

RELEVÂNCIA E RISCO

Por definição, a chave para a inovação está em sua própria relevância para as pessoas – não basta, portanto, ser novo; é preciso fazer alguma diferença para alguém.

Todavia, a busca por relevância não é adequada nem aos fracos nem aos medrosos, tampouco pode ocorrer de maneira impulsiva. Na verdade, trata-se de uma combinação de pequenos aprimoramentos iterativos mesclados a ações ousadas – e, pelo que se espera, **revolucionárias**. Muitos dos esforços mais inovadores da Starbucks já foram discutidos nos capítulos anteriores desse livro. Eles incluem os significativos investimentos necessários para o desenvolvimento do VIA, da torra Blonde, do sistema Verismo, do aplicativo para celulares e da parceria com a Square. De modo similar, eles também podem ser identificados na coragem e no capital envolvidos na aquisição de empresas/marcas como Tazo, La Boulange, Evolution Fresh e Teavana.

Ao discorrer sobre inovações relevantes na empresa, Howard Schultz descreveu o importante papel da assunção de riscos calculados e ações ousadas, salientando: "O futuro de nossa companhia se baseia no tipo de curiosidade associada ao DNA dos esforços empresariais que temos demonstrado ao longo de 40 anos de operações. Essa curiosidade precisa ser capaz de antecipar e compreender o que nos aguarda e será relevante no futuro. Então é preciso apostar." E como exemplo de uma "grande aposta," Schultz mencionou o desejo da Starbucks de entrar no mercado de café instantâneo com o VIA. Essencialmente, as lideranças da empresa decidiram adentrar um mercado de mais de US$ 17 bilhões que, virtualmente, já não experimentava inovações há 50 anos e era dominado por uma única organização. Schultz acrescentou: "Decidimos pegar a franquia *premium* da Starbucks e seguir por uma estrada que nos levaria às entranhas da qualidade. De fato, possuíamos tudo o que era necessário para alcançarmos o sucesso – *insight*, curiosidade, coragem e confiança – e, nesse sentido, nos valemos de tecnologia de ponta. Estávamos realmente dispostos a fazer essa grande aposta; a promover grandes mudanças e demonstrar para o nosso pessoal e nossos clientes que realmente dispúnhamos dos recursos necessários para seguir por esse caminho menos comum – é isso o que somos."

E dentro desse contexto de "*insight*, curiosidade, coragem e confiança," Schultz se apressou em ressaltar que nenhuma empresa é capaz de realizar um grande número de grandes apostas em um único ano. De fato, ele acredita que cada uma delas deve ser "cuidadosamente calculada e apoiada. Uma vez que será necessário convencer toda uma organização a seguir a decisão de suas lideranças, e ainda explicar a razão para isso, é fundamental que todos os líderes empresariais estejam absolutamente interessados no processo e unidos nessa empreitada. É preciso ser capaz de perguntar e responder à seguinte dúvida de maneira positiva: "O que cada uma dessas pessoas irá lucrar com tudo isso?"

Ao alcançar um alinhamento no nível de liderança, e considerar o impacto das mudanças inovadoras sobre aqueles que terão de implementá-las, a Starbucks cria uma cultura de tolerância a riscos. Katie Seawell, vice-presidente do setor de Café Espresso na Starbucks, destacou: "O que eu mais amo nessa empresa é o fato de não termos medo de explorar novas ideias. É claro que é assustador para a nossa organização se aventurar em áreas como o VIA e a torra Blonde, assim como passar a oferecer sucos, mas é preciso estar disposto a levar sua marca e seu produto a novos cenários. Se isso não for feito, a companhia corre o risco de se tornar antiquada e, neste caso, tanto seus clientes quanto os próprios funcionários poderão perder o interesse por você. Tudo isso enquanto o seu concorrente reclama para si o espaço vago, preenchendo-o com novos produtos e novas ideias."

Embora a próxima "grande inovação" e/ou o próximo "grande risco" sejam intrínsecos às lideranças empresariais, a Starbucks tenta sempre encontrar um bom **equilíbrio** entre **senso de urgência** e **planejamento cuidadoso**. Ao reconhecer que a Starbucks figurava entre as 25 empresas mais inovadoras da lista publicada pela revista *Fast Company*, Jon Gertner, autor especialista no âmbito de inovação, descreveu a capacidade da Starbucks em manter esse equilíbrio entre urgência e prudência. Ele explicou que: "Howard Schultz ainda é o principal instigador da companhia (assim como Steve Jobs em relação à Apple). De repente ele tem uma nova ideia e (...) então convoca um time de profissionais para discuti-la. Em certas ocasiões ele chega a convidar essas pessoas para comerem pizza em sua própria casa, se considerar que isso possa ajudar a criar uma sensação de urgência em torno da questão. Na Starbucks, as novas ideias passam por um rigoroso processo de avaliação, sendo devidamente discutidas durante períodos que podem variar entre 6 e 12 meses. De fato, em alguns casos pode demorar bem mais – como a torra Blonde (18 meses em desenvolvimento) e o café instantâneo VIA (cerca de 20 anos)." Em outras situações, como a venda de pulseiras feitas exclusivamente para o lançamento nas cafeterias de uma campanha chamada "Criando empregos nos EUA" (tema que será discutido no Capítulo 11), todo o processo (desde a inovação ao lançamento) ocorreu em apenas 30 dias.

Todas as inovações na marca Starbucks são subprodutos: 1º) do hábito de escutar a voz de todos os interessados nos bons resultados da empresa; 2º) da cuidadosa avaliação de novas ideias; 3º) de um ciclo de desenvolvimento oportuno, e 4º) de uma fase de teste-*marketing* bem elaborada. Tony Alstead, diretor financeiro e administrativo da Starbucks, afirmou: "Com o tempo nos tornamos melhores em observar novas ideias, explorar sua viabilidade, ajustá-las e transformá-las em lucros. Parte disso vem justamente de todo o aprendizado oriundo de nossos erros do passado e da limitação do escopo de testes com novas ideias. Um bom exemplo disso foi lançamento malsucedido da bebida gelada Sorbetto™."

Na primavera de 2008 a Starbucks realizou o teste de mercado do Sorbetto apenas em algumas lojas selecionadas ao norte de Seattle, no Estado de Washington, na costa oeste dos EUA. No verão do mesmo ano, esse teste foi ampliado para algumas lojas de Los Angeles e Orange County, no sul da Califórnia. Melody Overton, autora de um *blog* popular da empresa intitulado StarbucksMelody.com (que reúne cerca de 55 mil visitantes aleatórios e 90 mil visualizações mensais), sugeriu que o fracasso do Sorbetto não tenha ocorrido por causa do sabor. Ela afirma: "A bebida era absolutamente deliciosa, e muitas pessoas a adoravam." Segundo Melody Overton, é bem provável que um dos fatores que mais contribuíram para o fracasso do produto tenha sido o *timing* do lançamento, ou seja, simultaneamente à recessão norte-americana e ao fechamento de várias filiais Starbucks no país. Para a autora, de maneira um tanto ambígua, o Sorbetto se encaixava entre duas categorias distintas: **bebida** e **sobremesa**. Além disso: "As máquinas necessárias para o preparo do produto representavam um enorme problema – eram dificílimas de limpar e ocupavam um espaço gigantesco no balcão. De fato, os equipamentos se pareciam com aquelas antigas máquinas de sorvete utilizadas em lojas de conveniência populares, o que dava à Starbucks uma aparência menos sofisticada. De modo geral, elas simplesmente não acrescentavam nada de positivo à imagem da cafeteria", concluiu Melody Overton.

Porém, embora o Sorbetto não tenha se revelado um sucesso comercial para a Starbucks, Troy Alstead acredita que a maneira como a empresa lidou com o lançamento tenha refletido maturidade por parte de suas lideranças. "O caso Sorbetto demonstra como nossa estratégia de inovação continua a se desenvolver. Por exemplo, nós introduzimos o produto somente em algumas de nossas lojas, e fomos ágeis em alterar nosso curso quando percebemos que, em termos financeiros, não havia sentido em prosseguir. Isso por si só já significou uma grande diferença em comparação ao passado, quando lançamos produtos de pouco sucesso e mesmo assim o deixamos no mercado – um bom exemplo disso é o Chantico™, que permaneceu disponível por um ano", disse Troy Alstead. O Chantico era uma bebida espessa, doce e quente à base de chocolate, similar àquelas facilmente encontradas nos cafés europeus. A Starbucks lançou o produto nacionalmente em janeiro de 2005, descrevendo-o como uma **"sobremesa bebível"**. No lançamento os líderes da empresa previram que o Chantico serviria de modelo para outras bebidas do gênero, porém, a opção acabaria sendo retirada do cardápio, e das lojas, por volta de janeiro de 2006. O fracasso nos testes não é exatamente um resultado desejável, mas líderes que sabem estimular inovações aprendem a atuar de maneira correta e célere tanto na apresentação de novos produtos quanto em sua eventual retirada do mercado.

A RELEVÂNCIA COMO UM ALVO EM CONSTANTE MUDANÇA

John Kotter, ex-professor da Faculdade de Administração de Harvard, e autor do livro *Liderando Mudanças: Transformando Empresas com a força das Emoções* (Campus, 2013), confirma o que muitos líderes experimentam diariamente: "Nos dias de hoje, as mudanças têm ocorrido em uma proporção e um ritmo bem mais elevados, e, com isso, afetado bastante as organizações. (...) Novas companhias parecem surgir da noite para o dia. Produtos e serviços absolutamente revolucionários há apenas dois anos são considerados ultrapassados se não se adaptarem de maneira rápida às transformações do mercado." Ao longo de todo este livro, você tem sido exposto às várias maneiras pelas quais os líderes da Starbucks tentam se manter à frente na curva de obsolescência. Para efeito de discussão, vejamos como as lideranças dessa empresa abordam a inovação através da experimentação com novos alimentos e novas bebidas, de novos conceitos em termos de *design* e dos avanços tecnológicos implementados dentro e fora das lojas.

Experimentação com novos alimentos e novas bebidas

Desde o início, o fornecimento de comida na Starbucks tem se revelado um processo ambivalente. Em 1998, a empresa testou no mercado o conceito Café Starbucks, que consistia em um restaurante com serviço completo. Três desses estabelecimentos foram inaugurados em Seattle no outono daquele ano. Entre as opções preparadas no local estavam empadão de frango e bolo de carne moída. Roseanne Harper, que na época escrevia para a revista *Restaurant News*, disse: "O conceito do Café Starbucks inclui serviço de garçons, acomodações para 65 pessoas e um cardápio que cobre todos os períodos do dia, começando por opções completas para o café da manhã. Além de várias bebidas à base de *espresso*, o estabelecimento também oferece vinho e cerveja."

Também no ano de 1998, os líderes da Starbucks testaram um novo conceito de marca, a Circadia, em São Francisco (Califórnia). Mark Gimein, da revista *Fortune*, descreveu a Circadia da seguinte maneira: "Cercada pelos novos e caríssimos *lofts* de São Francisco, (Circadia) ressuscita a sensação das cafeterias dos anos 1960 em Greenwich Village (...) A Circadia pode representar o início de uma rede ainda maior, assim como um perfeito ambiente de testes para conceitos da marca principal." Em seguida, Gimein continuou a descrever a Circadia como uma espécie de escritório avançado para novos empreendedores da região; um local que oferecia serviços como Internet de alta velocidade (que exigia o uso de cartão de crédito) e uma sala de conferência bem equipada que podia ser alugada por US$ 50/hora. Segundo Gimein, o cardápio incluía "saladas, sanduíches e 'refeições leves.' (...) O bar completo da Circadia disponibilizava desde as bebidas mais comuns até as mais criativas." Embora nem a Circadia nem os restaurantes Café Starbucks tenham se mostrado bem-sucedidos, ambos refletem a longa história da marca Starbucks no que se refere ao fornecimento de alimentos e outras bebidas não relacionadas ao café.

Como já discutido no Capítulo 3, Howard Schultz manteve os alimentos prontos para consumo fora do cardápio matinal da empresa até que tivesse certeza de que o cheiro de comida (particularmente de queijo queimado) não pudesse interferir no aroma do café. Por volta de 2008, não apenas os líderes da empresa haviam descoberto maneiras de permitir que café e alimentos preparados coexistissem nas lojas, mas também conseguido oferecer aos clientes opções alimentícias do tamanho certo e para viagem. Erin Zimmer, editor geral nacional da revista *Serious Eats*, afirmou: "A Starbucks desenvolveu um novo plano estratégico (...) com opções mais saudáveis para o café da manhã, que contam com menos calorias e mais proteínas."

Continuando na direção dos alimentos menos calóricos e prontos para o consumo, em 2011, como parte das celebrações pelos 40 anos da empresa, os líderes da Starbucks introduziram oito opções de sobremesa servidas em porções predefinidas e oito opções salgadas chamadas Bistro Boxes (caixinhas bistrô[3]), cada uma delas contendo 4 porções aperitivos e 4 porções principais. Os itens de sobremesa, chamados de Starbucks Petites, incluem Peanut Butter Mini Cupcakes (mini *cupcakes* com pastade amendoim), Red Velvet Whoopie Pies (bolinhos *red velvet*[4]), Lemon Sweet Squares (quadrados doces de limão), e Cake Pops (bolinhos no formato de pirulitos e com cobertura).[5] Cada uma dessas mini sobremesas tem menos de 200 calorias. A primeira versão das caixinhas bistrô incluía itens como Chipotle Chicken Wraps (enrolados de frango com pimenta Jalapeño), macarrão com gergelim, salada de atum e frango com húmus. Todas as opções das caixinhas foram criadas de modo a oferecer menos de 500 calorias; os itens específicos aqui mencionados contavam com menos de 400 calorias. Ao longo do tempo, as opções de mini sobremesas e caixinhas bistrô são alteradas, mas o foco principal continua sendo a oferta de alternativas saborosas e convenientes, servidas em porções predefinidas.

---

3 – A palavra bistrô é de origem russa e, neste caso, significa "rápido". (N.T.)
4 – A tradução de *red velvet* é veludo vermelho. Trata-se de uma receita antiga de bolinho doce feito com cacau ou corante vermelho, e que justamente por causa disso ostenta um vermelho profundo. (N.T.)
5 – Todos os itens aqui mencionados são opções do cardápio das lojas norte-americanas. No Brasil são servidos *muffins*, *brownies*, fatias de bolo e brigadeiros. (N.T.)

Essa abordagem estratégica da Starbucks para o fornecimento de alimentos levou Christine Hall, uma senhora de 66 anos do Estado da Virgínia, a atrair atenção da mídia ao afirmar que havia aderido àquilo que ela decidira chamar de "dieta Starbucks." Em um período um pouco superior a dois anos, Hall perdeu cerca de 35 kg alimentando-se quase que exclusivamente nas lojas Starbucks. Em um dia típico, ela consumia café preto e uma porção de flocos de aveia no café da manhã. No almoço e no jantar ela pedia uma caixinha bistrô ou *panino* (sanduíche com pãozinho baguete tostado).

Como parte da contínua evolução nos alimentos servidos pela Starbucks, a empresa acabou adquirindo a Bay Bread LLC, uma indústria panificadora com 20 filiais da La Boulange espalhadas pela baía de São Francisco. O preço pago pela Starbucks em 2012 foi de US$ 100 milhões. Cliff Burrows, presidente da Starbucks Americas, comentou o seguinte sobre essa aquisição: "Trata-se de uma oportunidade maravilhosa para trazermos alimentos de primeira qualidade para a Starbucks." Posteriormente, ao discorrer sobre expansão, ele afirmou: "Seria uma loja de cada vez. Sempre que a oportunidade se apresentasse." Uma vez que a empresa esteja engajada em uma experiência e envolvida com uma nova aquisição, os líderes devem verdadeiramente ter a paciência e a disciplina para permitir que as marcas se movam rumo ao sucesso.

Novos conceitos

De modo consistente com o título desse capítulo, em sua busca pela implementação das mudanças necessárias conforme a **agenda transformativa** da empresa, os líderes da Starbucks jamais abandonaram seus valores ou viraram suas costas para as competências fundamentais da empresa. Porém, alguns observadores demonstraram certa preocupação com a magnitude do apetite por inovação dos líderes da companhia, assim como pela celeridade desses processos. Por exemplo, alguns analistas soaram o alarme quando perceberam que as lojas Starbucks começariam a servir bebidas alcoólicas em suas dependências. De fato, manchetes do tipo: "*Latte or Lager*"[6] começaram a se proliferar quando as lideranças da empresa passaram a divulgar o conceito Starbucks Evenings (Noites na Starbucks) e, com isso, a incorporar de maneira estratégica e moderada a venda de bebidas alcoólicas em algumas lojas. As filiais envolvidas nesse projeto oferecem as opções tradicionais ao longo do dia e também à noite, mas, a partir das 16h, trabalham ainda com um segundo car-

---

6 – *Lager* é um tipo de cerveja que é armazenada durante várias semanas ou até meses antes de ser consumida. Originária da Europa, ela é bastante apreciada em todo o mundo. O nome vem do alemão e significa justamente "armazenar". (N.T.)

dápio que traz vinhos, cervejas e pequenos pratos. No final de 2012, havia somente cinco Starbucks Evenings em operação em Seattle e adjacências; outras cinco estavam localizadas em Chicago, no Estado de Illinois; quatro funcionavam perto de Atlanta, na Geórgia; duas podiam ser encontradas em Los Angeles, na Califórnia; e uma em Portland, no Oregon. As Starbucks Evenings são projetadas como pontos de encontro para as pessoas do bairro. O *site* da Starbucks compartilha a proposição de valor por trás do conceito Starbucks Evenings, explicando que elas oferecem aos clientes que já amam a empresa durante o dia razões adicionais para adorarem a marca no período noturno. De acordo com o *site*: "Algumas vezes tudo o que você quer é um copo de vinho e algo delicioso para comer, sem, entretanto, ter de ir a um bar ou fazer reserva em um restaurante (...) Apareça depois do trabalho, com os amigos; venha sozinho, depois da ioga, seja depois de um dia complicado ou fantástico. A comida é deliciosa. A seleção de vinhos é simples e inteligente. As cadeiras são tão confortáveis à noite quanto no período da manhã." Pela perspectiva de comida, as lojas que oferecem esse serviço diferenciado servem itens como macarrão com trufas e queijo, tâmaras enroladas com bacon e cobertura balsâmica, alcachofras com queijo de cabra e pão tipo sírio, e *fondue* de chocolate. Todavia, em vez de observar o conceito Starbucks Evenings como uma estratégia aplicável a qualquer filial da empresa e voltada para a geração de tráfego noturno em todas as lojas, as lideranças estão adotando uma abordagem bem mais direta e específica: disponibilizar esse tipo de serviço somente em bairros onde o projeto se encaixar perfeitamente.

Dentro de uma ótica similar, as lideranças da Starbucks também lançaram um conceito bastante novo e interessante de loja *walk-up/drive-up*. A primeira delas foi inaugurada em Denver, no Estado do Colorado, no final de 2012. Ao escrever um artigo para o *site* fastcodesign.com, Mark Wilson descreveu esse conceito da seguinte maneira: "A Starbucks inaugurou uma nova loja totalmente diferente de suas antecessoras. Lá não existem cadeiras de couro nem tomadas elétricas de uso livre para os clientes. De fato, não há sequer espaço para clientes. A Starbucks reinventou o conceito de loja de café, criando uma estação moderna e modular de pronto atendimento para clientes a pé ou motorizados, certificada pela LEED® – Leadership in Energy and Environmental Design ("liderança em *design* voltado para a economia de energia e o meio ambiente"). O projeto foi construído em uma fábrica e transportado por caminhão até o local; sua fachada é feita ao melhor estilo das cercas de neve do Wyoming.[7] Por menor que a loja possa parecer, seu *designer* teve como ob-

---

7 – Quem passa pelas estradas do Estado norte-americano de Wyoming muitas vezes de depara com "cercas" de madeira que começam e terminam do nada e, consequentemente, não parecem servir para coisa alguma. Todavia, essas cercas de madeira são projetadas para segurar a neve e impedi-la de alcançar estradas e outros locais onde o acumulo de gelo seria prejudicial. (N.T.)

jetivo fazer com que os motoristas que passassem pelo local se perguntassem: **"Mas o que é aquilo?** – apenas para concluírem em seguida: **"Ah, é arte!"**

Novo conceito de loja modular em Denver, no Estado de Colorado (EUA).

A proposta por trás desse novo conceito de loja é **sustentabilidade** (tópico que será abordado em mais detalhes no Capítulo 11). Porém, a construção também demonstra relevância local a um custo baixo, e representa uma boa opção em termos de expansibilidade. A loja modular ocupa um espaço de apenas 46 m², sendo capaz de abrigar cinco baristas e todo o equipamento necessário para disponibilizar todo o cardápio Starbucks.

De acordo com Chris Carr, vice-presidente executivo do setor de lojas de varejo nos EUA: "Em nosso modelo operacional de varejo, cada novo conceito – o Starbucks Evenings; a loja modular de rápido atendimento; ou alguma ideia que esteja começando a se sobressair nos canais de inovação da empresa – deve ser analisado a partir de três filtros específicos: *partner*, **cliente** e **negócios**. Nós já estabelecemos uma disciplina operacional

> **REFLEXÃO SOBRE A CONEXÃO**
>
> 1. Você está disposto a fazer grandes apostas capazes de mudar o jogo completamente? Como você avaliaria sua habilidade de promover inovação pela perspectiva de seus *insights* e de sua curiosidade, coragem e confiança?
>
> 2. Que riscos você está assumindo nesse momento em termos de inovações? Em que tipo de risco você incorre ao não levar sua marca a outro patamar?
>
> 3. No que se refere à exploração de ideias inovadoras, você se pergunta se a solução proposta faz sentido para seus funcionários, seus clientes e seu negócio? Que outros filtros (custos, facilidade de implementação e/ou provável retorno) você emprega ao avaliar a viabilidade de uma ideia?

que nos faz perguntar a nós mesmos: Será que isso faz algum sentido para os nossos *partners*? Será que isso faz sentido para os nossos clientes? Isso faz sentido para os nossos negócios? Quando testamos qualquer nova iniciativa, nos mantemos responsáveis por assegurar que essa solução inovadora será capaz de passar pelos três filtros descritos anteriormente; porém, caso a ideia seja barrada em qualquer um deles, somos suficientemente disciplinados para nos afastarmos da solução em questão." Em última análise, qualquer inovação se revela tão boa e apropriada quanto os mecanismos utilizados pela organização para interpretar o sucesso e a viabilidade desse novo conceito. Na Starbucks as lideranças já definiram de maneira clara os critérios que serão utilizados para avaliar qualquer proposta, permitindo que ela seja colocada em prática ou simplesmente arquivada.

Avanços tecnológicos implementados dentro e fora das lojas

No Capítulo 8, vimos como os líderes da Starbucks se utilizaram de tecnologia para aprimorar a conexão dos clientes com a empresa. Pela perspectiva de inovação, a tecnologia também está sendo usada não somente para criar opções modernas e sofisticadas de entrega de produtos/serviços, mas também para promover o enriquecimento das experiências vivenciadas pelos clientes. Pela ótica de novas abordagens na entrega, imagine ter o seu café favorito preparado exclusivamente para você – por uma máquina de venda automática. Os primeiros protótipos a incluírem essa tecnologia foram apresentados pela marca Seattle's Best Coffee.

Como você deve se lembrar, essa é a empresa adquirida pela Starbucks em 2003. Chris Bruzzo, vice-presidente sênior do setor de gestão de marca e canais de veiculação, ressaltou a estratégia geral por trás do reposicionamento da Seattle's Best Coffee, dizendo: "Por algum tempo tivemos de nos esforçar para esclarecer o papel dessa empresa dentro da família Starbucks. Hoje essa marca se concentra em ser o ponto de acesso a um café *premium* para pessoas cujo estilo de vida não esteja conectado à marca Starbucks. Estamos nos posicionando para atender aos 107 milhões de adultos norte-americanos cuja renda familiar média seja de US$ 50 mil/ano. Para a maioria dessas pessoas o tempo é precioso; em termos de café, seus rituais estão associados aos seus veículos e/ou a ideias de conveniência e preço. Esses indivíduos estão a caminho do trabalho e, portanto, adquirindo suas bebidas em lojas de conveniência, postos de gasolina ou restaurantes de serviço rápido, como o Subway ou o Burger King."

Levando-se em consideração o consumidor-alvo da Seattle's Best Coffee, a marca inovou ao posicionar seus produtos justamente nas lojas de conveniência e/ou nos restaurantes *fast-food*, e também ao criar modelos de franquia e máquinas automáticas de café da própria marca. Para manter essa estratégia, os líderes da Seattle's Best Coffee anunciaram em 2012 um modelo de franquia de *Drive Thru*. Melissa Allison, jornalista da área de negócios do *Seattle Times*, afirmou: "Como uma última diferença em relação à Starbucks, sua 'mãe corporativa', cada novo estabelecimento *drive thru* da Seattle's Best Coffee contará com pouco mais de 48 m² de área (...) A rede de lojas espera inaugurar milhares desses pequenos es-

Quiosque rubi da Seattle's Best Coffee

tabelecimentos vermelhos, onde os baristas servirão café, *lattes* doces, tortas em pedaços pequenos e sanduíches para o café da manhã (...) Se tudo correr conforme o planejado, essas pequenas cafeterias estarão localizadas prioritariamente em pontos vazios nos subúrbios da cidade (...) As lojas serão de propriedade de franqueados capazes de adquirir múltiplas unidades, com custos de abertura para as lojas de menor capacidade girando em torno de US$ 265 mil, por unidade."

Porém, se essa metragem lhe parecer demasiada para a comercialização de café, que tal um equipamento de venda de bebidas para viagem em varejo com área ocupada de menos de 1 m^2? Os líderes da Seattle's Best Coffee trabalharam em conjunto com a Coinstar Inc. (empresa associada aos quiosques Redbox de aluguel de DVDs) no desenvolvimento de um sistema de venda de café denominado Rubi *Kiosk* (quiosquerubi), capaz de moer e preparar xícaras de café *premium* (e outras bebidas), nos tamanhos pequeno e médio, em apenas 1 min. De acordo com Bill Mikulka, gerente geral da Rubi: "O mercado de café é gigantesco (...) e tudo gira em torno de conveniência, qualidade e preço. Construímos uma plataforma de serviços que está sempre bem próxima dos consumidores." No que se refere a valor e viabilidade em termos de preço, os quiosques Rubi oferecem café fresquinho a preços que variam a partir de US$ 1 por xícara.

Por meio de outras explorações na área tecnológica, a Starbucks está tentando aprimorar a qualidade da experiência dos clientes nas cafeterias. Um bom exemplo disso é a disponibilização de pontos de recarga de bateria com os Duracell Powermats. Tendo utilizado várias vezes as lojas Starbucks para escrever meus livros, devo dizer que sempre foi um grande desafio encontrar maneiras de recarregar meu próprio *laptop*. Em um esforço para acabar com essa busca desenfreada por tomadas, os líderes da Starbucks passaram a oferecer a tecnologia de carregamento indutivo. O dispositivo foi instalado no tampo de algumas mesas de lojas selecionadas na região de Boston, no Esatdo deMassachusetts. O objetivo dessa iniciativa é avaliar como os clientes respondem à disponibilização dessa tecnologia de recarregamento no contexto de suas experiências dentro das cafeterias.

UM LABORATÓRIO DE APRENDIZADO VIRTUAL

Seria impossível oferecer uma análise suficientemente profunda e abrangente de todas as inovações que estão sendo implementadas pela Starbucks no sentido de aprimorar seus produtos, serviços e também as experiências de seus clientes. De fato, essas inovações têm assumido as mais diferentes formas. Uma delas é a celebração de um acordo entre a empresa e o Museu de História Natural do Reino Unido, que garante a todos os membros do programa My Starbucks Rewards não somente a oportunidade de participar de promoções **dois-por-um**, mas também de ter acesso prioritário ao rinque de patinação inaugurado anualmente nas proximidades do museu. Já na Suíça e na Áustria, os clientes usuários de computadores têm acesso a uma tela *pop-up* que lhes dá a oportunidade de avaliar a qualidade dos produtos *in loco*. Isso permite aos funcionários adotarem imediatamente técnicas de recuperação de serviço, caso necessário.

O fato é que a Starbucks se beneficia de poder contar com uma equipe de liderança capaz de manter viva a paixão pelo tipo de empreendedorismo que levou a empresa a esse crescimento meteórico. Na verdade, essa paixão foi novamente despertada durante os esforços no sentido de garantir a sobrevivência da organização durante a crise econômica de 2008-2009. Na ocasião, os líderes se tornaram mais rígidos em sua disciplina operacional e diversificaram suas plataformas de distribuição. Howard Schultz encapsulou a necessidade de inovação na Starbucks e, provavelmente, também em inúmeras outras empresas, ao dizer as seguintes palavras durante o London British Forum: "Qualquer companhia, grande ou pequena, de produtos de consumo ou qualquer outro, que tente abraçar o *status quo* como um princípio operacional irá padecer (...) As necessidades de promover inovações constantes e seguir sempre em frente nunca foram maiores ou mais urgentes. Toda empresa deve ter a habilidade e a disciplina para se manter curiosa e buscar em todos os lugares uma visão privilegiada das coisas e antecipar o futuro – algo que muitas pessoas não conseguem fazer. Mas isso não é o suficiente. É preciso então ter a coragem de ir atrás dessas coisas. Não se pode apostar a companhia nessas coisas, mas é preciso colocar em prática esse tipo de coragem." Se você tivesse de reduzir o modelo de inovação da Starbucks a uma única frase, seria o seguinte:

> Mescle curiosidade, coragem e disciplina em sua luta incansável para atender às necessidades mutantes de seus funcionários e clientes, e também para garantir a lucratividade de seu empreendimento!!!

Esta, aliás, me parece uma fórmula bastante sólida para qualquer líder que queira **"louvar o passado sem se manter preso a ele."**

PONTOS DE CONEXÃO

- A complacência e a inércia são desafios para a inovação em marcas de sucesso.

- Grande parte o sucesso empresarial de longo prazo está associado a inovações na eficiência e na excelência operacional da empresa.

- O alinhamento entre os líderes é essencial para a inovação. Inovadores e operadores precisam compartilhar uma visão comum.

- Invenção significa uma nova criação. Inovação é uma nova criação que atrai a atenção do consumidor.

- Por definição, a inovação precisa se mostrar relevante para seu público-alvo.

- Ao fazer grandes apostas capazes de alterar o jogo, os líderes precisam demonstrar *insight*, curiosidade, coragem e confiança.

- Se você não estiver disposto a levar sua marca a outro patamar, as pessoas irão perder interesse por ela à medida que outros começarem a lhes oferecer novos produtos e novas ideias.

- Para se conseguir transformar ideias em lucros, e de maneira efetiva, os líderes devem estar dispostos a cometer erros e aprender com eles.

- A inovação deve ser filtrada através de três perguntas. Isso faz sentido para os meus clientes? Faz sentido para o meu empreendimento? Faz sentido para os meus funcionários.

- Se você abraçar o *status quo* como um princípio operacional, é provável que sua empresa não sobreviva.

- Os grandes líderes corporativos devem possuir a habilidade e a disciplina para olhar ao seu lado, nos cantos mais remotos, ver o que está acontecendo, e prever as coisas que outras pessoas simplesmente não conseguem visualizar.

CAPÍTULO 11

Mantendo uma visão ampla: construindo um sucesso duradouro

"Você não está aqui somente para ganhar a vida. Você está aqui para permitir que o mundo viva de maneira mais intensa, com uma visão mais ampla e um forte espírito de esperança e realização."

Woodrow Wilson

Quais são suas principais responsabilidades enquanto líder? Seriam elas gerar lucratividade, maximizar o potencial dos seus empregados e fortalecer o valor de sua marca? No livro *A Leader's Legacy* (*O Legado de um Líder*), os autores James Kouzes e Barry Posner sugerem que a verdadeira liderança "traz consigo a responsabilidade de fazer algo significativo que torne as famílias, as comunidades, as empresas, as nações, o meio ambiente e o mundo melhores do que são hoje." Embora as palavras proferidas por Kouzes e Posner possam parecer soltas, superficiais e até arrogantes, os líderes da Starbucks veem a si mesmos como indivíduos responsáveis por alcançar mais que apenas sucesso comercial. Na verdade, Howard Schultz integra a ideia de amplo bem social com viabilidade geral dos negócios ao afirmar: "Desde o início da Starbucks, sempre acreditei em uma forte ligação entre o desempenho de nossa empresa, nossos valores e o impacto que exercemos sobre as comunidades em que operamos. Essa interdependência está no âmago de nossa missão (...) Essa reciprocidade também é adequada para os nossos negócios, em especial nos dias de hoje. Há muito tempo os consumidores percebem quando a missão e as aspirações de uma empresa estão alinhadas com as suas, e então recompensam essa marca com sua fidelidade."

De fato, na Starbucks, no que diz respeito a responsabilidade social os objetivos das lideranças são definidos em um dos princípios norteadores da companhia, que envolve comunidades locais. Esse princípio é o seguinte:

Nossa comunidade
Cada loja é parte de uma comunidade, e nós levamos a sério a responsabilidade de sermos bons vizinhos. Queremos ser bem-vindos nos lugares em que fazemos negócios. Podemos ser a força por trás de ações positivas, aproximando nossos *partners*, nossos clientes e a comunidade para contribuir todos os dias. Agora vemos que nossa responsabilidade – e nosso potencial positivo – é ainda maior. O mundo espera que a Starbucks estabeleça o novo padrão, outra vez. E seremos os líderes.

Ao longo desse capítulo, daremos uma olhada em algumas áreas de responsabilidade social em que a Starbucks estabelece **"o novo padrão"** e **"lidera"**. Dentro dos nossos objetivos, observaremos especificamente os comportamentos demonstrados pelas lideranças da empresa à medida que ela estabelece metas, atua e avalia o progresso alcançado nas áreas de gestão ambiental, *ethical sourcing*, desenvolvimento comunitário e criação de empregos.

GESTÃO AMBIENTAL

Se você fosse até a página do Google e fizesse uma busca pela frase **"sobrecarregando as futuras gerações"**, você depararia com mais de 356 mil resultados. A maior parte deles está associada a falhas e desmandos por parte de líderes políticos, de todas as partes do globo, que tomam dinheiro emprestado para pagar por serviços do presente, mas deixam a quitação dessas mesmas dívidas nos ombros das futuras gerações de contribuintes. Embora esse tipo de comportamento seja conveniente para garantir a reeleição desses indivíduos, inúmeros críticos o veem como uma política social míope e irresponsável. Dentro dos negócios, uma atitude similar pode ser verificada no tipo de "líder" que alcança lucratividade de curto prazo à custa de sustentabilidade duradoura. Esse "líder" é capaz de consumir grandes quantidades de matérias-primas finitas e, com isso, "sobrecarregar as futuras gerações" de líderes com déficit de suprimentos. Por exemplo, líderes dos setores de agronegócios e pesca comercial têm sido acusados de garantir lucros de curto prazo por meio do cultivo e da pesca excessivos.

Na Starbucks, as lideranças não apenas consideram o impacto de curto prazo dos recursos consumidos pela empresa, mas também buscam meios de fazer negócios que reduzam o consumo desses recursos em curto e longo prazos. Além disso, esses líderes procuram estimular iniciativas que ajudem a influenciar outras organizações a considerarem a gestão responsável de recursos finitos. Esse impacto sobre outras empresas se torna evidente nas áreas de *design* sustentável de construções, de reciclagem dos copos usados pela Starbucks, e de processos de manufatura (por exemplo, as mudanças no sentido de tornar os isolantes térmicos para copos mais ecológicos).

Design sustentável de construções

Embora eu tenha investido algum tempo na discussão sobre *designs* de construção culturalmente relevantes (tais como a loja *The Bank*, em Amsterdã) e projetos que representam novas plataformas de venda (como o novo conceito *walk-up/drive up*, em Denver, no Estado do Colorado), Arthur Rubinfeld, diretor de criação da Starbucks e presidente da Global Innovation and Evolution Fresh Retail, indica que a força que eletriza e entusiasma os *designers* da Starbucks tem sua origem na "diretriz definida por volta de 2008, quando anunciamos nosso objetivo de nos transformarmos em um **líder global** nas práticas de construção sustentáveis das lojas de varejo próprias espalhadas pelo mundo. O respeito às questões ambientais sempre fez parte de nossa empresa, porém, em 2008, nós definimos uma meta específica e alteramos nosso papel perante a sociedade, deixando de atuar apenas como gestores e passando a agir como educadores responsáveis. Estamos construindo lojas com produtos sustentáveis, utilizando metais, madeira, pedras e elementos orgânicos, assim como materiais recicláveis e reciclados. E tão importante quanto isso, estamos também tornando o próprio conceito de sustentabilidade mais visível, de modo que as pessoas em todo o mundo possam considerar um estilo de vida mais ambientalmente saudável. Estamos educando os consumidores sobre a importância da conservação da água, da energia e assumimos uma posição de liderança no que se refere a lojas ecologicamente corretas. Sentimos enorme satisfação em inspirar outras pessoas."

Um exemplo bastante visual de *design* sustentável pode ser observado em uma loja Starbucks conceitual conhecida como Reclamation Drive Thru (algo como *drive thru* de reutilização, feito com reaproveitamento de materiais), localizada em Tukwila, em Washington.

Reclamation Drive Thru, em Tukwila, no Estado Washington (EUA).

Anthony Perez, gerente sênior de Design Global de Lojas, foi o responsável por esse projeto e compartilha conosco sua natureza ecológica: "Containeres de navio são usados para transportar café e chá de todas as partes do mundo. Porém, muitos deles acabam sendo deixados em pátios de sucata depois que uns 20 anos de uso, em média, quando sua vida útil chega ao fim. A inspiração para a loja Reclamation Drive Thru veio do desejo de reaproveitar itens utilizados em nossa cadeia de abastecimento, como containeres velhos, retirados do fluxo de resíduos. O resultado: uma loja de pronto atendimento para clientes a pé e/ou motorizados, com quase 42 m², e construída com quatro containers usados em navios. Um pequeno container de 6 m é usado para abrigar o lixo, materiais recicláveis e também como área de armazenamento, mas, fora isso, toda a loja funciona dentro dos demais containers que foram recuperados, restaurados, pintados e decorados. E funcionou! (...) De fato, esse novo projeto veio a calhar, já que a Starbucks está empenhada em entregar lojas certificadas pela LEED em todo o território dos EUA."

A certificação LEED é oferecida a empresas que atendem aos critérios de liderança em *designs* voltados para a economia de energia e o meio ambiente. Quando esses critérios são atendidos, ocorre uma verificação voluntária por parte do Green Building Council dos EUA (Conselho de Construção Ecológica dos EUA), que indica que a construção foi projetada, erigida e está sendo operada de maneira ecológica. Trata-se de uma abordagem que cria ambientes construídos capazes de 1º) conservar água e energia, 2º) reduzir emissões de gás de efeito estufa, 3º) diminuir a quantidade de resíduos enviados para aterros sanitários e 4º) promover o bem-estar e a segurança das pessoas que vivem/trabalham nos locais. Muitos líderes empresariais já se recusaram a remodelar ou construir espaços físicos que atendam aos padrões LEED por temerem que os custos do processo sejam demasiadamente elevados. Entretanto, o Natural Resource Defense Council (Conselho para a Defesa de Recursos Naturais) explicou o seguinte: "Indivíduos mais céticos em relação a projetos ambientalmente corretos às vezes argumentam que é difícil ou até impossível construir de maneira ecológica sem necessariamente ter de pagar bem mais caro. Todavia, exemplos reais demonstram que é possível conseguir uma certificação LEED construindo projetos que custam em média apenas 2% mais em relação aos custos iniciais normais, ou que, às vezes, custam até mais barato que os valores de mercado padrão. Além disso, qualquer custo extra poderá ser recuperado por meio de arrendamentos mais curtos, ágio nos alugueis e maior valorização de mercado."

A administração responsável dos gastos é sempre importante, mas, no que se refere às lojas Starbucks, o mesmo se aplica aos esforços responsáveis na área de sustentabilidade. Jim Hanna, diretor do departamento de Controle de Impacto Ambiental da Starbucks, afirmou: "Cerca de 75% de nossa pegada ambiental controlável está emnossas operações no varejo (...) Para que tenhamos credibilidade como empresa verdadeiramente responsável nessa arena, precisamos nos voltar em primeiro lugar para nossas lojas."

Ben Packard, ex-vice-presidente de Responsabilidade Global, explicou a posição de lideranças da Starbucks no que se refere à certificação LEED da seguinte maneira: "Temos trabalhado junto ao Green Building Council, organização responsável pela certificação LEED, desde 2001. Em vez de estabelecermos nossos próprios padrões de sustentabilidade e, em seguida, tentarmos validar nossos esforços, percebemos que seria importante para a nossa empresa contar com uma marca de confiança que fosse atribuída por uma agencia de certificação independente. Todavia, os critérios LEED vigentes haviam sido projetados para prédios de escritórios e não para espaços de varejo. Sendo assim, eu me envolvi nesse processo como chefe do comitê para o desenvolvimento de certificação para o varejo, no Green Building Council. O objetivo foi trabalhar junto a outros setores de varejo e líderes ambientais e fazer os ajustes pertinentes nos critérios já existentes. Então, depois que todos os padrões para varejo foram estabelecidos, a Starbucks se empenhou vigorosamente na obtenção das certificações."

Em uma loja Starbucks certificada, alguns elementos voltados para a economia de energia e água podem ser percebidos pelos clientes. Entre eles estão o uso de lâmpadas LED; a utilização de máquinas para fazer gelo, lavadoras de louça e liquidificadores com baixo consumo de energia; a instalação de torneiras de baixo fluxo e sanitários com descarga dupla. Já as medidas de economia de energia e água não visíveis para os clientes incluem: sistemas de gerenciamento de energia, que apresentaram uma redução de 20% no consumo em aquecimento, ventilação e ar-condicionado (HVAC); sistema de filtragem de água que produz 50% menos desperdício em relação aos métodos anteriores, e um tipo de pia de fluxo contínuo de água que, embora esteja de acordo com todos os padrões sanitários, economiza uma quantidade substancial de água fresca.

Para uma turnê virtual interativa com uma loja Starbucks certificada pela LEED, acesse http://tinyurl.com/orvk49d.

A cada ano, a Starbucks publica um relatório corporativo de responsabilidade social que visa informar as pessoas sobre o progresso da empresa em seus objetivos sociais e ambientais. Em 2011, por exemplo, o relatório atestou que a companhia estava "no caminho certo" para atingir seu objetivo de fazer com que todos os prédios próprios novos passassem pelo demorado processo de certificação LEED, ressaltando que 75% das lojas novas da empresa havia, em apenas um ano, garantido esse certificado.

Entre as lições aprendidas a partir dessa difícil jornada da Starbucks rumo à obtenção de certificados LEED estão: 1º) a relevância de se estabelecer objetivos de sustentabilidade ambiciosos; 2º) a importância de se buscar validação de terceiros para suas realizações; 3º) a participação no processo de refinamento dos critérios para o seu setor de atuação, se necessário; 4º) o trabalho contínuo no sentido de alcançar seus objetivos; e 5º) a informação de modo transparente do progresso realizado.

Além de ser agraciada com o Green Building Design Award, da Global Green USA, e com o Good Design Is Good Business Award, conferido pela *Architectural Record,* por todos os seus esforços para garantir a certificação LEED, a Starbucks também vem sendo reconhecida por tudo o que já realizou no campo de conservação e uso de energia renovável. Pelo fato de ser uma grande compradora de energia renovável no país, a empresa também recebeu o prêmio Green Power Leadership Award, da Environmentl Protection Agency. Por exemplo, em 2011, a Starbucks adquiriu mais de 421 milhões de quilowatt/hora de energia limpa por meio de créditos certificados de energia renovável da Green-e®. Essa energia, gerada por usinas eólicas, foi usada para suprir as necessidades de mais de 50% das lojas de propriedade da empresa nos EUA. Com base nos níveis registrados em 2008, a companhia já estabeleceu metas de reduzir seu uso total de energia em 25%; outra meta é fazer com que 100% de toda a energia consumida seja renovável até 2015.

Mesclando inovações e esforços no sentido de diminuir o consumo de energia, a Starbucks resolveu se unir à Bonneville Power Administration e a um conjunto de empresas públicas do noroeste dos EUA. O objetivo é explorar se mudanças comportamentais podem resultar em economia substancial de energia. Em vez de contar única e exclusivamente com novas tecnologias para economizar energia, os líderes da empresa irão desafiar os *partners* de suas lojas de modo que estes compitam com os *partners* de outras lojas para ver quem conseguirá as maiores reduções. Os líderes da Starbucks estão assumindo responsabilidade por alcançar eficiência energética de curto prazo e estabilidade ambiental de longo prazo. Nesse processo, eles estão incentivando outros a buscarem práticas comerciais mais sustentáveis. Essa posição de proeminência não poderia ser mais evidente que no setor de reciclagem.

Trazendo de volta os materiais para a sequência

Do mesmo modo com os líderes da Starbucks trabalharam com o U.S. Green Building Council para estabelecer critérios LEED no setor de varejo, eles também colaboraram com especialistas e outros nomes de peso da área de reciclagem para criar uma solução que diminuísse o desperdício associado aos copos Starbucks. Na época em que eu estava concluindo meu livro anterior sobre a empresa, a Starbucks estava prestes a lançar o primeiro copo de papel para bebidas quentes do setor, com 10% de fibras recicláveis de copos já utilizados. Ao conseguir demonstrar a segurança desses copos reciclados, a empresa foi capaz de encorajar a Food and Drug Admnistration (FDA), agência governamental norte-americana responsável por regular e fiscalizar a fabricação de alimentos, drogas e cosméticos, a mudar de posição e permitir o uso de conteúdo reciclável em produtos de papel que entrassem em contato direto com alimentos.

Enquanto o uso de conteúdo reciclado nos copos se revelou um passo importante para a empresa, isso não significava que os copos propriamente ditos fossem recicláveis. Esse era um problema para as lideranças da Starbucks, considerando que eles haviam estabelecido como meta tornar 100% de seus copos reutilizáveis e recicláveis até 2015. Ben Packard, ex-vice-presidente de Responsabilidade Global, afirmou: "Nossos copos são feitos de papel, mas esse papel é recoberto com um polímero. Isso significa que em cidades onde o mercado de reciclagem consegue retirar esse material, os copos são recicláveis, enquanto naquelas onde o processo não ocorre, os copos não descartáveis. Esse tipo de variabilidade fez com que, desde 2009, passássemos a organizar um encontro que ficaria conhecido como Cúpula do Copo (Cup Summit)."

De fato, esse evento continuou a crescer anualmente e hoje reúne indivíduos de todas as áreas da cadeia de valor dos copos de plástico e papel. Entre essas pessoas estão fornecedores de matéria-prima, representantes do governo, pessoas das áreas de bebidas e varejo, fabricantes de copos, organizações não governamentais, recicladores e até acadêmicos especialistas representando instituições de peso como o Instituto de Tecnologia de Massachusetts (MIT). De acordo com Packard: "Inicialmente, imaginamos que a solução estaria na troca de material, mas então fomos encorajados a desafiar nossas suposições e mapear cada aspecto da jornada de um copo. Por conta disso, nós literalmente criamos um mapa que definia a trajetória do copo desde a árvore até o aterro sanitário. Ao fazê-lo, nós delineamos tudo o que precisaria mudar e também o que teríamos de fazer para promover tais mudanças." Por conta de todo o conhecimento adquirido com a Cúpula do Copo, e ao desenvolverem relações próximas com pessoas importantes de várias municipalidades, os líderes da Starbucks já implantaram o processo de reciclagem em vários mercados norte-americanos. A empresa também iniciou projetos pilotos de reciclagem em todo o país e, inclusive, colaborou com fábricas de papel dos EUA e do Canadá na exploração de compatibilidades e meios de gerar demanda para copos reciclados.

Jim Hanna, diretor do departamento de Controle de Impacto Ambiental da Starbucks, declarou que a empresa está comprometida com a questão dos copos recicláveis porque isso é bom para o meio ambiente e importante para os clientes. Ele disse: "Nossa pegada é mais afetada pelo ambiente construído e também pela energia e por outros recursos usados em nossas operações. Porém, quando conversamos com nossos clientes e com outras pessoas interessadas, elas nos perguntam sobre o nosso progresso em tornar nossos copos recicláveis. O copo Starbucks é um ícone tocável, tangível e visível de nossa empresa, e simboliza nosso desempenho no que diz respeito ao meio ambiente." Quando uma questão ambiental é importante para seus clientes, ela precisa se tornar prioritária em sua lista de projetos.

Outro aspecto icônico e tangível do copo Starbucks é o protetor que o envolve. Em 1997, em um esforço de reduzir perdas ocorridas sempre que os clientes pediam que sua bebida quente fosse colocada em dois copos, a Starbucks introduziu um isolante térmico feito de papel corrugado. O isolante criou com uma camada extra de proteção entre o copo e a mão do consumidor e, como benefício extra, podia ser confeccionado com fibra reciclável, uma vez que jamais entraria em contato com o café. Na época em que foi lançado, 60% de sua composição era de material reciclável.

Inicialmente esse protetor foi criado como uma solução temporária, uma vez que os líderes da Starbucks ainda pesquisavam estratégias para alterar as propriedades térmicas dos copos usados na companhia. Porém, no final das contas, ficou estabelecido que o isolante térmico seria mesmo a solução mais viável – e é por isso que continua a ser usado até hoje. Matt Cook, presidente da LDP Manufacturing, fornecedor dos isolantes térmicos, contou que foi incentivado a aprimorar o produto pelas lideranças da Starbucks: "Essencialmente, os líderes da Starbucks nos perguntaram: 'Como seria a próxima geração de um isolante térmico para copos? Seria possível desenvolver um produto com menos papel, um percentual mais elevado de conteúdo reciclável e ainda que oferecesse um isolamento térmico igual ou até superior ao atual?' É difícil expressar o tamanho do desafio, mas o fato é que a partir daí trabalhamos em conjunto com a Hinkle Corporation no desenvolvimento do produto químico que circundava o adesivo interno e acabamos produzindo uma tecnologia inovadora. Trata-se do novo isolante térmico batizado pela Starbucks de EarthSleeve™."[1] Sem comprometer suas propriedades térmicas, o novo protetor usa 35% menos papel e é feito com 85% de fibra reciclável (25% a mais que seu predecessor). Empresas de certificação determinaram que esse isolante térmico é plenamente suscetível ao processo de compostagem, enquanto a Western Michigan University informou que ele é totalmente prensável. Com quase 3 bilhões de isolantes térmicos produzidos somente em 2011, os cálculos da Starbucks sugerem que o EarthSleeve™ conseguirá salvar mais de 100 mil árvores.

Embora os copos e os isolantes térmicos sejam certamente os elementos mais notórios, a maioria dos esforços da Starbucks no campo da reciclagem não são tão evidentes para os clientes. Muitas iniciativas envolvem itens como garrafas de xarope, jarros de leite e caixas de papelão. Entretanto, os líderes da empresa nunca se mostram satisfeitos com esses esforços internos. Eles compreendem que sustentabilidade não é algo que se deva fazer como estratégia de *marketing* ou para gerar publicidade; trata-se de um compromisso autentico para garantir a viabilidade dos negócios no futuro e também as próximas gerações de clientes. E ainda que os donos de pequenos negócios provavelmente não tenham condições de patrocinar pesquisas na área de reciclagem, eles também podem colaborar adotando algumas medidas simples, como buscar gráficas que usem papel reciclado ou fornecedores que comercializem produtos ecológicos. No final, não basta apenas discursar sobre sustentabilidade. O verdadeiro líder precisa estar sempre disposto a investir na saúde de longo prazo do próprio ne-

---

1 – Em tradução livre seria algo como "protetor do planeta". (N.T.)

gócio e ainda colaborar de maneira ativa com os outros para encontrar soluções – e tudo isso a partir de um genuíno senso de responsabilidade.

> ## REFLEXÃO SOBRE A CONEXÃO
>
> 1. Como você tem assegurado que suas decisões como líder não estejam "sobrecarregando as futuras gerações" de líderes com desafios no campo da sustentabilidade?
>
> 2. Em que aspectos você não apenas administrou de maneira responsável sua própria eficiência energética, seu processo de reciclagem e/ou a construção sustentável em seus próprios negócios, mas também se uniu a outros líderes para aprimorar essas questões no setor como um todo?
>
> 3. Em termos ambientais, quais são as questões sobre as quais você tem se debruçado, tanto de maior quanto de menor visibilidade para seus clientes?

CUIDANDO DAS PESSOAS QUE LEVAM SEUS PRODUTOS AO MERCADO

No Capítulo 2, discorri sobre as práticas C.A.F.E. (Coffee and Farmer Equity[2]), o compromisso da Starbucks em promover o sucesso e a sustentabilidade de seus fornecedores em seus países de origem. Também expliquei que a Starbucks havia trabalhado junto com a Conservation International na criação dessas práticas para que todas as necessidades dos produtores de café fossem atendidas. Neste sentido, as lideranças estabeleceram três objetivos específicos relacionados a seus fornecedores:

- "Assegurar que, até 2015, 100% do café produzido/comercializado pela Starbucks seja produzido dentro das diretrizes de *ethical sourcing*".

- "Investir nos agricultores e em suas comunidades, elevando os empréstimos agrícolas para US$ 20 milhões até 2015".

---
2 – Em tradução livre: "práticas justas envolvendo o café e os agricultores do setor". (N.T.)

- "Aprimorar o acesso dos agricultores aos **mercados de carbono**,[3] ajudando-os a gerar renda adicional enquanto protegem o meio ambiente."

Em 2011, a Starbucks estava no caminho certo em relação a todos esses objetivos. Na época, 86% de todo o seu café já era produzido e comercializado dentro de rígidos padrões éticos, dentro das práticas C.A.F.E. Em termos de empréstimos, um total de US$ 14,7 milhões já havia chegado às mãos dos agricultores. Além disso, programas no México e na Indonésia já abriam caminho para que mais agricultores tivessem acesso aos mercados de carbono e à proteção ambiental.

A Starbucks enfrenta um desafio gigantesco em sua cadeia de abastecimento, que vai muito além dos produtores de café. Considerando apenas as lojas, a empresa precisa de mais de 83 mil entregas por semana para que os estabelecimentos possam operar normalmente depois de abertos. A cadeia de abastecimento também precisa atender ao crescimento e à expansão futura dos negócios no que diz respeito a vários produtos, inúmeros canais e diversas categorias. Em vários aspectos, a marca Starbucks depende de a sua cadeia de abastecimento ser capaz de transformar ideias em manifestações físicas no mercado. Além desses desafios, as lideranças da empresa também precisam ter certeza de que seus fornecedores sejam não apenas diversificados, mas que estejam plenamente comprometidos com a ética nos negócios e com a humanização em suas operações. Os líderes das Starbucks compreendem que podem terceirizar as atividades físicas, mas não sua responsabilidade pela qualidade dos produtos ou pelo modo como as pessoas são tratadas durante a criação deles.

Um bom exemplo da disposição da Starbucks em tomar medidas firmes e ao mesmo tempo respeitosas sempre que o comportamento de seus fornecedores é colocado sob suspeita ocorreu quando a empresa recebeu alegações sobre segurança no trabalho em um fornecedor sediado nos EUA. De acordo com Kelly Goodejohn, diretora do setor de *ethical sourcing*: "Naquele caso, enviamos uma mensagem diretamente para a gerência da fábrica, dizendo: 'Em curto prazo, suspenderemos nossas atividades com vocês, mas, por enquanto, queremos entender o que está acontecendo em suas dependências e então conversar sobre medidas de capacitação e reparação.'" Depois que a Starbucks notificou o fabricante, as lideranças decidiram enviar representantes de uma companhia de

---

3 – Os mercados de carbono têm como objetivo negociar a redução das emissões de dióxido de carbono (CO_2) e, assim, auxiliar na mitigação das mudanças climáticas. Nesses mercados são elaboradas metodologias, regulamentações e estruturas de monitoramento e comercialização dos créditos de carbono, visando a redução das emissões. (Fonte: http://www.institutocarbonobrasil.org.br/mercado_de_carbono) (N.T.)

monitoramento terceirizada, com a qual já trabalhamos globalmente, para que esta fosse até o fabricante e realizasse uma avaliação ao longo de três dias. Além dessa fiscalização direta e das reuniões com os líderes do fornecedor, a equipe de análise conversou diretamente com os empregados do local.

Em casos em que a presença de empresas terceirizadas se faz necessária, os líderes da Starbucks esperam que as avaliações resultem na implantação de medidas de reparação verificáveis que permitam que o fornecedor seja mantido. Se isso não for possível, as relações serão finalizadas. Goodejohn explicou: "Reconhecemos que as somas investidas nesses fornecedores são significativas e, sendo assim, temos a responsabilidade de assegurar que nossos valores permeiem nossa cadeia de abastecimento. Essa não é uma tarefa fácil, uma vez que lidamos diariamente com uma grande variedade de culturas e prioridades corporativas distintas. Todavia, nós atrelamos a importância do *ethical sourcing* ao fato de que cuidar bem de nosso pessoal e de nossa comunidade produz resultados comerciais positivos." À medida que a Starbucks demonstra uma conexão positiva entre o tratamento humanizado de seus funcionários e um sólido crescimento nos negócios, os fornecedores também exibem comportamentos similares em relação a às empresas e serviços que eles próprios subcontratam.

AMPLIANDO PARCERIAS COM A COMUNIDADE

Os líderes na Starbucks têm um longo histórico em questões envolvendo oportunidades para os funcionários, desenvolvimento de lideranças e crescimento econômico. Por exemplo, em 1998, a Starbucks celebrou uma parceria com a Johnson Development Corporation – empresa de Earvin "Magic" Johnson, ex-astro da Associação Nacional de Basquete Norte-Americana. O *joint venture* recebeu o nome de Urban Coffee Opportunities. O objetivo era construir lojas Starbucks em comunidades urbanas mal-atendidas. Magic Johnson, que vendeu sua participação nas 105 lojas envolvidas no *joint venture* de volta para a Starbucks em 2010, comentou: "Por meio de nossa parceria com a Starbucks conseguimos operar nesses centros urbanos como um catalisador econômico, através da criação de novos empregos."

Em 2011, a Starbucks começou a fazer a transição entre o *joint venture* com a Urban Coffee Opportunities e um novo modelo de lojas comunitárias, tanto no Harlem, um bairro de Nova York como em Crenshaw, uma comunidade de Los Angeles. A abordagem piloto teve como objetivo obter contribuições financeiras dessas lojas e compartilhá-las diretamente com organizações voltadas para a reconstrução comunitária de cada região. Ao anunciar esse novo modelo de parceria, Howard Schultz afirmou: "A Starbucks está trabalhando em conjunto com duas organizações empenhadas em realizar um trabalho heroico, enfrentando grandes desafios econômicos, sociais e educacionais em suas comunidades. (...) Essas duas parcerias nos ajudam a compreender como nossa empresa pode atuar de maneira bem-sucedida ao lado dessas instituições que lutam para promover mudanças em suas comunidades, de maneira localizada, coordenada e replicável." Por meio desses esforços iniciais coordenados, a Starbucks repassou aproximadamente US$ 245 mil para as duas organizações comunitárias ao longo do primeiro ano de operações. Com base no sucesso dessas primeiras lojas comunitárias, os líderes da Starbucks anunciaram que o programa seria expandido para Houston, no Estado do Texas. A contribuição viria do desempenho da recém-remodelada loja do Gulfgate Center Mall e seria entregue a uma instituição voltada ao desenvolvimento de cidadãos norte-americanos de origem mexicana, através da Association for the Advancement of Mexican Americans. Em uma escala menor, os líderes podem simplesmente buscar maneiras de apoiar as atividades comunitárias por intermédio de instituições de serviço, escolas e organizações sem fins lucrativos (ONGs) da região. Esses tipos de oportunidades criam relações recíprocas positivas, em que ambos os lados saem vitoriosos e alcançam sucesso.

Gestão da Fundação

A Fundação Starbucks – criada em 1997 com os recursos oriundos da venda do primeiro livro de Howard Schultz, *Dedique-se de Coração: Como a Starbucks se Tornou uma Grande Empresa de Xícara em Xícara* –, serviu como ponto de partida para muitos projetos comunitários da empresa, cujo foco inicial foram programas de alfabetização nos EUA e no Canadá. Ao longo dos anos, a fundação tem ampliado seus esforços globalmente. No momento, a Fundação Starbucks apoia projetos de desenvolvimento comunitário em regiões produtoras de café, chá e cacau. Esses projetos incluem melhorias nos serviços de tratamento de água, saúde e nutrição, e o oferecimento de microcréditos e treinamento agrícola. A Fundação Starbucks também está envolvida com a Ethos Water, uma empresa iniciada em 2001 com uma missão simples: **"Ajudar as crianças a ter acesso à água limpa."** Pela doação de 5 centavos de dólar para cada garrafa de água Ethos adquirida, a companhia Ethos Water – que agora é uma subsidiária da Starbucks – já investiu mais de US$ 7 milhões em esforços na área de tratamento de água. A Fundação Starbucks também administra doações a ONGs e ainda garante subsídios equivalentes a instituições em que os próprios *partners* da Starbucks investem seu tempo e dinheiro pessoal.

Uma vez que não há espaço suficiente neste livro para discorrermos em detalhes sobre todos os projetos e programas apoiados pela Fundação Starbucks, vejamos a seguir algumas das iniciativas voltadas para as áreas de **educação** e **desenvolvimento de liderança**. No que diz respeito ao primeiro tema, a Fundação Starbucks estabeleceu o Starbucks China Education Project. Iniciado em 2005, o projeto se baseia nos fortes valores culturais atribuídos à educação formal em todo o país. Em apoio a essa iniciativa, e por intermédio de uma ONG norte-americana chamada Give2Asia (Doe para a Ásia), a Starbucks investiu US$ 5 milhões (aproximadamente 40 milhões de renmimbis) em programas de aprendizado chineses. Os recursos foram usados no treinamento de professores em áreas rurais, no oferecimento de bolsas de estudo para alunos de magistério em faculdades e no apoio a professores e alunos afetados pelo terremoto de Sichuan, em 2008.

A Fundação Starbucks também está envolvida em projetos globais de desenvolvimento de liderança para jovens, por meio do programa Youth Leadership Grants. Em 2012, os líderes da Starbucks afirmaram: "Existem mais de 1,2 bilhão de indivíduos entre 15 e 24 anos no mundo, o maior grupo de pessoas jovens já registrado na história. Infelizmente, um número cada vez maior se mostra desempregado e desconectado e, em geral, são chamados de NEET (na sigla em inglês para indivíduos não engajados em empregos, educação e/ou treinamento/estágio formal). A Fundação Starbucks está interessada em apoiar organizações que apoiem jovens entre 15 e 24 anos de idade." De maneira específica, por meio do programa Youth Leadership Grants, a fundação está oferecendo suporte a organizações internacionais que estejam dispostas a ajudar jovens a desenvolverem tino comercial, consciência social e comunicação colaborativa.

Todavia, o compromisso da Starbucks em maximizar a empregabilidade dos jovens vai muito além das doações oferecidas pela fundação. Por exemplo, Blair Taylor era o CEO da Los Angeles Urban League quando se aproximou de Howard Schultz com um conjunto de preocupações e solicitações. Segundo Taylor, ele teria dito o seguinte na ocasião: "As crianças nas escolas urbanas não estão obtendo o mesmo tipo de aprendizado experiencial oferecido nas escolas rurais. Elas não estão passando suas férias de verão na Europa ou em luxuosos balneários do país. De fato, elas não têm oportunidades de sair de suas comunidades." Além disso, Taylor sugeriu a Howard "que durante o período escolar, jovens de escolas urbanas em regiões centrais e escolas rurais mais pobres até conseguem se igualar aos seus pares de regiões suburbanas mais prósperas, porém, durantes os meses de férias, surge entre os dois grupos um verdadeiro abismo. Tudo isso por conta das experiências vivenciadas."

Taylor explicou a Schultz que, por causa de tal realidade, no verão de 2011 ele planejava levar uma delegação de 20 a 30 crianças da Crenshae High School – uma escola de baixo desempenho do Sistema Educacional Unificado de Los Angeles – para a China. Todavia, para realizar essa viagem, Taylor teria de alinhar três parceiros corporativos. A lógica por trás dessa aventura era dar aos alunos dessa escola pública de Los Angeles a oportunidade de ver de perto a economia global do século XXI. Segundo Taylor: "Schultz foi o primeiro líder a integrar o projeto e apoiá-lo. Taylor então reuniu um contingente de alunos e professores de Crenshaw e agendou reuniões com líderes empresariais chineses, empreendedores e alunos da melhor escola secundária da China. Taylor explicou: "Fizemos uma turnê por Xangai, Pequim e Tianjin. Usamos o trem bala que viaja a 320 km/h e vimos coisas que mudaram a vida dos alunos norte-americanos. A maioria desses jovens jamais havia saído de Los Angeles; 90% deles nunca tinha entrado em um avião; alguns nunca tinham sequer visto o mar, embora vivam a uma distância de 8 a 12 km da praia." No final da viagem, depois de perguntar aos alunos de sua delegação porque eles haviam se encontrado com os melhores alunos de uma escola chinesa de primeira linha, Taylor informou o seguinte: "Um jovem garoto levantou a mão e disse, 'Porque um dia aquelas crianças estarão comandando a China.' Daí o garoto fez uma pausa e continuou, 'e, um dia, nós também estaremos comandando os EUA, então precisamos nos conhecer mutuamente.' Quando essas jovens voltaram, eles passaram a olhar para si mesmos como embaixadores e futuros líderes mundiais, não como crianças de uma escola de baixo desempenho." No ano seguinte, Blair Taylor deixou seu cargo de CEO na Los Angeles Urban League e se tornou diretor de Serviços à Comunidade na Starbucks, onde ajudou a marca a continuar oferecendo oportunidades únicas para ampliar as expectativas e habilidades dos jovens.

Todos os esforços da Starbucks – seja na prática de *ethical sourcing*; na garantia de acesso à água tratada e à educação para crianças; ou no apoio a iniciativas voltadas para o desenvolvimento da liderança nos jovens – ostentam um ponto comum: cada um deles reflete a firme crença de que um empreendimento precisa usar seu porte e sua prosperidade para **fazer o bem**. Particularmente, acredito que um número crescente de clientes se tornará cada vez mais consciente dos esforços das lideranças empresariais, tanto no que diz respeito à adoção de medidas de proteção ao meio ambiente quanto de acompanhamento de seus próprios fornecedores e das comunidades atendidas por essas empresas. Decisões conscientes em termos sociais provavelmente resultarão não apenas no sucesso de curto prazo nas vendas, mas também em um futuro brilhante no longo prazo. O fato é que os líderes empresariais precisam desenvolver uma

> ### REFLEXÃO SOBRE A CONEXÃO
>
> 1. Você já estabeleceu diretrizes e objetivos de *ethical sourcing* em sua empresa?
>
> 2. Como você lidaria com um fornecedor cujos próprios funcionários reclamassem de falta de segurança no trabalho? Você conta com um processo claro para avaliar e corrigir os atos de seus fornecedores e, inclusive, encerrar seu relacionamento com eles caso não sejam transparentes em suas práticas e/ou não honrem os direitos humanos dos empregados contratados?
>
> 3. Suas iniciativas em termos de responsabilidade social vão além de simples doações e envolvem a participação ativa de seus funcionários? Você já identificou alvos sociais, como água tratada, educação e liderança para maximizar o impacto de seus esforços?

perspectiva que leve em consideração o bem-estar das futuras gerações – afinal, muitas dessas pessoas poderão se tornar funcionários e/ou consumidores dessas mesmas organizações.

CRIAÇÃO DE EMPREGOS

Abraham Lincoln ofereceu um sábio conselho aos líderes empresariais quando disse: "Assegure-se de colocar seus pés no lugar certo, então mantenha-se firme." Porém, assim como a maioria das recomendações inteligentes, é mais fácil compreendê-las que propriamente segui-las. Ao longo de 2011, Howard Schultz colocou seus pés em lugares ousados ao escrever aos seus *partners* o memorando intitulado "Liderando em Tempos de Incerteza" e uma carta aberta a todos os norte-americanos que ocupou uma página inteira de jornais como o *The New York Times*. Essencialmente, Schultz desafiou os leitores a tomarem uma atitude e se posicionarem de maneira firme em defesa de um maior envolvimento na criação de empregos e da diminuição da paralisia partidária no Congresso dos EUA.

De maneira direta, Schultz escreveu: "Vamos dizer aos líderes do governo que deixem de lado o partidarismo político e falem de maneira franca e honesta sobre os desafios que estamos enfrentando. Vamos pedir aos nossos líderes empresariais que criem mais oportunidades de emprego na economia norte-americana. E, como cidadãos, vamos nos envolver mais. Por favor, não sejamos apenas espectadores. É preciso que todos compreendam que nós compartilhamos a responsabilidade por solucionar os problemas de nossa nação. Não podemos esperar por Washington. Na Starbucks, estamos tentando assumir nossa responsabilidade, ampliando nossa participação nas comunidades e ajudando a financiar a criação de empregos em pequenos negócios, através da iniciativa **'Criando Empregos nos EUA'**. Nossa empresa está longe de ser perfeita. Sabemos que podemos fazer mais pelo nosso país, mas precisamos de sua ajuda. Precisamos de sua voz." Schultz pediu aos leitores que compartilhassem suas sugestões em *blogs*; que disponibilizassem imagens inspiradoras no Pinterest e oferecessem ideias inovadoras no Facebook. Ele também solicitou aos leitores que incluíssem a *hashtag #indivisible* em suas postagens, para que a Starbucks pudesse coletar e amplificar as sugestões enviadas.

Além de fazer uma propaganda, apoiar o processo de inovação e o compartilhamento de ideias *on-line*, Howard Schultz incentivou doadores de campanhas a reterem quaisquer recursos destinados ao financiamento de ambos os partidos do país – Democrata e Republicano – "até que o Congresso e o presidente do país retornassem a Washington e apresentassem ao povo norte-americano um plano fiscal disciplinado e de longo prazo para o controle da dívida e do déficit públicos." Mais de 100 CEOs de grandes empresas dos EUA, além de um grande número de contribuintes, escutaram o chamado de Schultz e se uniram para exigir que o governo se concentrasse na redução da dívida e na criação de empregos. Enquanto isso, o programa da Starbucks "Criando Empregos nos EUA" prosseguia em ritmo acelerado.

No lançamento do programa em novembro de 2011, a Fundação Starbucks doou US$ 5 milhões em apoio a instituições financeiras voltadas para o desenvolvimento comunitário (as chamadas CDFIs). Para isso, ela se utilizou da Opportunity Finance Network, uma rede cujos investimentos estão voltados para ações que beneficiam comunidades de baixa renda e baixo nível de riqueza, além de outros grupos menos favorecidos do país. O colunista do *The New York Times* Joe Nocera, explicou: "Não demorou muito para a Starbucks encontrar o parceiro financeiro ideal (...) Embora nem todas, a maioria das CDFIs não tem fins lucrativos, portanto suas taxas para empréstimos são extremamente baixas (...) A Opportunity Finance Network atua com uma espécie de coordenadora geral para as melhores entre essas instituições."

Na ocasião, a Starbucks também desenvolveu uma pulseira nas cores vermelha, branca e azul, com a palavra **indivisível** gravada em uma plaquinha de metal. A ideia era disponibilizar o item para todos os clientes que fizessem uma contribuição de no mínimo US$ 5 para a campanha "Criando Empregos nos EUA," fosse *on-line* ou diretamente nas lojas da rede. Cem por cento do dinheiro arrecadado foi entregue diretamente à Opportujnity Finance Network para servir de lastro aos empréstimos especiais ofertados em todo o país. Em essência, a Starbucks lutou para garantir aos donos de pequenos empreendimentos maior acesso ao crédito e, assim, estimular a criação de empregos e o crescimento econômico. Todavia, o grande diferencial do programa "Criando Empregos nos EUA" não foi a participação dos clientes da Starbucks, mas a capacidade de amplificação do capital levantado. Joe Nocera acrescentou: "Aqui está o mais interessante sobre todo esse acordo. O dinheiro oriundo das doações para a campanha "Criando Empregos nos EUA" não seria simplesmente emprestado às CDFIs, mas transformado em capital. (...) Ou seja, o valor base seria alavancado em 7 para 1(...) Isso significa que se 10 milhões de clientes da Starbucks doassem US$ 5 cada, o total amealhado serviria de base para empréstimos até um limite de U$ 350 milhões. Isso é muito dinheiro."

Em junho de 2012, a Starbucks expandiu as oportunidades de contribuição à campanha ao desenvolver e comercializar outros produtos artesanais com a palavra INDIVISÍVEL, e posteriormente doar uma parte do dinheiro arrecadado. Entre os novos itens estavam canecas de cerâmica e, inclusive, pacotes de café em grãos. As canecas em questão foram produzidas em uma das duas últimas olarias de East Liverpool, no Estado de Ohio, uma cidade que outrora fora a capital da cerâmica nos EUA. Ulrich Honighausen, proprietário da Hausenware (empresa especializada em utensílios para a mesa, sediada no Condado de Sonoma, na Califórnia), fornecedor das canecas INDIVISÍVEL, disse: "Sou cidadão norte-americano e crio três filhos nesse país. Por vários anos sempre quis fabricar artigos de cerâmica nos EUA. Então, uma semana depois de escutar as palavras de Howard Schultz sobre a criação de empregos, eu pensei que também precisava fazer minha parte. Isso me levou a fechar um contrato com uma pequena fabricante de East Liverpool. De fato, eu fiquei tão inspirado com o que vi em Ohio – o trabalho artesanal, as necessidades e oportunidades – que decidi abrir outra fábrica no local. Esta competiria diretamente com os itens importados, mas de uma maneira mais automatizada."

Para uma exploração mais detalhada de East Liverpool, e das canecas de cerâmica INDIVISÍVEL, acesse http://tinyurl.com/cmzr7ds ou direcione seu leitor QR para:

Em abril de 2012, Howard Schultz teve a oportunidade de divulgar o sucesso inicial da campanha "Criando Empregos nos EUA" com a CBS News: "Nós estamos entregando dinheiro nas mãos das instituições (CDFIs), que, por sua vez, o emprestam a pequenos empreendimentos, criam empregos em empresas iniciantes e também em negócios já em funcionamento. De fato, 80% do dinheiro levantado já foi distribuído, e podemos demonstrar com grande transparência aonde o capital está sendo investido e os empregos que estão sendo criados."

Um bom exemplo dos benefícios produzidos pelos recursos do programa da Starbucks é a Gelato Fiasco. Em 2007, Josh Davis (de 25 anos) e seu sócio Bruno Tropeano (de 24 anos) abriram uma sorveteria chamada Gelato Fiasco em Brunswick, no Estado do Maine. Por causa do sucesso em Brunswick, uma cidade de aproximadamente 23 mil habitantes, Davis e Tropeano decidiram expandir o negócio e inaugurar uma nova filial na maior cidade do Estado, Portland, a mais ou menos 25 min ao sul. Os dois encontraram um ótimo lugar para a nova loja, mas precisavam tomar uma decisão rápida para garantir o arrendamento do local por 10 anos. Foi então que eles ligaram para um banco e conseguiram a garantia de que precisavam para assinar o contrato. Porém, logo depois da assinatura do documento, o banco voltou atrás e negou o financiamento. Outras instituições financeiras também se recusaram a fornecer o empréstimo.

Como última saída, Davis e Tropeano procuraram uma CDFI que participava do programa "Criando Empregos nos EUA" e conseguiram um empréstimo de US$ 140 mil. Isso lhes permitiu expandir a empresa e empregar 10 novos funcionários (tanto em período integral quanto parcial) ao quadro atual de 21 pessoas. Davis nos contou: "A Starbucks transformou uma iniciativa que poderia ter facilmente fracassado em uma história sucesso." A nova filial da Gelato Fiasco não somente foi aberta em Portland, mas está localizada a um quarteirão de uma movimentada loja Starbucks – ah, e por falar nisso, a Gelato Fiasco de Portland também serve café. Mas qual teria sido a reação da Starbucks a um vizinho concorrente que ela mesma apoiara? De acordo com Davis: "A própria equipe da Starbucks postou na cafeteria um artigo sobre nossa empresa, demonstrando que, embora estivéssemos a um quarteirão de distância, eles não nos consideraram como concorrência negativa, e sim como maior abundância em serviços."

Davis e Tropeano ficaram tão gratos pela confiança que foi depositada neles que decidiram "retribuí-la." Neste sentido, eles criaram um sabor de sorvete especial para o seu negocio em varejo (que distribui sorvetes para supermercados em todo o Estado do Maine e na Nova Inglaterra) e direcionaram parte dos ganhos com aquele sabor específico para o programa "Criando Empregos nos EUA." Segundo Davis: "O lema da cidade de Portland é: "Resurgam", cujo significado é "Eu renascerei!". Nós acreditamos que essa ideia se encaixava muito bem com a nossa situação, então batizamos o sabor especial de sorvete de Sweet Resurgam (Doce Renascer) e doamos US$ 1 por uma bola de sorvete ao mesmo projeto que nos ajudara anteriormente."

Poucos líderes empresariais deixam de lado diferenças pessoais e conclamam colegas do setor e/ou políticos a se concentrarem no bem comum. Um número ainda menor redireciona suas próprias ações no sentido de trabalhar em parceria com clientes e gerar soluções que produzam benefícios econômicos tangíveis, alguns dos quais poderiam ser percebidos como competitivos em sua natureza. Enquanto muitas das ações de Howard Schultz podem estar fora do escopo considerado atingível para você como líder, o nome dele serve como um lembrete para todos nós de que podemos fazer muito mais que apenas reclamar dos desafios sociais. Somos plenamente capazes de atuar como uma força em prol de mudanças construtivas. Aliás, temos a responsabilidades de fazê-lo.

PONTOS DE CONEXÃO

- O ato de liderar traz consigo a responsabilidade de transformar o mundo em um lugar melhor que aquele que você encontrou.

- Em geral, existe uma forte interdependência entre o desempenho de uma empresa, seus valores e o impacto que ela exerce sobre as comunidades que ela atende.

- No que diz respeito a sustentabilidade, é importante que você estabeleça metas ambiciosas; busque critérios estabelecidos por terceiros para validar o alcance desses objetivos; assuma um papel significativo na redefinição desses critérios para o seu setor, caso necessário; e demonstre seu progresso de maneira transparente.

- Quando uma questão ambiental é importante para seus clientes, ela precisa se tornar prioritária em sua lista de projetos.

- Lutar pela sustentabilidade não é algo que se deva fazer com propósitos de *marketing* e publicidade; trata-se de um compromisso autêntico com a viabilidade do futuro do seu negócio e também das novas gerações de clientes.

- Não é suficiente falar sobre sustentabilidade; para se exercer verdadeira liderança é preciso demonstrar boa vontade e investir na saúde de longo prazo de sua empresa, colaborando de maneira ativa com as outras pessoas e mantendo um genuíno senso de responsabilidade.

- Ser uma companhia responsável e humana é bom para os negócios.

- Líderes empresariais devem desenvolver uma perspectiva que leve em consideração o bem-estar das futuras gerações – afinal, muitas dessas pessoas poderão se tornar funcionários de sua empresa ou clientes.

- Nas palavras de Abraham Lincoln, como líder, é essencial que você coloque seus pés no lugar certo, e então se mantenha firme.

- É possível fazer bem mais que apenas reclamar dos desafios sociais – você pode (e, mais do que isso, você deve) se mostrar uma força em defesa das mudanças construtivas.

CAPÍTULO 12

Forjando uma verdadeira conexão com o estilo de vida

Pare por um momento e pense a respeito do seu **cliente ideal**. Imagine-o acordando pela manhã e se utilizando de um produto que você fabrica. No caminho para o trabalho, ele para em uma de suas lojas, verifica o Foursquare, abre o aplicativo desenvolvido para a sua empresa, compra um dos itens comercializados e então realiza o pagamento com o próprio celular. Já no serviço, ao fazer um intervalo em suas atividades, ele mais uma vez depara com o seu produto, seja diretamente ou abrindo a própria página no Facebook e vendo postagens da sua empresa entre os *feeds* dele. Durante a tarde, esse indivíduo se inscreve para trabalhar ao lado da sua empresa e dos seus funcionários em um projeto de desenvolvimento para a comunidade e, em seguida, convida os próprios amigos para participarem e ajudarem. Conforme colaboram com o projeto, ele e os amigos convocados fotografam toda a iniciativa e imediatamente postam as imagens registradas no Instagram, no Twitter ou no próprio Facebook. Vale lembrar que durante todo o evento seu produto foi utilizado. Então, já no caminho para casa, seu cliente e os amigos param em um supermercado para algumas compras e, adivinhe, o seu produto faz parte da lista. Muito bem, agora é hora de voltar à realidade.

É sempre importante lembrar que a Starbucks começou como uma única loja. De fato, qualquer coisa é possível se considerarmos as lições aprendidas com essa empresa e pensarmos em como poderemos inovar e expandir nossos produtos e serviços, nossas ferramentas de mídia social, nossas tecnologias e nossos canais. Os líderes da Starbucks nos demonstram claramente o que é possível fazer quando a paixão pelo produto é devidamente estimulada; quando a organização ensina seus funcionários a importância da conexão humana; quando ela busca incessantemente oferecer aos clientes eficiência operacional e excelência nos produtos e serviços; e quando ela se engaja em uma jornada contínua por relevância.

Howard Schultz explicou a situação da seguinte maneira: "Nos dias de hoje, qualquer marca – seja a Starbucks ou a Tide[1] – (...) (precisa) estabelecer relevância em todos os aspectos da vida dos clientes (...) O preço de admissão será alto demais se a sua relevância e posição de mercado só existirem nos locais onde o seu produto for comercializado. Dissemos a nós mesmos que tínhamos de ser tão relevantes para nossos clientes em termos sociais e digitais quanto dentro de uma de nossas lojas físicas (...) Empresas que não compreenderem (isso) ficarão para trás."

Tradicionalmente, especialistas em *marketing* definem marcas criadoras de estilos de vida como aquelas capazes de se conectar à própria identidade do consumidor; são marcas que promovem tudo aquilo que os clientes valorizam e/ou aspiram para si mesmos. A Starbucks é com certeza uma empresa que possui todos os aspectos tradicionais de uma marca criadora de estilo de vida, uma vez que seus líderes conseguiram posicioná-la de modo a projetar nos consumidores uma imagem de paixão pelo produto, e ainda demonstrar preocupação pela conexão humana e pelos valores comunitários. Entretanto, as lideranças da Starbucks conseguiram elevar sua proposição de valor de marca a um nível que denomino **"estilo avançado"**. Essa empresa não apenas "projeta um estilo de vida" em seus clientes, mas adentra o próprio estilo de vida deles.

De maneira típica, a Starbucks constrói sua conexão com os clientes por meio de canais primários bem distribuídos: sua própria rede de lojas de varejo. De fato, pesquisas demonstram que 80% dos cidadãos norte-americanos vivem a uma distância de aproximadamente 32 km de alguma loja Starbucks. Além disso, o máximo que alguém teria de se deslocar para encontrar uma loja de propriedade da Starbucks seria 225 km (lembrando que o estudo em questão não inclui lojas licenciadas, portanto a distância pode ser ainda menor). Uma vez que a conexão já esteja devidamente forjada pelo canal de lojas físicas, os líderes da empresa posicionam sua marca para que ela vá de encontro ao cliente em movimento: esteja ele no topo de uma montanha, com o VIA, dentro de uma loja especializada em produtos saudáveis, com o suco Evolution Fresh, em um trem na Suíça ou até mesmo utilizando-se de um aplicativo móvel em Pequim. Aimee Johnson, vice-presidente do setor de comércio digital, fidelidade e conteúdo da Starbucks, declarou: "Nós estamos absolutamente comprometidos com a ideiade compreender os clientes que frequentam nossas lojas e nos conectarmos a eles de maneiras que se encaixem naquilo o que eles são e nos lugares onde eles estão!"

---

1 – No Brasil essa marca de sabão é conhecida como Ace, da P&G. (N.T.)

É óbvio que a proliferação de uma marca oferece riscos. Reuben Gregg Brewer, diretor de conteúdo digital da Value Line, fez o seguinte alerta: "Existem riscos materiais nos recentes esforços de expansão da Starbucks. Embora se tornar uma empresa global seja uma ótima ideia, mover-se para fora do próprio nicho de mercado pode se revelar uma iniciativa desastrosa – e isso acontece com frequência. Muitas vezes, depois de surgirem no mercado novos conceitos na área de serviços rápidos simplesmente fracassam (...) Os esforços da Starbucks poderiam, de fato, resultar em uma falta de foco (...) Ao estabelecer canais de distribuição adicionais, a Starbucks poderia provocar uma supersaturação de sua marca e também de todas as demais que acrescentou ao seu portfólio."

Muitos *partners* com os quais conversei afirmam confiar plenamente no futuro da Starbucks com base na habilidade de seus líderes em se adaptar e se transformar de acordo com as necessidades de seus clientes – necessidades estas em constante alteração. Porém, tal confiança não se limita aos que trabalham na empresa. Jim Cramer, autor *best-seller* e apresentador do popular programa de TV norte-americano da CNBC, *Mad Money* (*Dinheiro Maluco*), afirmou depois do lançamento do sistema Verismo em 2012: "Estou do lado de Schultz – não contra ele –, pois tanto na primeira quanto na segunda rodada de crescimento, colocar-se contra ele se revelou um grave equívoco, e acredito que fazê-lo outra vez seria um erro terrível. (...) Schultz preparou a Starbucks para um terceiro *round* de crescimento e você não vai querer ficar de fora só observando." A partir de minha perspectiva, o sucesso sempre depende da alta qualidade do produto; de ele ser disponibilizado da maneira como os clientes o desejam e dentro de um ambiente capaz de promover conexão. Desde que a Starbucks – ou qualquer outra empresa, diga-se de passagem – atenda a esses objetivos, os clientes lhe oferecerão todo o apoio de que precisa. Embora eu imagine que os líderes da Starbucks irão continuar a levar sua marca onde quer que as oportunidades e os clientes estejam, tenho certeza de que eles sempre lembrarão seus *partners* de que o futuro da marca depende de sua capacidade de promover **"momentos edificantes"** para os clientes.

Na verdade, esses "momentos edificantes" são como aqueles que costumavam ser proporcionados por Daniel Rowe, ex-barista da Starbucks. Quando trabalhava na rede, Rowe tinha uma ótima amizade com um cliente regular chamado Kelly Dietrich que, na maioria de suas visitas à loja, pedia um *latte* médio sem gordura para sua esposa. Rowe nos conta o seguinte: "Certo dia Kelly resolveu pedir um *latte* grande sem gordura. Vendo aquilo, imediatamente imaginei que sua esposa estivesse precisando muito daquela porção extra e então escrevi no copo: '**Espero que seu dia melhore**'."

A esposa de Kelly, Gini Dietrich, fundadora e CEO da Arment Dietrich, uma empresa de comunicação integrada de *marketing* com sede em Chicago, e coautora do livro *Marketing in the Round* (*Marketing em sua Forma Completa*), afirmou: "O fato de aquele barista da Starbucks desconfiar que meu dia seria longo apenas por eu ter solicitado uma bebida maior foi simplesmente inacreditável. Eu tirei uma foto do copo e a publiquei no Facebook. Na ocasião eu imaginei que aquele seria o fim de nossa interação sobre esse assunto, porém, para minha surpresa, um mês depois meu marido chegou em casa com outro copo personalizado do barista Dan, onde ele me perguntava se eu era real e acrescentava três opções de resposta: **sim; não** e **talvez**."

Gini marcou a opção "talvez" em seu copo e acrescentou: "Isso depende de sua definição de real." Dan nunca havia encontrado Gini pessoalmente, mas por vários meses eles estabeleceram uma "conexão "real" por intermédio do marido e das mensagens trocadas entre ambos algumas vezes por semana, sempre nos copos. Gini expandiu ainda mais sua relação com Dan por meio de sua rede de contatos no Facebook, fotografando cada copo e pedindo a seus amigos que votassem em como deveria responder a cada pergunta. Gini declarou que ficou muito triste quando recebeu um copo em que Dan mencionava que estaria deixando a Starbucks em um mês: "Naquele momento eu decidi que iria até a loja para me despedir de Dan em seu último dia na empresa, já que ele estava partindo para deslanchar em sua carreira de confeiteiro na Trump Tower. Acho que Dan simboliza o melhor da Starbucks, particularmente em seus esforços para manter nossa conexão, tão única e especial, e se importar tanto comigo e com o meu marido."

Dan nos relatou: "Trabalhei na Starbucks por seis anos, e eles sempre me encorajaram a crescer e a me desenvolver profissionalmente. Lá eu aprendi habilidades interpessoais e administrativas que certamente me ajudarão a comandar uma cozinha. Eles me ensinaram o que significava manter o foco no cliente. Sinto-me extremamente feliz pelo fato de Gini ter se importado em ir até a loja para me conhecer. Nunca achei que estivesse fazendo algo tão especial; para mim, ao me conectar em um nível pessoal eu estava apenas fazendo minha parte dentro da cultura da Starbucks – mantendo o contado, mesmo que não estivesse fisicamente disponível."

Preciso dizer algo mais? Permita-me fazer-lhe uma pergunta:

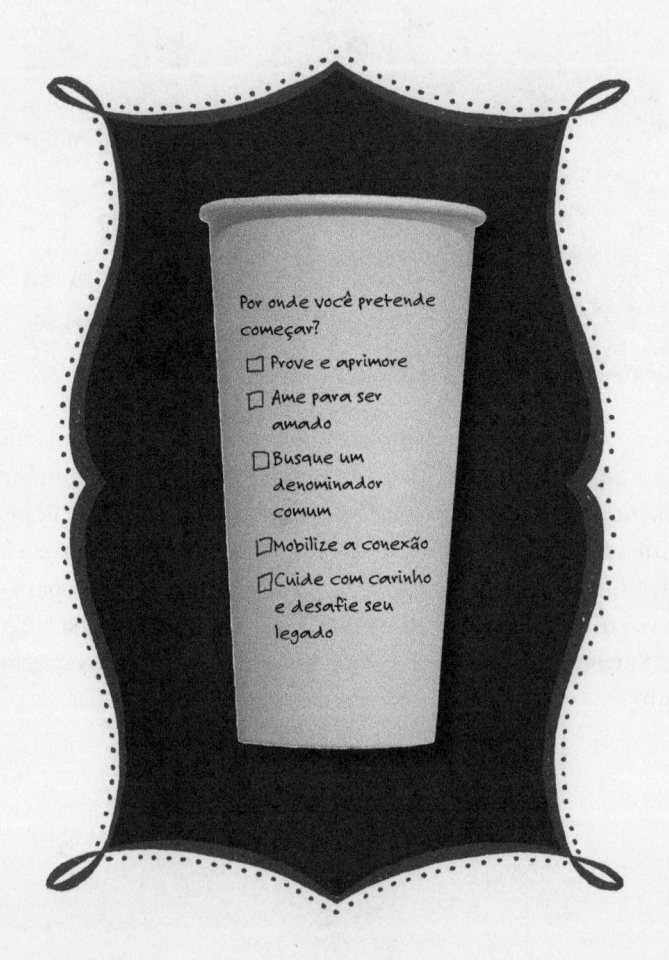

Por onde você pretende começar?

☐ Prove e aprimore
☐ Ame para ser amado
☐ Busque um denominador comum
☐ Mobilize a conexão
☐ Cuide com carinho e desafie seu legado

Bibliografia

CAPÍTULO 1

- *Entrepreneur magazine ranks the company among the ten "most trusted" businesses do mundo* (Revista Entrepreneur classifica a empresa entre os empreendimentos "mais confiáveis"): Paula Andruss, *Secrets of the 10 most-trusted brands* (Segredos das 10 marcas mais confiáveis do mundo), Entrepreneur, 20 de março de 2012, http://www.entrepreneur.com/article/223125.
- *Fortune magazine places it among the "most admired" global brands* (Revista Fortune coloca a empresa entre as "mais admiradas" marcas globais do mundo): *World's Most Admired Companies* (As empresas mais admiradas do mundo), Fortune, 21 de março de 2011, http://money.cnn.com/magazines/fortune/mostadmired/2011/full_list/.
- *U.S. president Barack Obama placed a call to the chief executive officer of Starbucks, Howard Schultz, because of Howard's leadership on job creation* (O presidente dos EUA Barack Obama telefonou para o CEO da Starbucks, Howard Schultz, por causa da liderança desse executivo na criação de empregos): David A. Kaplan, *Howard Schultz brews strong coffee at Starbucks* (Howard Schultz prepara café forte na Starbucks), Fortune, 17 de novembro de 2011, http://management.fortune.cnn.com/2011/11/17/starbucks-howard-schultz-business-person-year/.
- *Fortune magazine has named Howard Schultz as businessperson of the year* (A revista Fortune nomeou Howard Schultz como homem de negócios do ano): Richard McGill Murphy, 2011 *Businessperson of the Year* (Homem de negócios do ano de 2011), Fortune, 17 de novembro de 2011.
- Joseph A. Michelli, *A Estratégia Starbucks: 5 Princípios para Transformar sua Empresa em Uma Experiência Extraordinária.*
- *While our financial results are clearly being impacted by reduced frequency to our U.S. stores* (Enquanto nossos resultados financeiros estão claramente sendo impactados pela diminuição da frequência em nossas lojas): Howard Schultz, *Financial Release: Starbucks Reports Second Quarter Fiscal 2008 Results and Announces Long-Term Financial Targets for 2009 to 2011* (Relatório financeiro: a Starbucks apresenta resultados do segundo trimestre fiscal de 2008 e anuncia metas financeiras de longo prazo para o período entre 2009 e 2011), Starbucks Investor Relations, 30 de abril de 2008, http://investor.starbucks.com/phoenix.zhtml?c=99518&p=irol-newsArticle&ID=1137657&highlight.
- Howard Schultz e Joanne Gordon, *Em Frente! – Como a Starbucks Lutou por Sua Vida Sem Perder a Alma.*
- *Adherence to these seven bold moves has resulted in desired financial outcomes, as evidenced by 13 consecutive quarters of global comparable store sales growth greater than 5%.* (Adesão a essas sete medidas ousadas resultou no alcance dos resultados

financeiros desejados, como evidenciado por 13 trimestres consecutivos de comparativos globais de crescimento de vendas maior que 5%): Informação do segundo trimestre do ano fiscal de 2013 fornecida pela Starbucks; transcrição de ganhos do segundo trimestre do ano fiscal de 2013.
- *The number of formal bankruptcy filings in the 12 months ending June 2010 ... increased by 10% ... and the year over year increase between 08 and 09 was 50%* (O número de pedidos de falência nos 12 meses até junho de 2010 (...) aumenou em 10%. (...) Já o aumento ano após ano entre 2008 e 2009 foi de 50%): Dun & Bradstreet, *D&B U.S. Business Trends Report*, outubro de 2010, http://www.dnb.com/content/dam/english/economic-and-industry-insight/us_business_trends_2010_10.pdf.
- *Good management is largely a matter of love. Or if you're uncomfortable with that word, call it caring, because proper management involves caring for people, not manipulating them* (Uma boa administração é uma questão de amor. Ou, se você se sentir desconfortável com essa palavra, de carinho; uma administração adequada envolve cuidar das pessoas, não manipulá-las): James A. Autry, *Love and Profit: The Art of Caring Leadership* (*Amor e Lucro: A Arte de Liderar com Carinho*) (Nova York: Avon Books, Inc., 1991).
- *Great brands always make an emotional connection with the intended audience* (Grandes marcas sempre estabelecem uma conexão emocional com o público-alvo): Leonard L. Berry, *Descobrindo a Essência do Serviço: Os Nove Geradores de Sucesso Sustentável nos Negócios*.
- *The City Council called for hearings and solutions* (O conselho da cidade solicitou audiências e soluções): Petula Dvorak, *Encounter with a Homeless Man Touches a Virginia Starbucks Manager* (*Encontro com sem-teto toca profundamente uma gerente da Starbucks na Virgínia*): *The Washington Post*, 18 de junho de 2012, http://articles.washingtonpost.com/2012-06-18/local/35460526_1_homeless-population-long-term-homelessness-dominic.

CAPÍTULO 2

- *Steve Chou, the founder of Bumblebee Linens, reports that his online store went from zero earnings to more than $100,000 profit in a single year* (Steve Chou, fundador da Bumblebee Linens, informa que sua loja *on-line* partiu de ganho zero para um lucro de US$ 100 mil em um único ano): Steve Chou, *Why You Don't Have To Love What You Sell When Starting An Online Store* (*Porque você não precisa amar o que vende ao abrir uma loja on-line*) mywifequitherjob.com, http://mywifequitherjob.com/why-you-dont-have-to-love-what-you-sell/.
- *Not passionate about shoes at all* (Sem nenhuma paixão por sapatos): Joseph A. Michelli, *A Experiência Zappos: 5 princípios de Administração que Transformam uma Ideia Simples em um Negócio Milionário*.
- *Tony has reported he owns three pair* (Tony afirmou possuir três pares de sapato): Justin Fenner, *You'll Never Guess How Many Shoes Zappos' CEO owns* (Você jamais adivinhará quantos pares de sapato possui o CEO da Zappos), *Styleite.com* (*blog*), 17 de novembro de 2010, http://www.styleite.com/media/tony-hsieh-three-shoes/.

BIBLIOGRAFIA

- *Passionate about customer service and company culture* (Apaixonado pelo serviço oferecido ao cliente e pela cultura da empresa): Valerie Khoo, *The Celebrity CEO: Zappos's Tony Hsieh* (*O CEO Celebridade: Tony Hsieh da Zappos*), theage.com.au, 17 de fevereiro de 2012, http://m.theage.com.au/small-business/managing/blogs/enterprise/the-celebrity-ceo-zapposs-tony-hsieh-20120216-1ta85.html.
- *Passion is the indefinable something that creates and builds interest and excitement on the part of the customer* (Paixão é aquele algo indefinível que cria no consumidor interesse e entusiasmo): Troy Harrison, *Sales without passion isa€|well, it isna€™t sales* (Venda sem paixão e entusiasmo não é venda – é pontificação), salesforcesolutions.net (blog), 2013, http://www.salesforcesolutions.net/blog/hotsheets/sales-without-passion-isa€|well-it-isna€™t-sales.
- *As he described in his book Onward, he gained an enriched awareness of the "magic" of coffee* (Como descreveu em seu livro *Em Frente!*", ele ganhou maior compreensão da "mágica" do café): Howard Schultz e Joanne Gordon, *Em Frente! – Como a Starbucks Lutou por Sua Vida Sem Perder a Alma*.
- *Inspirar e nutrir o espírito humano – uma pessoa, uma xícara de café e uma comunidade de cada vez*: a missão da Starbucks, http://www.starbucks.com/about-us/company-information/mission-statement.
- *Nosso café. Tudo sempre se resumiu e continuará se resumindo a qualidade*: a missão da Starbucks, http://www.starbucks.com/about-us/company-information/mission-statement.
- *Pouring espresso is an art, one that requires the barista to care about the quality of the beverage* (Servir o *espresso* é uma arte e, como tal, requer que o barista se importe com a qualidade da bebida): Howard Schultz e Joanne Gordon, *Em Frente! – Como a Starbucks Lutou por Sua Vida Sem Perder a Alma*.
- *As events which communicate and reinforce desired performance and values* (Como eventos que comunicam e reforçam o desempenho e os valores desejados): S. Chris Edmonds, *Use Social Rituals to Reinforce your Desired Culture* (*Use os Rituais para Reforçar a Cultura Desejada*), www.drivingresultsthroughculture.com, 20 de dezembro de 2010, http://drivingresultsthroughculture.com/?p=871.
- *When I was first learning about coffee three years ago at a Starbucks in Connecticut, I tasted Caffe Verona*® (Quando eu estava aprendendo sobre café, há três anos, em uma loja Starbucks em Connecticut, eu experimentei o Verona®): *Ratatouille Taught Me How to Taste Coffee* (O filme *Ratatouille* ensinou-me a experimentar café), www.coffeeandthecity.com (blog), 17 de janeiro de 2011, http://www.coffeeandthecity.com/2011/01/ratatouille-taught-me-how-to-taste.html.
- *Rewards can perform a weird sort of behavioral alchemy: They can transform an interesting task into a drudge* (Recompensas podem causar uma estranha alquimia comportamental: elas são capazes de transformar uma atividade interessante em algo exaustivo): Daniel H. Pink, *Drive: The Surprising Truth About What Motivates Us* (*Impulso: A Surpreendente Verdade sobre o que Nos Motiva*) (New York: Riverhead Books, 2009).
- *Jim Collins (...) asserts that visionary companies are led by individuals* (Jim Collins (...) afirma que empresas visionárias são lideradas por indivíduos): Jim Collins, *Alig-*

- *ning Action and Values* (Alinhando Ação e Valores), www.jimcollins.com, junho de 2000, http://www.jimcollins.com/article_topics/articles/aligning-action.html.
- *Were a dangerous enemy in the battle to transform the company* (Representamos um perigoso inimigo na batalha para transformar a empresa): Howard Schultz e Joanne Gordon, *Em Frente! – Como a Starbucks Lutou por Sua Vida Sem Perder a Alma*.
- *I am in the process of becoming a Coffee Master* (Estou no processo de me tornar um mestre do café): Paul Quinn, comunidade Starbucks, http://community.starbucks.com/message/6853#6853.

CAPÍTULO 3

- *Starbucks is at its best when we are creating enduring relationships and personal connections* (A Starbucks está no ápice de sua capacidade quando está criando relações duradouras e conexões pessoais): Howard Schultz e Joanne Gordon, *Em Frente! – Como a Starbucks Lutou por Sua Vida Sem Perder a Alma* (Campus, 2011).
- *Transformation Agenda includes (...) re-igniting our emotional attachment with our customers by restoring the connection our customers have with you, our coffee, our brand, and our stores* (A agenda Transformativa da empresa inclui [...] reinflamar nossa ligação emocional com nossos clientes, restaurando a conexão que os próprios consumidores têm conosco, com o nosso café, com a nossa marca e com as nossas lojas): Howard Schultz, *Agenda Transformativa Comunicação #1*, starbucks.tekgroup.com, http://starbucks.tekgroup.com/article_print.cfm?article_id=76.
- *Our customers. When we are fully engaged* (Nossos clientes. Quando estamos totalmente envolvidos): a missão Starbucks, http://www.starbucks.com/about-us/company-information/mission-statement.
- *Consumer data, consistently reflected in studies such as the American Express Global Customer Service Barometer, validate the perspective that customer service is chaotic, unpredictable, and in decline* (Dados relativos ao serviço oferecido aos consumidores – registrados de maneira consistente em estudos como o American Express Global Customer Service Barometer, validam a perspectiva de que os serviços oferecidos aos clientes estão cada vez mais caóticos, imprevisíveis e, como se não bastasse, em pleno declínio): *2012 Global Customer Service Barometer: Findings in the United States* (*Barômetro Global de Serviço ao Consumidor da American Express, 2012*), uma pesquisa preparada para a American Express, about.americanexpress.com –http://about.americanexpress.com/news/docs/2012x/AXP_2012GCSB_US.pdf.
- *Memorable Experiences* (*Experiências Memoráveis*): B. Joseph Pine II e James H. Gilmore, *The Experience Economy: Work Is Theater And Every Business A Stage* (*A Economia Da Experiência: O Trabalho é o Teatro e Cada Negócio Um Palco*) (Boston: Harvard Business School Press, 1999).
- *McDonald's very business model seeks a highly cookie-cutter approach* (O modelo de negócios do McDonald's busca uma abordagem massificada): John Shook, *A Lean "Teachable Moment": Starbucks in the The Wall Street Journal"* (*Um "Momento Ensinável" Enxute: Starbucks no The Wall Street Journal*), Lean Enterprise Institute, 7 de agosto de 2009, http://www.lean.org/shook/displayobject.cfm?o=1085.

BIBLIOGRAFIA

- *The goal is to make as many things as possible routine so that the barista can spend just a few more* (O objetivo é tornar o maior número de tarefas rotineiras de modo que o barista possa investor um pouco mais): John Shook, A *Lean "Teachable Moment": Starbucks in the The Wall Street Journal* (*Um "Momento Ensinável" Enxute: Starbucks no The Wall Street Journal*), Lean Enterprise Institute, 7 de agosto de 2009, http://www.lean.org/shook/displayobject.cfm?o=1085.
- *For companies looking to make an emotional connection with consumers* (Para empresas que estão tentando estabelecer uma conexão emocional com os clientes): Nick Chiles, *Corporations Use Music To Make Emotional Connection To Consumers* (*Empresas Usam Música Para Estabelecer Conexão Emocional com os Clientes*), *Atlanta Black Star*, 26 de julho de 2012, http://atlantablackstar.com/2012/07/26/corporations-use-music-to-make-emotional-connection-to-consumers/.
- *As part of its commitment to evolve and enhance the customer experience with innovative* (Como parte de seu compromisso para se desenvolver e aprimorar a experiência do cliente com ações inovadoras): *Starbucks Acquires Evolution Fresh to Establish National Retail and Grocery Health and Wellness Brand* (A Starbucks adquire a Evolution Fresh para estabelecer uma posição como revendedor nacional da marca, distribuidora de produtos saudáveis e marca que defende o bem-estar), news.starbucks.com, 10 de novembro de 2011, http://news.starbucks.com/article_display.cfm?article_id=587.
- *Our intent is to build a national health and wellness brand leveraging our scale, resources and premium product expertise* (Nossa intenção é construir uma marca nacional voltada para a saúde e o bem-estar, utilizando para isso toda a dimensão de nossa empresa, todos os nossos recursos e toda a nossa *expertise*): *Starbucks Acquires Evolution Fresh To Establish National Retail And Grocery Health And Wellness Brand* (A Starbucks adquire a Evolution Fresh para estabelecer uma posição como revendedor nacional da marca, distribuidora de produtos saudáveis e marca que defende o bem-estar), news.starbucks.com, 10 de novembro de 2011, http://news.starbucks.com/article_display.cfm?article_id=587.
- *Evolution Fresh is Starbucks newest addition to health food* (A Evolution Fresh é a mais nova adição em termos de alimentos saudáveis): Emily K., yelp.com, 30 de julho de 2012, http://www.yelp.com/filtered_reviews/666xh85KxFjcBVFqsTQy0w?fsid=r8JwQGC9dQ2YFYcbr0g3bg.
- *Tazo, the Oregon company that once aspired to be the Starbucks of teas, has been bought out* (A Tazo, uma empresa do Oregon que aspirava se transformar na Starbucks do chá, acaba de ser adquirida): *Company News: Starbucks Acquires Tazo, A Tea Retailer In Oregon* (Notícias sobre empresas: Starbucks adquire a Tazo, varejista de chá do Oregon), New York Times, 13 de janeiro de 1999, http://www.nytimes.com/1999/01/13/business/company-news-starbucks-acquires-tazo-a-tea-retailer-in-oregon.html.
- *Starbucks built Tazo from an $8.1 million purchase price in 1999* (Starbucks ergueu a Tazo a partir de um inventimento de apenas US$ 8,1 milhões em 1999): Lisa Baertlein, *Starbucks Plans to Open Tazo Tea Store This Year* (A Starbucks planeja abrir uma loja Tazo de chá ainda esse ano), Reuters.com, 20 de junho de 2012, http://www.reuters.com/article/2012/06/20/us-starbucks-tea-idUSBRE85J17620120620.

- *Into a brand with more than $1.4 billion in sales* (Tornou-se uma marca cujas vendas excedem US$ 1,4 bilhão de dólares): Kelly Blessing, *Starbucks to open Tazo Tea Store* (A Starbucks abrirá uma loja Tazo de chá), Bloomberg.com, 20 de junho de 2012, http://www.bloomberg.com/news/2012-06-20/starbucks-to-open-tazo-tea-store.html.

CAPÍTULO 4

- *It is our belief that social justice begins at home* (Acreditamos piamente que a justiça social comece dentro de casa): *The learning network, Jan. 5, 1914: Henry Ford implements the $5-a-day wage* (A rede de aprendizado, 5 de janeiro de 1914: Henry Ford implementa salário de cinco dólares por dia), *The New York Times*, 5 de janeiro de 2012, http://learning.blogs.nytimes.com/2012/01/05/jan-5-1914-henry-ford-implements-5-a-day-wage/.
- *This crisis of trust in our basic institutions is so troubling precisely because the lack of trust* (A crise de confiança em nossas instituições básicas torna-se ainda mais desconcertante pela própria falta de confiança): Dov Seidman, *The Case for Ethical Leadership* (Um argumento a favor da liderança ética), *Academy of Management Executive* 18, no. 2, 2004, http://home.sandiego.edu/~pavett/docs/gsba532/ethical_leadership.pdf.
- *The results were dismal. Over two-thirds (71%) of the Americans polled* (Os resultados foram funestos. Mais de dois terços dos norte-americanos entrevistados, 71%): Dov Seidman, *The Case for Ethical Leadership* (Um argumento a favor da liderança ética), *Academy of Management Executive* 18, no. 2, 2004, http://home.sandiego.edu/~pavett/docs/gsba532/ethical_leadership.pdf.
- *Reflecting back on your high school or college coursework, you may recall that Maslow's 1943 paper "A Theory of Human Motivation"* (Se você refletir um pouco sobre seus estudos no colegial e/ou na faculdade, talvez se recorde de um ensaio de Maslow intitulado "Teoria da Motivação", de 1943): A. H. Maslow, *A Theory of Human Motivation* (Uma Teoria de Motivação Humana), *Psychological Review* 50, 1943, 370–396.
- *Are you competent?* (Você é competente?): Ed O'Boyle, *B2B Customers Have Feelings too* (Clientes B2B Também Têm Sentimentos), *Gallup Business Journal*, 14 de maio de 2009, http://businessjournal.gallup.com/content/118339/b2b-customers-feelings.aspx.
- *A detailed exploration of the 11 questions that Gallup used in the CE-11 can be found in my book The New Gold Standard* (Uma exploração detalhada das 11 perguntas utilizadas na CE-11 pode ser encontrada em meu livro *The New Gold Standard*): Joseph A. Michelli, *The New Gold Standard: 5 Leadership Principles for Creating a Legendary Customer Experience, Courtesy of The Ritz-Calton Hotel Company* (O Novo Padrão Ouro: 5 Princípios de Liderança para Criar Experiências Inesquecíveis para os Clientes, Cortesia da The Ritz-Carlton Hotel Company – em tradução livre) (New York: McGraw-Hill, 2008).
- *Virtue has been, is, and always will be its own reward* (A honestidade foi, é e continuará sendo sempre sua própria recompensa): Dov Seidman, *The Case for Ethical Leadership* (Um Argumento a Favor da Liderança Ética), *Academy of Management Executive* 18, no. 2, 2004, http://home.sandiego.edu/~pavett/docs/gsba532/ethical_leadership.pdf.

- *Significant change was about to occur, and our people would want to know what it meant for them and their jobs* (Mudanças significativas estavam prestes a ocorrer, e nosso pessoal certamente iria querer saber o que aquilo significava para eles e para seus empregos): Howard Schultz e Joanne Gordon, *Em Frente! – Como a Starbucks Lutou por Sua Vida Sem Perder a Alma* (Campus, 2011).
- *People are not a company's most important asset* (As pessoas não são o patrimônio mais importante de uma empresa): Ira A. Jackson e Jane Nelson, *Values-Driven Performance: Seven Strategies for Delivering Profits With Principles* (*Desempenho Motivado por Valores: Sete Estratégias para Entregar Lucros com Princípios*), retirado de um discurso realizado por Adrian Levy, fundador do RLG International, março de 2001, *Ivey Business Journal*, novembro/dezembro de 2004, http://www.humanresourcesoncall.ca/coach/coach_quotes.htm.
- *Watson Wyatt shows that total return to shareholders in high-trust organizations* (Watson Wyatt mostra que o retorno total para os acionistas em organizações marcadas): Steven M. R. Covey, *The Speed of Trust: The One thing That Changes Everything* (*A Velocidade da Confiança: O Item que Muda Tudo*) (Nova York: Free Press, 2008).
- *But would Starbucks really replace anything? To find out* (Será mesmo que a Starbucks realmente substituiria qualquer item? Para descobrir): John Hargrave, *The Starbucks Prank: Will Starbucks Really Return Anything?* (A Brincadeira da Starbucks: Será que a Starbucks Retornará Alguma Coisa?), Zug.com, August 24, 2009, http://www.zug.com/live/82273/The-Starbucks-Return-Prank-Will-Starbucks-Really-Return--ANYTHING.html.
- *Psychologists Daniel Kahneman and Amos Tversky began a revolution in economics by focusing on the role of emotional factors in decision making* (Os psicólogos Daniel Kahneman e Amos Tversky iniciaram uma verdadeira revolução econômica ao se concentrarem no papel dos fatores emocionais sobre a tomada de decisões): David Laibson e Richard Zeckhauser,
- *Amos Tversky and the Ascent of Behavioral Economics* (Amos Tversky e a ascensão da economia comportamental), *Journal of Risk and Uncertainty* 16, Nº 1, abril de 1998, 7-47, http://link.springer.com/article/10.1023%2FA%3A1007717224343-page-1.
- *A brand you recommend to friends wholeheartedly, even evangelically* (Uma marca que você recomenda aos amigos do fundo do seu coração, de maneira até evangélica): Kate Newlin, *Passion Brands: Why Some Brands Are Just Gotta Have* (Marcas Idolatradas: Porque Algumas Marcas são Essenciais), *Drive All Night For* (Dirigindo a Noite toda para Comprar) e *Tell All Your Friends About* (Conte a Todos os seus Amigos sobre Isso) (Nova York: Prometheus Books, 2009).

CAPÍTULO 5

- *For the past two decades, Starbucks has been one of the only retailers with a stock program that includes part-time hourly partners* (Ao longo das duas últimas décadas, a Starbucks tem sido uma das únicas redes varejistas com um programa de ações que inclui funcionários de meio período): Howard Schultz, em um memorando interno para os *partners*, em 2011. Esse memorando foi fornecido pela Starbucks.

- *In 2012, 28% of all firms that offer health benefits offer them to part-time workers* (Em 2012, 28% de todas as empresas que oferecem benefícios médicos estendem o plano aos funcionários de meio período): *2012 Employer Health Benefits Survey* (Pesquisa de benefícios médicos aos empregados de 2012), Kaiser Family Foundation/Health Research & Educational Trust (HRET), 2012, www.kff.org/insurance/ehbs091112nr.cfm.
- *I can also say in all seriousness that I owe Starbucks my life* (Posso afirmar com toda a seriedade que devo minha vida à Starbucks): Barista-Berry, *blogs.starbucks.com*, 29 de março de 2011, http://blogs.starbucks.com/blogs/customer/archive/2011/03/29/onward.aspx.
- *Originally, this article was going to be "Why I love Starbucks"* (Originalmente, o título desse artigo deveria ser: "Porque eu amo a Starbucks"). Ex-barista Caitlin Muir, *33 Companies That Can Save You from College Debt* (*33 Empresas que Podem Salvá-Lo do Crédito Educativo*), *collegeplus.org* (blog), http://www.collegeplus.org/blog/33-companies-that-can-save-you-from-college-debt.
- *In response to the question "My organization recognizes excellence," the organizations that scored in the lowest fourth overall* (Em resposta à pergunta "Minha organização reconhece a excelência," as empresas que obtiveram as marcas mais baixas): Adrian Gostick e Chester Elton, *O Princípio do Reconhecimento – As Táticas que os Melhores Gerente Adotam Para Valorizar Suas Equipes, Reter Talentos e Aumentar as Vendas*.
- *Organizations with highly engaged employees achieve seven times greater 5-year TSR* (Em relação ao Retorno Total ao Acionista (RTA) verificado em períodos de 5 anos, organizações com funcionários altamente engajados alcançam números sete vezes maiores): *The Impact of Employee Engagement* (*O Impacto do Empregado Engajado*), Kenexa Research Institute, 2008, http://www.kenexa.com/getattachment/8c36e336-3935-4406-8b7b-777f1afaa57d/The-Impact-of-Employee-Engagement.aspx.
- *By increasing employees' engagement levels, organizations can expect an increase in performance of up to 20 percentile points* (Ao elevar os níveis de envolvimento dos funcionários, as empresas podem esperar um aumento de até 20 pontos percentuais): *Driving Performance and Retention Through Employee Engagement* (*Estimulando o Desempenho e a Retenção por Meio do Engajamento dos Funcionários*), Corporate Executive Board, mckpeople.com.au, 2004, http://www.mckpeople.com.au/SiteMedia/w3svc161/Uploads/Documents/760af459-93b3-43c7-b52a-2a74e984c1a0.pdf.
- *While other fast-food retailers lost staff at rates as high as 400% a year, Starbucks' turnover was a relatively low 65%* (Enquanto outros varejistas do ramo de *fast-food* apresentaram taxas de rotatividade de 400% ao ano, a taxa registrada pela Starbucks foi relativamente baixa – apenas 65%): Andrew Lowery (citando Richard Lofthouse, redator da *CNBC Business*), *The Changing Landscape in the Restaurant Industry* (*A Mudança de Cenário no Setor de Restaurantes*), *Restaurant Industry 1.0* (blog), 9 de novembro de 2012, http://restaurantindustryblog.wordpress.com/2012/11/19/the-changing-landscape-in-the-restaurant-industry/.
- *Reached onto the counter and patted my hand, extending her sympathy and telling me the drinks were on them* (Esticou-se por sobre o balcão e tocou minha mão, esten-

dendo toda sua simpatia e me dizendo que aquela bebida seria por conta da loja): *BetterBefore, blogs.starbucks.com*, 31 de março de 2011, http://blogs.starbucks.com/blogs/customer/archive/2011/03/29/onward.aspx.

CAPÍTULO 6

- *Some people might like being called by their first name, but I think many will be indifferent, and some might feel awkward* (Algumas pessoas podem gostar de ser chamadas pelo primeiro nome, mas acho que muitas se mostrarão indiferentes e algumas até embaraçadas): Vanessa Barford, *Will You Tell Starbucks Your Name?* (*Você Dirá seu Nome à Starbucks?*), BBC News Magazine, 14 de março de 2012, http://www.bbc.co.uk/news/magazine-17356957.
- *We all want to be recognized for our loyal patronage.[...] Starbucks is a company that others look to as a model* (Todos queremos ser reconhecidos por nossa lealdade enquanto clientes (...) A Starbucks é uma empresa à qual todos observam como um modelo): Ron Lieber, *The Card-Carrying Starbucks Fan* (*Uma fã da Starbucks portadora do cartão*), New York Times, 7 de junho de 2008, http://www.nytimes.com/2008/06/07/business/yourmoney/07money.html?pagewanted=all.
- *In April 2012, nearly 60,000 Starbucks partners and customers, local organizations, and community members provided more than 700.000 individual community service acts that made a difference in more than 34 countries* (Em abril de 2012, cerca de 60 mil *partners* e clientes da Starbucks, juntamente com organizações locais e membros da comunidade, realizaram mais de 700 mil ações comunitárias individuais que fizeram a diferença em mais de 34 países): *Community Service: Every Starbucks Store Is A Part Of A Community, And We're Committed To Strengthening Neighborhoods Wherever We Do Business* (Serviço comunitário: cada loja Starbucks é parte de uma comunidade, e estamos comprometidos em fortalecer todos os bairros em que operamos), starbucks.com, http://www.starbucks.com/responsibility/community/community-service.
- *One additional example that had reach both within the United States and across international borders was an alliance forged between Starbucks leadership and the HandsOn Network* (Outro exemplo de atividade cujo impacto ultrapassou as fronteiras norte-americanas foi a aliança firmada entre as lideranças da Starbucks e a HandsOn Network): *Starbucks I'm In! Campaign*, (Campanha "Estou dentro!" da Starbucks), handsonnetwork.org, http://www.handsonnetwork.org/starbucks.
- *The chic interior, comfortable lounge chairs, and upbeat music are not only differentiators that set Starbucks apart from the competition* (O interior sofisticado, as poltronas confortáveis e o som ambiente alegre não são apenas itens que diferenciam a Starbucks de outros concorrentes): Helen H. Wang, *Five Things Starbucks did to get China Right* (*Cinco ações da Starbucks para atender bem a China*), Forbes, 10 de agosto de 2012, http://www.forbes.com/sites/helenwang/2012/08/10/five-things-starbucks-did-to-get-china-right/1/.
- *Today is the day! (...) We stopped by our favorite neighborhood Starbucks and there (...) low and behold (...) the Mother Ship (...) Red Cup Day* (Hoje é o grande dia! (...)

fomos até a nossa loja Starbucks favorita do bairro e (...) pasmem!!! (...) lá estava ela, a nave mãe (...) pronta para o dia do red cup): Chrissy, *Starbucks Red Cup Day is the Happiest Day of the Year* (O dia do copo vermelho da Starbucks é o dia mais feliz do ano), thymeinmygarden.com (blog), 2 de novembro de 2010, http://www.thymeinmygarden.com/starbucks-red-cup-day-is-the-happiest-day-of-the-year/.

- *During the past 10 days, sweaty queues of up to 50 people have formed outside an old colonial building in downtown Mumbai* (Durante os últimos 10 dias, filas com aproximadamente 50 pessoas têm se formado diariamente à porta de um antigo prédio estilo colonial no centro de Mumbai): Shymantha Asokan, *India's First Starbucks Branches Draw Long Queues* (A primeira filial Starbucks da Índia provoca longas filas), guardian.co.uk, 29 de outubro de 2012, http://www.guardian.co.uk/world/2012/oct/29/india-first-starbucks-long-queues.
- *As in the US before Starbucks came along, there are few places in Latin America* (Como nos EUA antes do surgimento da Starbucks, há poucos lugares na América Latina): Pan Kwan Yuk, *Starbucks in LatAm: Selling Ice to Eskimos* (Starbucks na América Latina: vendendo gelo para esquimós? (blogs.ft.com, 21 de junho de 2012, http://blogs.ft.com/beyond-brics/2012/06/21/starbucks-in-latam-selling-ice-to-eskimos/#axzz2Ab61xixC.
- *With high-store margins and low-store penetration* (Com altas margens de lucros e, ao mesmo tempo, um nível ainda baixo de penetração por loja): Kim Peterson, *Starbucks' next growth area: Asia* (A próxima área de crescimento da Starbucks: Ásia), MSN Money, 3 de agosto de 2012, http://money.msn.com/investment-advice/article-2.aspx?post=53fc5012-8606-4deb-b1e6-adf22572a73d.

CAPÍTULO 7

- *The root cause was baked into our early decision where we didn't build these products based on a deep study of the countries* (A causa principal está associada à nossa decisão inicial de expansão, uma vez que esses produtos não foram produzidos com base em estudos profundos desses países): Chris Beier e Daniel Wolfman, Scott Cook, da Intuit, em *Failed Global Expansion: We Should've Known Better* (Expansão Global Fracassada: Deveriamos Ter Previsto isso), Inc.com, http://www.inc.com/chris-beier-and-daniel-wolfman/intuit-quicken-scott-cook-global-expansion-failed.html.
- *In recent years, anthropological studies have built a strong empirical case (...) [that] consumers often appropriate the meanings of global brands to their own ends* (Nos anos mais recentes, estudos antropológicos desenvolveram um argumento forte e empírico (...) (de que), com frequência, consumidores incorporam os significados das marcas globais a suas próprias finalidades): Craig J. Thompson e Zeynep Arsel, *The Starbucks Brandscape and Consumers' (Anticorporate) Experiences of Glocalization* (A brandscape da Starbucks e as experiências (anticorporativas) de glocalização dos consumidores), Journal of Consumer Research 31, 2004, http://zeyneparsel.files.wordpress.com/2010/06/thompson-arsel-jcr.pdf.
- *Hiring people locally who can go in and understand the customer cold and design what the solutions should be* (Contratando localmente indivíduos capazes de com-

preender as verdadeiras necessidades dos clientes locais e oferecer a eles soluções perfeitas): Chris Beier e Daniel Wolfman, Scott Cook, da Intuit, em *Failed Global Expansion: We Should've Known Better* (Expansão Global Fracassada: Deveríamos Ter Previsto isso), *Inc.com*, http://www.inc.com/chris-beier-and-daniel-wolfman/intuit-quicken-scott-cook-global-expansion-failed.html.

- *[India] is a very complex market to enter. At one point we thought we could come here alone and we overestimated the complexity* ([A Índia] é um mercado bastante complexo para se entrar. No início achávamos que poderíamos fazê-lo sozinhos, mas subestimamos a multiplicidade desse mercado): Sonali Krishna, *India's Coffee Market Competition is Ferocious: Howard Schultz, Starbucks* (A concorrência no mercado de café na Índia é feroz: Howard Schultz Starbucks), *Economic Times*, 25 de outubro de 2012, http://articles.economictimes.indiatimes.com/2012-10-25/news/34729911_1_starbucks-howard-schultz-tatas.
- *Are bringing an unparalleled experience to India customers* (Estão trazendo aos clientes indianos uma experiência sem paralelos): Mark J. Miller, *Starbucks Expands to India with Mumbai Flagship Opening* (A Starbucks Expande na Índia com Abertura de Nova Loja-Matriz em Mumbai), brandchannel.com, 9 de outubro de 2012, http://www.brandchannel.com/home/post/2012/10/19/Starbucks-Opens-India-Store-101912.aspx.
- *Location of this Starbucks is somehow characteristic, as it stands on the main approach to the Dazaifu Tenmangu* (A localização dessa loja Starbucks é, de algum modo, significativa, pois ela fica no acesso principal ao templo de Dazaifu Tenmangū): Kengo Kuma e Associates, *Starbucks Coffee at Dazaifu Tenman-gū* (Café Starbucks em Dazaifu Tenman-gū), *Dezeen.com*, 23 de fevereiro de 2012, http://www.dezeen.com/2012/02/23/starbucks-coffee-at-dazaifu-tenman-gu-by-kengo-kuma-and-associates/.
- *Shortly thereafter, a headline in the London Telegraph read, "Starbucks UK sales boosted by extra shot of espresso"* (Pouco tempo depois, uma manchete no *London Telegraph* dizia: "Vendas da Starbucks Reino Unido aumentam por conta de dose extra de *espresso*): Nathalie Thomas, *Starbucks' UK Sales Boosted by Extra Shot of Espresso*, *Telegraph* (Londres) (Vendas da Starbucks no RU aumentaram por conta de dose extra de espresso), 26 de abril de 2012, http://www.telegraph.co.uk/finance/newsbysector/retailandconsumer/9229791/Starbucks-UK-sales-boosted-by-extra-shot-of-espresso.html.
- *Its origins are still a subject of debate, but the first printed reference to the phrase "location, location, location" appears to be a real estate advertisement in the Chicago Tribune in 1926* (Sua origem ainda é objeto de debates, mas acredita-se que a primeira versão escrita da expressão "localização, localização, localização" tenha aparecido em um anúncio imobiliário do jornal *Chicago Tribune*, em 1926): William Safire, *Location, Location, Location* (Localização, Localização, Localização), On language, *New York Times*, 26 de junho de 2009, http://www.nytimes.com/2009/06/28/magazine/28FOB-onlanguage-t.html?_r=0.
- *Aiming at the young urban Chinese demographic, and store locations are comfortable and offer a social setting – a welcome break from cramped apartments* (Voltadas

- para uma população jovem e urbana, em espaços que sejam confortáveis e ofereçam um ambiente social – uma opção bem-vinda aos apertados apartamentos em que vivem): Moe Nawaz, *Starbucks-China' Plans to Open 8.000 branches* (*Os Planos da Starbucks China de Abrir 8.000 filiais*), mastermindcoach.com, http://www.mastermindcoach.com/business-ideas/starbucks-china-plans-to-open-8000-branches/.
- *Liz Muller, a Dutch-born designer and Starbucks concept design director, worked with 35 craftsmen and artists to make the underground store locally relevant and sustainable* (Liz Muller, *designer* holandesa e diretora de *design* da Starbucks, trabalhou ao lado de 35 artesãos e artistas para tornar essa loja subterrânea localmente relevante e absolutamente sustentável): *Dave, Starbucks "the Bank" concept store in Amsterdam* (*"O Banco", a loja conceito da Starbucks em Amsterdã*), Contemporist, 6 de março de 2012, http://www.contemporist.com/2012/03/06/starbucks-the-bank-concept-store-in-amsterdam/.
- *All of the displays and materials and design are from the Netherlands. [...] The space is designed to encourage interaction* (Todos os *displays*, os materiais e os *designs* são holandeses. [...] O espaço é projetado para encorajar interações): Qaalfa Dibeehi, *The Destination Starbucks – A Concept Customer Experience* (*O Destino Starbucks – Uma Experiência Conceitual para o Cliente*), beyondphilosophy.com (blog), 5 de setembro de 2012, http://www.beyondphilosophy.com/blog/destination-starbucks-concept-customer-experience.
- *China is not one homogeneous market* (A China não é um mercado homogêneo): Helen H. Wang, *Five Things Starbucks Did to Get China Right* (*Cinco Ações da Starbucks para Atender Bem a China*), Forbes, 10 de agosto de 2012, http://www.forbes.com/sites/helenwang/2012/08/10/five-things-starbucks-did-to-get-china-right/2/.
- *The Starbucks offerings were my focus during my visit – three in one weekend, in fact* (Os produtos da Starbucks foram meu principal foco durante minha visita ao parque – três bebidas em um único final de semana): Nicole Mancini, *Frappes, Lattes, & Liquid Gold: Starbucks Opens in Disney's California Adventure* (*Frapês, Lattes e Ouro Líquido: a Starbucks abre loja na Disney Califórnia Adventure*), DIS Unplugged, 11 de agosto de 2012, http://www.disunplugged.com/2012/08/11/frappes-lattes-liquid-gold-starbucks-opens-in-disneys-california-adventure/.

CAPÍTULO 8

- *In a 2012 Time magazine survey, people were forced to choose one item to take to work: their wallet, their lunch, or their mobile device* (Em uma pesquisa realizada pela revista Time, em 2012, as pessoas entrevistadas tinham de escolher o que levariam consigo para o trabalho: sua carteira, seu almoço ou seu telefone celular): *Time Mobility Poll, in cooperation with QUALCOMM, Poll Results* (*Pesquisa de mobilidade da Time, em cooperação com a QUALCOMM, resultados de pesquisa*), Agosto de 2012, http://www.qualcomm.com/media/documents/time-mobility-poll-cooperation-qualcomm.
- Joseph A. Michelli, *A Estratégia Starbucks: 5 Princípios para Transformar sua Empresa em Uma Experiência Extraordinária*.

- *Starbucks was selected by Forbes as one of the top 20 innovation companies in 2011* (A Starbucks foi selecionada pela *Forbes* como uma das 20 empresas que mais inovaram em 2011): *The World's Most Innovative Companies* (*As Empresas mais Inovadoras do Mundo*), Forbes, http://www.forbes.com/special-features/innovative-companies-list.html.
- *Recognized by General Sentiment's QSR MediaMatch report in 2012 as having the highest impact value* (No relatório da General Sentiment's QSR MediaMatch de 2012, a companhia foi reconhecida por exercer o maior valor de impacto): *Starbucks Named Top QSR In Media Impact Value* (Starbucks indicada como empresa top em valor de impacto na mídia), QSR, 13 de junho de 2012, http://www.qsrmagazine.com/news/starbucks-named-top-qsr-media-impact-value.
- *Because of its openness and seamless approach, Square at Starbucks is better positioned than any other technology to become* (Por conta de sua abordagem aberta e contínua, a tecnologia Square na Starbucks está em posição melhor que qualquer outra para se tornar): Marcus Wohlsen, *Square launches at Starbucks – You Think You Won't Use It, But You Will* (*O Lançamento da Square na Starbucks – Você Acha que Não Usará, Mas Isso Ocorrerá*), WIRED.com, 8 de novembro de 2012, http://www.wired.com/business/2012/11/square-launches-at-starbucks/all/.
- *Using game-type mechanics in non-game businesses to increase efficiency, customer loyalty and engagement* (Utilizando mecânicas intrínsecas aos jogos em negócios que não estejam relacionados a eles para aumentar a eficiência, a fidelidade e o engajamento do cliente): Amish Shah, *The Art and Science of Gamification* (*A Arte e a Ciência da Gamificação*), ipadbiz.ulitzer.com, 2 de agosto de 2012, http://ipadbiz.ulitzer.com/node/2323173.
- *Checking out Starbucks Twitter page, it's visible that most of the tweets are directed at* (Verificando a página da Starbucks no Twitter, é visível que a maioria dos *tweets* é direcionada aos): Kylie Jane Wakefield, *How Twitter Helps Starbucks Brew up an Excellent Customer Experience* (Como o Twitter Ajuda a Starbucks a Criar uma Excelente Experiência para o Cliente), contently.com (*blog*), 23 de fevereiro de 2012, http://contently.com/blog/2012/02/23/starbucks-twitter-strategy/.
- *Starbucks is constantly expanding its content channels and exploring new formats to connect with its customers* (A Starbucks está constantemente expandindo seus canais e explorando novos formatos para se conectar aos clientes): Matt Wesson, *How to Use Content to Raise the Bar for Branding* (*Como Usar Conteúdo para Elevar o Nível de Branding*), Content Marketing Institute, 12 de julho de 2012, http://contentmarketinginstitute.com/2012/07/content-raises-the-bar-for-branding/.
- *To achieve this successful social media engagement, Starbucks focused its Web page, Facebook page and television advertisements* (Para atingir tamanho sucesso no engajamento em mídias sociais, a Starbucks estabeleceu como foco principal do seu *site*, de sua página no Facebook e de seus anúncios de TV): *Starbucks Rates Number 1 In Study Of Most Socially Engaged Companies By Research Firm Phaseone* (A Starbucks fica em primeiro lugar no estudo sobre as empresas mais socialmente engajadas realizado pela instituição de pesquisa PhaseOne), PhaseOne, 28 de Março de 2012, http://www.phaseone.net/news/starbucks-rates-number-1-in-study-of-most-

socially-engaged-companies-by-research-firm-phaseone/.
- *Where traditional companies push out messages and products, these companies pull customers in. Instead of treating customers as passive targets* (Enquanto empresas tradicionais enfiam suas mensagens e seus produtos no consumidor, essas organizações específicas aproximam naturalmente as pessoas): Mark Bonchek, *How Top Brands Pull Customers Into Orbit* (*Como Marcas Líderes Atraem Clientes para sua Órbita*), Harvard Business Review Blog Network, 5 de março de 2012, http://blogs.hbr.org/cs/2012/03/how_top_brands_pull_customers.html.
- *For me, consumer-initiated ads are the future of advertising, not only on Facebook, but across other social networks too* (Para mim, os anúncios iniciados pelo consumidor são o futuro da publicidade, e não somente no Facebook, mas em todas as redes sociais): Dave Williams, *How to Work Your Facebook Following* (*Como Trabalhar com seus Seguidores no Facebook*), blog.creamglobal.com, 23 de fevereiro de 2012, http://blog.creamglobal.com/right_brain_left_brain/2012/02/how-to-work-your-facebook-following.html.

CAPÍTULO 9

- *Due in large part to Howard Schultz's careful nurturing and development of the Starbucks Experience, the company has been able to leverage its increasingly strong brand* (Devido em grande parte ao cultivo e ao desenvolvimento cuidadoso por parte de Howard Schultz da experiência Starbucks, a empresa tem conseguido tornar sua marca cada vez mais forte): Ranjay Gulati, Sarah Huffman e Gary Neilson, *The Barista Principle: Starbucks And The Rise Of Relational Capital* (*O Princípio do Barista: Starbucks e o Surgimento da Capital Relacional*), Strategy+Business, no. 28, http://www.auburn.edu/outreach/ecdi/documents/wfd_barista_principal.pdf.
- *I am not sure people today even know we are roasting coffee* (Não tenho certeza de que as pessoas de hoje em dia saibam que nós mesmos torramos o café): *Starbucks Chairman Says Trouble May Be Brewing* (Presidente da Starbucks afirma que pode haver problemas), Media and Marketing, *The Wall Street Journal*, 24 de fevereiro de 2007, http://online.wsj.com/article/SB117225247561617457.html.
- *Starbucks captures only a small portion of the $100 billion coffee, tea, and ready-to-drink beverage market globally* (A Starbucks captura apenas uma pequena porção do mercado mundial de café, chá e bebidas prontas para o consumo): Robert Lillegard, *How to Win in Retail* (*Como Vencer no Varejo*), QSR, julho de 2012, http://www.qsrmagazine.com/growth/how-win-retail.
- *The key is choosing a partner. (...) Everybody thinks most licenses succeed – it's absolutely the opposite* [A chave está na escolha do parceiro. (...) Todo mundo pensa que a maioria das licenças é bem-sucedida, mas o que ocorre é exatamente o contrário]: Como indicado em Robert Lillegard, *How to Win in Retail* (*Como Vencer no Varejo*), QSR, julho de 2012, http://www.qsrmagazine.com/growth/how-win-retail.
- *Even long-standing relationships can grow sour. Starbucks and Kraft had a very ugly public split in 2011 after the coffee giant claimed that the distributor wasn't doing enough* (Até mesmo relações duradouras podem se tornar complicadas. A Star-

bucks e a Kraft, por exemplo, se separaram de maneira dramática em 2011, depois que a gigante do café afirmou de maneira categórica que a distribuidora não estava fazendo o suficiente): Robert Lillegard, *How to Win in Retail* (*Como Vencer no Varejo*), QSR, julho de 2012, http://www.qsrmagazine.com/growth/how-win-retail.
- *Starbucks is positioning VIA against its own fresh brewed coffee, challenging people to see if they can taste the difference* (A Starbucks está posicionando o VIA contra seu próprio café preparado nas lojas, desafiando as pessoas a perceberem alguma diferença no sabor): Steve Tobak, *Starbucks Via: How to Blow a Turnaround* (*VIA da Starbucks: Como Atrapalhar uma Tendência*), CBS Money Watch, 30 de setembro de 2009, http://www.cbsnews.com/8301-505125_162-28242944/starbucks-via-how-to--blow-a-turnaround/.
- *Through their collaboration, Starbucks is the exclusive licensed superpremium brand for GMCR's traditional Keurig and Vue brewers* (Por meio dessa colaboração, a Starbucks se transformou na única marca *super-premium* com licença exclusiva para a utilização dos sistemas Keurig e Vue): *Starbucks Corporation and Green Mountain Coffee Roasters, Inc. Enter into Strategic Manufacturing, Marketing, Distribution and Sales Relationship* (A Starbucks Corporation e a Green Mountain Coffee Roasters, Inc, estabelecem um acordo estratégico em termos de manufatura, *marketing*, distribuição e vendas), news.Starbucks.com, 10 de março de 2011, http://news.starbucks.com/article_display.cfm?article_id=504.
- *A 2012 Reuters survey suggests that about 10 percent of the world's workforce works from home* (Uma pesquisa da Reuters do ano de 2012 sugere que cerca de 10% da mão de obra mundial trabalhe em seu ambiente doméstico): Patricia Reaney, *About One in Five Workers Worldwide Telecommute: Poll* (*Cerca de um Quinto dos Trabalhadores em Todo o Mundo Viajam para o Trabalho: Pesquisa*), Reuters, 24 de janeiro de 2012,http://www.reuters.com/article/2012/01/24/us-telecommuting-idUSTRE-80N1IL20120124.
- *We announced that Starbucks will introduce an instant coffee, providing our customers with great tasting Starbucks coffee, anywhere and anytime* (Anunciamos que a Starbucks lançará um café instantâneo que dará aos clientes a oportunidade de experimentar o delicioso café Starbucks, em qualquer lugar e a qualquer momento): Howard Schultz, *Staying Real in an Instant* (*Howard Schultz, tornando-se real em um instante*), *Huffington Post*, 17 de fevereiro de 2009, http://www.huffingtonpost.com/howard-schultz/staying-real-in-an-instan_b_167381.html.
- *I know some will question our decision, and I understand this reaction. Expectations from brands like Starbucks are high* (Sei que alguns irão questionar nossa decisão, e compreendo tal reação. As expectativas de marcas como a Starbucks são muito altas): Howard Schultz, *staying real in an Instant* (*Howard Schultz, tornando-se real em um instante*)," *Huffington Post*, 17 de fevereiro de 2009, http://www.huffingtonpost.com/howard-schultz/staying-real-in-an-instan_b_167381.html.
- *Sampling is a time proven method for facilitating consumer trial. Starbucks having ultimate control in their own stores orchestrated sampling customers with free VIA coffee* (O fornecimento de amostras é um método conhecido e bastante efetivo de facilitar a experimentação de novos produtos pelo cliente. Com total comando sobre o am-

biente em suas lojas, a Starbucks orquestrou a oferta de amostras do VIA para seus próprios clientes): Domenick Celentano, *Most Memorable New Product Launches Part 2* (*Os mais memoráveis lançamentos de novos produtos parte 2*), foodbeverage.about.com, fevereiro de 2009, http://foodbeverage.about.com/od/Food_Entreprenur_Spotlight/a/Most-Memorable-N.

- *You just can't get away from the fact that social media in food (promotion) is powerful and Starbucks being marketing geniuses know this* (É impossível desconsiderar o fato de que, quando o assunto é (promover) alimentos, o uso das mídias sociais é uma estratégia poderosa, e as lideranças da Starbucks – verdadeiros gênios do *marketing* – sabem disso): Domenick Celentano, *Most Memorable New Product Launches Part 2* (*Os mais memoráveis lançamentos de novos produtos parte 2*), foodbeverage.about.com, fevereiro de 2009, http://foodbeverage.about.com/od/Food_Entreprenur_Spotlight/a/Most-Memorable-N.
- *The fourth possible peril is this: a combination of brand fatigue – too much Starbucks distributed through too many market channels – and unbundling the beverage from the iconic ritual* (O quarto possível perigo: uma combinação entre fadiga da marca – muitos itens da marca Starbucks distribuídos em um número demasiado de canais – e distanciamento da bebida do icônico ritual): Jane Genova, *Starbucks: Humbled in the Grocery Aisle?* (*Starbucks: humilhada no corredor de uma mercearia?*), beta.fool.com (*blog*), 28 de março de 2012, http://beta.fool.com/janegenova/2012/03/28/starbucks-humbled-grocery-aisle/3185.

CAPÍTULO 10

- *Fundamental assumptions that did not allow top management to adjust to new market realities* (Pressupostos por parte da companhia, que não permitiam ao seu alto escalão administrativo ajustar as ações da empresa de acordo como as novas realidades do mercado): Andrea Nagy Smith, *What Was Polaroid Thinking?* (*O que a Polaroid estava pensando?*), *Yale Insights*, novembro de 2009, http://qn.som.yale.edu/content/what-was-polaroid-thinking.
- In *"the early stages of growth," "the second inning of a nine-inning game"* ("nos primeiros estágios de crescimento;" "no segundo tempo de um jogo composto de nove tempos"): Joseph A. Michelli, *A Estratégia Starbucks: 5 Princípios para Transformar sua Empresa em Uma Experiência Extraordinária*.
- *Drippler.com, an electronic gadget news source, reported a substantial rise in site visitors in 2012* (O drippler.com, um *site* de informações sobre dispositivos eletrônicos reportou um aumento substancial de visitantes em sua página no ano de 2012): *iPod and Other MP3 Player Sales Fade as iPhones, Androids and other Smartphones Take Over as the Digital Music Players of Choice* (As vendas de iPods e outros MP3 players esfriam conforme os iPhones, Androids e outros Smartphones ganham preferência como digital music players), PR Web, 29 fevereiro de 2012, http://www.prweb.com/releases/gadgets/iphone/prweb9236591.htm.
- *Starbucks no longer seems to perceive its future as depending on an ability to clone its essential store concept ad infinitum* (A Starbucks já não parece considerar que o seu

♦ BIBLIOGRAFIA ♦

futuro dependa de sua habilidade de clonar o conceito básico de suas lojas infinitamente): Jon Gertner, *For Infusing a Steady Stream of New Ideas to Revive its Business* (*Infundir um fluxo regular de novas ideias para reavivar os negócios*), Fast Company, 2012, http://www.fastcompany.com/most-innovative-companies/2012/starbucks.
- *Design will allow Starbucks baristas to handcraft espresso beverages more efficiently and consistently* (*Design* inovador permitiria que os baristas da Starbucks continuassem oferecendo expresso aos clientes um serviço de alta qualidade e de maneira mais eficiente e consistente): *Fact Sheet: New Milk Steaming Pitcher* (*Novo jarro para preparo de leito vaporizado*), news.starbucks.com, 6 de março de 2012, http://news.starbucks.com/article_display.cfm?article_id=627.
- *Implementing mobile pay in the Drive Thru took a few more considerations than it did inside the store. For one, we needed something that would allow* (Implementar o pagamento via cellular nos *drive thru* exigiu maiores considerações que dentro das lojas. Para mim, precisávamos de algo que permitisse): Dana K., *The Starbucks App Is Now Drive Thru Friendly!* (*O aplicativo Starbucks agora pode ser usado nos Drives Thru!*), starbucks.com/blog, 26 de março de 2012, http://www.starbucks.com/blog/the-starbucks-app-is-now-drive-thru-friendly-/1172.
- *We just did something in China that I think is one of the most innovative things we have ever done in our history* (Acabamos de fazer algo na China que consider um das ações mais inovadoras que já implementamos em nossa história): *Howard Schultz on Global Reach and Local Relevance at Starbucks: An Interview with the CEO* (*Howard Schultz sobre alcance global e relevância local na Starbucks: estrevista com o CEO*), BCG Perspectives, 17 de outubro de 2012, https://www.bcgperspectives.com/content/videos/leadership_management_two_speed_economy_howard_schultz_global_reach_and_local_relevance/.
- *Still the company's main instigator – has a kernel of an idea. (...) He then activates* (O principal instigador da companhia – tem uma nova ideia. (...) Ele convoca): Jon Gertner, *For Infusing a Steady Stream of New Ideas to Revive its Business* (*Infundir um fluxo regular de novas ideias para reavivar os negócios*), Fast Company, 2012, http://www.fastcompany.com/most-innovative-companies/2012/starbucks.
- *It was absolutely delicious. Lots of people liked it.* (A bebida era absolutamente deliciosa, e muitas pessoas a adoravam): Melody Overton, *Starbucks Sorbetto: The 2008 Delicious Test Product That Didn't Make It (a Piece of Starbucks History* [*Sorbetto da Starbucks: o delicioso produto teste de 2008 que não obteve sucesso (uma parte da história da Stabucks)*], starbucksmelody.com (*blog*), 20 de outubro de 2010, http://www.starbucksmelody.com/2010/10/20/starbucks-sorbetto-the-2008-delicious-test-product-that-didnt-make-it-a-piece-of-starbucks-history/
- *Rate of change in the world today is going up. It´s going up fast, and it,s affecting organizations in a huge way* (A taxa de mudança atualmente está crescendo no mundo. Está aumentando rapidamente e isso está influenciando as organizações de forma radical): John Kotter, *Can You Handle na Exponential Rate of Change?* (*Você sabe lidar com a taxa exponencial de mudança?*), Forbes, julho de 2011, http://www.forbes.com/sites/johnkotter/2011/07/19/can-you-handle-an-exponential-rate-of-change/.

- *The Cafe Starbucks concept includes a wait staff, seating for up to 65, and a menu that covers all dayparts beginning with full breakfasts* (O conceito do Café Starbucks inclui serviço de garçons, acomodações para 65 pessoas e um cardápio que cobre todos os períodos do dia, começando por opções completas para o café da manhã): Roseanne Harper, *Starbucks Percolates Its Third Full-Service Restaurant* (A Starbucks abre seu terceiro restaurant de serviço completo), *Supermarket News*, 30 de novembro de 1998, http://supermarketnews.com/archive/starbucks-percolates-its-third-full-service-restaurant.
- *Surrounded by San Francisco's pricey new loft apartments, (Circadia) resurrects the feel of the 1960s coffee shops of Greenwich Village* (Cercada pelos novos e caríssimos lofts de São Francisco, (Circadia) ressuscita a sensação das cafeterias dos anos 1960 em Greenwich Village): Mark Gimein, *Behind Starbucks' New Venture: Beans, Beatniks, and Booze* (Por trás do novo negócio da Starbucks: grãos, contestadores e bebidas alcoólicas), *Fortune*, 15 de maio de 2000, http://money.cnn.com/magazines/fortune/fortune_archive/2000/05/15/279773/index.htm.
- *Starbucks pitched a new game plan (...) a healthier breakfast line-up with fewer calories and more protein* (A Starbucks desenvolveu um novo plano estratégico (...) com opções mais saudáveis para o café da manhã, que contam com menos calorias e mais proteínas): Erin Zimmer, *Starbucks Introduces a New Line of "Healthier" Breakfast Foods* (A Stabucks introduz uma nova linha de produtos para café da manhã "mais saudáveis"), *Serious Eats*, 4 de setembro de 2008, http://www.seriouseats.com/2008/09/starbucks-new-healthy-breakfast-options.html.
- *Starbucks Diet: Woman Claims She Lost 75 Pounds on "Starbucks Diet"* (Dieta Starbucks: mulher afirma ter perdido cerca de 35 quilos com a "dieta Starbucks"), *New York Daily News*, 17 de setembro de 2012, http://articles.nydailynews.com/2012-09-17/news/33907123_1_diet-starbucks-woman-claims.
- *Sometimes you just want a glass of wine and a delicious bite to eat: Starbucks Evenings* (Algumas vezes tudo o que você quer é um copo de vinho e algo delicioso para comer: Noites na Starbucks), Starbucks.com, http://www.starbucks.com/coffeehouse/starbucks-stores/starbucks-evenings.
- *Starbucks opened a store unlike any before it. There are no leather chairs or free power outlets* (A Starbucks inaugurou uma nova loja totalmente diferente de suas antecessoras. Lá não existem cadeiras de couro nem tomadas elétricas de uso livre para os clientes): Mark Wilson, *An Experimental New Starbucks Store: Tiny, Portable, and Hyper Local* (Uma loja nova e experimental da Starbucks: pequena, portável e hiper local), *Fast Company Design*, http://www.fastcodesign.com/1670889/an-experimental-new-starbucks-store-tiny-portable-and-hyper-local#1.
- *In Seattle's Best Coffee's latest divergence from corporate parent Starbucks* (Note a última divergência da Seattle's Best Coffee em relação à Starbucks): Melissa Allison, *Seattle's Best Coffee Plans Thousands of Drive Thru-Only Cafes* (A Seattle's Best Coffee planeja milhares de cafeterias tipo Drive Thru), *Seattle Times*, 13 de novembro de 2012, http://seattletimes.com/html/businesstechnology/2019676822_seattlesbestxml.html.
- *Any company, small or large, consumer or otherwise, that is going to embrace the status quo* (Qualquer companhia, grande ou pequena, de produtos de consumo ou qualquer

◆ BIBLIOGRAFIA ◆

outro, que tente abraçar o *status quo*): Howard Schultz, *Innovation*, You Tube.com, 16 de maio de 2011, http://www.youtube.com/watch?v=ll-64gNuT3E.

CAPÍTULO 11

- James Kouzes e Barry Posner, *A Leader's Legacy* (*O Legado de um Líder*), (Hoboken, NJ: John Wiley & Sons, 2006).
- *Since Starbucks earliest days, I have believed in a strong link between our company's performance, our values, and the impact* (Desde o início da Starbucks, sempre acreditei em uma forte ligação entre o desempenho de nossa empresa, nossos valores e o impacto): Howard Schultz, *2012 Global Responsibility Report, Message from Howard Schultz* (*Mensagem de Howard Schultz no Global Responsibility Report de 2012*), Starbucks.com, 2012, http://www.starbucks.com/responsibility/global-report/leadership-letter.
- *Green building skeptics sometimes argue that it's difficult or even impossible to build green without paying a big cost premium* (Indivíduos mais céticos em relação a projetos ambientalmente corretos às vezes argumentam que é difícil ou até impossível construir de maneira ecológica sem necessariamente ter de pagar bem mais caro): Natural Resources Defense Council, *Fact Sheets: How Much Does Green Building Really Cost?* (Relatório do Conselho para a Defesa de Recursos Naturais: *Quando realmente custa a construção sustentável?*), http://www.nrdc.org/buildinggreen/factsheets/cost.asp.
- *Green Building Design Award: Bonnie Christian* (Prêmio de *Design* Sustentável: Bonnie Christian), Global *Green USA Honors Adrian Grenier, Starbucks with Sustainable Design Awards* (*A Global Green EUA entrega a Adrian Grenie, da Starbucks, o prémio de Design Sustentável*), *Huffington Post*, 15 de novembro de 2011, http://www.huffingtonpost.com/2011/11/15/global-green-usa-adrian-grenier_n_1095304.html.
- *2012 Good Design Is Good Business Award: Linda Lentz*, "2012 Good Design Is Good Business Award Winners" (Prêmio *Good Design Is Good Business* de 2012: vencedora Linda Lentz), *Architectural Record*, 23 de abril de 2012, http://archrecord.construction.com/news/2012/04/2012-Good-Design-is-Good-Business-Award-Winners.asp.
- *Green Power Leadership Award winner: Starbucks Listed on EPA's Top 50 Green Organizations* (Vencedora do prêmio Green Power Leadership: Starbucks listada entre as 50 empresas *top* da EPA), FastCasual.com, 24 de abril de 2012, http://www.fastcasual.com/article/193480/Starbucks-listed-on-EPA-s-Top-50-green-organizations.
- *Without compromising its thermal properties, the new sleeve uses 35 percent less paper and is made from 85 percent postconsumer recycled fiber: New Starbucks EarthSleeve™ Blends Performance with Environmental Sensibility* (Sem comprometer suas propriedades térmicas, o novo protetor usa 35% menos papel e é feito com 85% de fibra reciclável: Novo Starbucks EarthSleeve, desempenho com sensibilidade ambiental) news.starbucks.com, 19 de julho de 2012,http://news.starbucks.com/article_display.cfm?article_id=681.
- *Ensure 100% of our coffee is ethically sourced by 2015:* "Starbucks Global Responsibility Report: Goals and Progress 2011" (Assegurar que, até 2015, 100% do café produzido/comercializado pela Starbucks seja produzido dentro das diretrizes

- de *ethical sourcing*: Relatório de Responsablidade Global da Starbucks: Objetivos e Progresso 2011), http://globalassets.starbucks.com/assets/c007fb25782442a-c8283b154364c1016.pdf.
- *Through our partnership with Starbucks, we were able to serve as an economic catalyst in urban cities through the creation of new jobs* (Por meio de nossa parceria com a Starbucks nós conseguimos operar nesses centros urbanos como um catalisador econômico, através da criação de novos empregos): *Starbucks Acquires Remaining Interest in Magic Johnson Enterprises' Urban Coffee Opportunities – UCO* (A Starbucks adquire a participação de Magic Johnson no projeto Urban Coffee Opportunities – UCO), news.starbucks.com, 21 de outubro de 2010, http://news.starbucks.com/article_display.cfm?article_id=452.
- *Starbucks is partnering with two organizations doing heroic work* (A Starbucks está trabalhando em conjunto com duas organizações empenhadas em realizar um trabalho heroico): *Starbucks Announces Store Partnership Model with Community Organizations in Harlem and Los Angeles* (A Starbucks anuncia modelo de parceria com organizações comunitárias em Harlem e Los Angeles), news.starbucks.com, 4 de outubro de 2011, http://news.starbucks.com/article_display.cfm?article_id=574.
- Howard Schultz e Dori Jones Yang, *Dedique-se de Coração: Como a Starbucks se Tornou uma Grande Empresa de Xícara em Xícara*.
- *Ethos Water, which is now a Starbucks subsidiary, has made more than $7 million in grants in support of that mission* (Ethos Water – que agora é uma subsidiária da Starbucks – já investiu mais de US$ 7 milhões em esforços na área de tratamento de água): *2012 Global Responsibility Report: Year in Review* (Global Responsibity Report de 2012: avaliação anual), starbucks.com.
- *There are more than 1.2 billion 15 to 24 year olds, the largest global cohort of young people in history* (Existem mais de 1,2 bilhão de indivíduos entre 15 e 24 anos no mundo, o maior grupo de pessoas jovens já registrado na história): *Youth Leadership Grants* (Bolsas para o desenvolvimento de liderança nos jovens), star bucks.com, http://www.starbucks.com/responsibility/community/youth-action/grant.
- *Let's tell our government leaders to put partisanship aside and to speak truthfully about the challenges we face* (Vamos dizer aos líderes do governo que deixem de lado o partidarismo político e falem de maneira franca e honesta sobre os desafios que estamos enfrentando): Howard Schultz, *An Open Letter: How Can America Win This Election?* (Uma carta aberta: como a América é capaz de vencer essa eleição?), Starbucks.com, 29 de junho de 2012, http://www.starbucks.com/blog/an-open-letter-how-can-america-win-this-election/1207.
- *Until the Congress and the president return to Washington and deliver a fiscally disciplined long-term debt and deficit plan to the American people* (Até que o Congresso e o presidente do país retornassem a Washington e apresentassem ao povo norte-americano um plano fiscal disciplinado e de longo prazo para o controle da dívida e do déficit públicos): Cameron Joseph, *100 CEOs Promise No Campaign Contributions* (Cem CEOS prometem não contribuir para campanhas), The Hill (blog), 25 de agosto de 2011, http://thehill.com/blogs/ballot-box/presidential-races/178211-100-ceos-promise-no-campaign-contributions.

- *It didn't take long for Starbucks to find the perfect financial partner* (Não demorou muito para a Starbucks encontrar o parceiro financeiro ideal): Joe Nocera, We Can All Become Job Creators (*Todos podemos nos tornar criadores de emprego*), The New York Times, 17 de outubro de 2011, http://www.nytimes.com/2011/10/18/opinion/nocera-we-can-all-become-job-creators.html?_r=0.
- *We're getting money in the hands of [CDFIs], (who then) lend it to small businesses, create jobs in start-ups and existing businesses* (Nós entregamos dinheiro [nas mãos das CDFIs] para ser emprestado a pequenos negócios, criar empregos em companhias iniciantes e em negócios já existentes): Starbucks CEO Touts Program to Create U.S. Jobs (*Programa CEO Touts da Starbucks para criar empregos nos EUA*), CBSNews.com, 3 de abril de 2012, http://www.cbsnews.com/8301-505268_162-57408557/starbucks-ceo-touts-program-to-create-u.s-jobs/.

CAPÍTULO 12

- *Any consumer brand today—whether Starbucks or a product like Tide — (must) create relevancy* (Nos dias de hoje, qualquer marca – seja a Starbucks ou a Tide – (...) (precisa) estabelecer relevância): John Gertner, Starbucks CEO Howard Schultz on Connecting With Customers Everyday, All Day (*Howard Schultz, CEO da Starbucks, sobre a conexão com os clients a cada dia, o tempo todo*), Fast Company, 26 de novembro de 2012, http://www.fastcompany.com/3003147/starbucks-ceo-howard--schultz-connecting-customers-everyday-all-day.
- *Material risks to Starbucks recent expansion efforts. While going global is a great idea, moving outside of one's niche* (Existem riscos materiais nos recentes esforços de expansão da Starbucks. Embora se tornar uma empresa global seja uma ótima ideia, mover-se para fora do próprio nicho de mercado): Reuben Gregg Brewer, The Good and Bad of the Cool Caffeine Store's Expansion (*O positivo e o negativo na expansão das lojas de cafeína*), Motley Fool Blog Network, 20 de novembro de 2012, http://beta.fool.com/reubengbrewer/2012/11/20/the-good-and-bad-of-the-cool-caffeine-stores-expan/16903/.
- *I am going with Schultz—not against him—because it has been a horrendous bet to go against Schultz* (Estou do lado de Schultz – não contra ele –, pois colocar-se contra ele se revelou um grave equívoco): Drew Sandholm, Starbucks CEO Draws Comparison to Steve Jobs (*CEO da Starbucks faz comparação com Steve Jobs*), Mad Money w/ Jim Cramer, CNBC, 20 de setembro de 2012, http://www.cnbc.com/id/49111861.

A maior parte do conteúdo deste livro surgiu de reuniões face a face, entrevistas por telefone e outras formas de colaboração oferecidas por *partners* da Starbucks. Entre outras pessoas esse grupo inclui: Adam Brotman, Adam Novsam, Aimee Johnson, Al Griggs, Alex Wheeler, Alisa Martinez, Alison Edwards, Andrea Bader, Andrew Linneman, Anna Konopke, Annie Young-Scrivner, Anthony Perez, Arthur Rubinfeld, Barbara McMaster, Belinda Wong, Ben Packard, Blair Taylor, Brad Anderson, Brad Nelson, Brett Buchanan, Carlos Jimenez, Carol Wise, Carolina Morales, Catherine Chu, Cecilia Carter, Cecilia DeFranco, Cecile Hudon, Charles Cain, Charles Douglas III, Chris Bruzzo, Chris Carr, Christina McPherson, Christina Ryan Foster, Clarice Turner, Cliff Burrows, Corey duBrowa, Corey Lindberg, Craig Russell, Curt Garner, D. Major Cohen, Dan Berger, Dan Kassa, Diana Barnes, Diana Kelly, Dirk Nickolaus, Dub Hay, Elisha Trombley, Emma Evans, Ernst Florian, Feng Bao, Frank Wubben, Gabe Wiborg, Gina Woods, Heidi Durham, Heidi Peiper, Howard Schultz, Janeen Simmons, Jean-Marie Shields, Jenny Cui, Jim Hanna, Jim Olson, Joe Young, John Culver, Juan Rivers, Kalen Holmes, Katie McMahan, Kaycee Kiesz, Kelly Goodejohn, Kevin Petrisko, Kimberlee Sherman, Kris Engskov, Laura Baker, Linda Mills, Lionel Sussman, Lisa Passe, Lissa Law, Liz Muller, Maggie Jantzen, Marthalee Galeota, Megan Adams, Meredith Bell, Michelle Bonam, Michelle Gass, Mick James, Mike Peck, Paula Boggs, Peter Gibbons, Rebecca Alexander, Rich Nelsen, Rob Naylor, Rob Porcarelli, Rob Sopkin, Rodney Hines, Ruth Anderson, Ryan Hudson, Samantha Yarwood, Sandra Bucher, Shao Wei, Stacy Speicher, Stephen Gillett, Tam Marpoe, Thom Breslin, Thomas Mayer, Tina Olsson Schulz, Tom Barr, Troy Alstead, Valerie O'Neil, Virgil Jones, Vivek Varma e Wang Bin Wolf.

SOBRE O AUTOR

O dr. Joseph Michelli ajuda empresas e organizações a desenvolverem líderes, envolverem seus funcionários, elevarem as experiências humanas, dominarem suas habilidades de atendimento e inovarem por meio de soluções relevantes.

No sentido de alcançar esses resultados mensuráveis o dr. Michelli oferece a seus clientes:

Discursos com intervenções-chave.

Apresentação de *workshops*.

Apoio ao desenvolvimento de equipes.

Encontros de líderes (retiros).

Auditoria da experiência do cliente.

Serviços de consultoria voltados para a experiência do cliente e para as lideranças da empresa, realizados durante todo o dia ou períodos estendidos.

Dr. Michelli é diretor de relações com o cliente da Michelle Experience, onde tem dedicado sua carreira a ajudar líderes empresariais a alcançarem experiências de fidelização dos clientes e a desenvolverem uma cultura dinâmica no ambiente de trabalho. Joseph Michelli é autor *best-seller* em publicações importantes como os jornais *The New York Times*, *The Wall Street Journal* e *USA Today*, e também na revista *BusinessWeek*. Além de escrever este livro que você tem em mãos, ele também já escreveu:

A Experiência Zappos: 5 Princípios de Administração que Transformam uma Ideia Simples em um Negócio Milionário (Bookman, 2012)

Prescription for Excellence: Leadership Lessons for Creating a World-Class Customer Experience from UCLA Health System (*Prescrição para a Excelência: Lições de Liderança para a Criação de uma Experiência de Cliente de Primeira Linha do Sistema de Saúde da UCLA*)

The New Gold Standard: 5 Leadership Principles for Creating a Legendary Customer Experience Courtesy of The Ritz-Calton Hotel Company (*O Novo*

Padrão Ouro: 5 Princípios de Liderança para Criar Experiências Inesquecíveis para os Clientes, Cortesia da The Ritz-Carlton Hotel Company – em tradução livre)

A Estratégia Starbucks: 5 Princípios para Transformar sua Empresa em uma Experiência Extraordinária

Em coautoria com John Yokoyama, proprietário do mundialmente famoso Pike Place Fish Market, em Seattle, Washington, o dr. Joseph Michelli também escreveu: *When Fish Fly: Lessons for Creating a Vital and Energized Workplace (Quando os Peixes Voam: Lições para a Criação de um Local de Trabalho Vigoroso e Energizado).*

Para mais informações sobre: a participação do dr. Joseph Michelli em seus eventos, o fornecimento de recursos para treinamento ou suporte com os seu produtos, sua equipe de trabalho ou a experiência de seus clientes, acesse www.josephmichelli.com .

O dr. Joseph Michelli está ansioso para ajudá-lo a seguir o caminho da Starbucks. Ele pode ser contatado pelo seu *site*, por *e-mail* no endereço josephm@josephmichelli.com ou ainda pelos telefones 1 734 697-5078 ou 1 888 711-4900 (ligação gratuita somente dentro dos EUA).

www.dvseditora.com.br